FONCTIONNEMENT DE LA COUR CONSTITUTIONNELLE DE LA RÉPUBLIQUE DE GUINÉE

Mohamed Aly Thiam

FONCTIONNEMENT DE LA COUR CONSTITUTIONNELLE DE LA RÉPUBLIQUE DE GUINÉE

L'Harmattan

Du même auteur, chez L'Harmattan

Droit constitutionnel : le pouvoir exécutif en Guinée, 2017

Le droit électoral guinéen, 2016

La Cour des comptes issue de la Constitution de la République de Guinée, 2016

L'expérience parlementaire guinéenne, 2016

5-7, rue de l'École-Polytechnique – 75005 Paris

www.editions-harmattan.fr

ISBN : 978-2-343-21490-0
EAN : 9782343214900

AVANT-PROPOS

La création de la Cour constitutionnelle, comme l'expose cet autre ouvrage de Mohamed Aly THIAM, s'inscrit dans la logique de promouvoir les principes fondamentaux de tout régime démocratique et libéral, à travers la répartition des compétences entre le domaine de la loi et celui du règlement, d'une part, et entre les divers Pouvoirs de l'État, d'autre part.

À cet égard, l'histoire constitutionnelle et politique de la République de Guinée montre que la création de la Cour constitutionnelle n'est pas le fruit d'un aléa, mais la résultante d'événements douloureux survenus dans ce pays dans le courant des années 2006 à 2010.

Cette création est l'aboutissement d'une lente maturation juridique et de la nécessité historique d'aller plus en profondeur dans la juridictionnalisation[1] du principe d'un contrôle de la loi posée déjà par la Loi fondamentale de décembre 1990 et par la Loi organique du 23 décembre 1991 relative à la Cour suprême.

L'une des caractéristiques novatrices de la réforme constitutionnelle de 2010 réalisée par le CNT[2] réside dans le rôle de régulateur du fonctionnement des pouvoirs publics attribué à la Cour constitutionnelle, de manière à préserver la séparation des pouvoirs et la suprématie de la Constitution.

Ce rôle de la Cour en fait, en réalité, la gardienne de la Constitution, dont la mission est de trancher certains litiges d'ordre juridique susceptibles d'opposer les principaux organes de l'État.

[1] en droit, fait de remettre à une juridiction le contrôle d'une situation https://www.universalis.fr/dictionnaire/juridictionnalisation/

[2] Conseil National de la Transition, organe collégial et délibérant chargé d'élaborer la Constitution et les lois organiques, Février 2010 à Février 2013.

À la suite de Michel Debré[3], qui estime *« qu'aucun organe de l'État ne doit se considérer comme souverain et que par conséquent des lois contraires à la Constitution doivent pouvoir être censurées »* ; Michel Aurillac[4] affirme qu'un organe juridictionnel comme la Cour constitutionnelle *« n'est utile que s'il peut se faire juge de la constitutionnalité... »*.

A l'issue de débats passionnés au sein du CNT, la création de la Cour constitutionnelle s'insère dans la construction institutionnelle, prend une place importante parmi les préoccupations relatives à l'édification d'un État de droit et manifeste la volonté quasi unanime de subordonner la loi, c'est-à-dire la décision du Parlement, à la règle supérieure édictée par la Constitution, dont l'article 2, alinéas 6 et 7, est éloquemment significatif[5].

Il y a tout lieu de croire que le constituant guinéen s'est inspiré de la position exprimée le 4 septembre 1958 par le général de Gaulle, qui avait indiqué que l'organe juridictionnel devrait être affranchi de toute entrave et avoir *« qualité pour apprécier si les lois votées sont conformes à la Constitution »*, en précisant qu'ainsi *« la compétence, la dignité et l'impartialité de l'État en seront mieux garanties »*.

L'article 96, alinéa 2 de la Constitution guinéenne, qui va dans le sens de cette vision du général de GAULLE, attribue également à la juridiction constitutionnelle l'exercice de la fonction de protecteur des droits et libertés fondamentaux[6], en veillant à bien faire respecter la séparation des pouvoirs et la distinction de son rôle avec celui du Pouvoir législatif. Ceci s'exprime dans deux formules aujourd'hui bien connues :

- D'un côté, la loi *« n'exprime la volonté générale que dans le respect de la Constitution »* ;
- D'un autre côté, la Constitution ne confère pas à la Cour constitutionnelle un pouvoir général d'appréciation et de décision de même nature que celui du Pouvoir législatif, mais lui donne seulement

---

[3] Premier ministre le 8 janvier 1959, ministre des Affaires étrangères, de 1968 à 1969, puis ministre d'État, chargé de la Défense nationale, de 1969 à 1973, dirige la rédaction de la constitution française de 1958.

[44] Conseiller d'État français (1978), député des VIème et VIIIème législatures.

[5] « La souveraineté s'exerce conformément à la présente Constitution qui est la Loi suprême de l'Etat. Toute loi, tout texte réglementaire et acte administratif contraires à ses dispositions sont nuls et de nul effet. »

[6] La Cour Constitutionnelle est juge des violations des droits fondamentaux et des libertés publiques commises par les pouvoirs publics, les agents de l'Etat et les citoyens. Elle peut être saisie par l'Institution Nationale des Droits Humains.

compétence pour se prononcer sur la conformité à la Constitution des lois déférées à son examen et sur les violations des droits de l'homme.

C'est dans ce sens que vont les alinéas 4 et 5 de l'article 62 de la loi organique L/2011/006/CNT du 10 mars 2011 qui disposent : « *la Cour Constitutionnelle n'a pas compétence de donner des interprétations contraignantes des lois, elle procède à des interprétations contraignantes de la Constitution. Nonobstant l'alinéa précédent, la Cour Constitutionnelle peut interpréter le contenu même d'une loi, lorsque notamment cette dernière est attaquée en constitutionnalité devant elle. Une telle interprétation intervient dans l'intérêt de la sauvegarde de la loi en vue de garantir aux juridictions nationales et aux organes de l'État une application conforme à la Constitution* ».

Par ce moyen, la Cour constitutionnelle fait respecter la séparation des pouvoirs, en même temps qu'elle œuvre dans le sens de la protection des compétences respectives du législateur et de l'autorité exécutive, par le maintien de la frontière entre les domaines de la loi et du règlement.

La fonction de la Cour est alors de confiner le Législatif et l'Exécutif, chacun, dans les limites de la compétence qui lui est dévolue[7], suivant la répartition établie par les articles 72 et 74 de la Constitution conçue par le Constituant de 2010 comme devant être le gardien de cette nouvelle organisation des compétences.

Comme le lecteur peut le constater, au fil de sa lecture, dans le système constitutionnel guinéen, la Cour constitutionnelle est la haute juridiction placée hors de l'organisation judiciaire et de tout autre organe d'État.

Elle se distingue par la règle constitutionnelle suivant laquelle ses décisions sont sans recours et s'imposent à tous, aussi bien aux pouvoirs publics qu'aux personnes physiques et morales[8].

La Cour est chargée de veiller au strict respect de la Constitution, qui est une des exigences essentielles des régimes démocratiques ayant pour objectif l'instauration de l'État de droit.

---

[7] Loi organique L/2011/006/CNT : **Article 35 :** la Cour constitutionnelle veille à la séparation et à l'équilibre des pouvoirs afin que ni l'Exécutif, ni le Législatif, ni aucune institution constitutionnelle ne s'arrogent des prérogatives non conférées par la Constitution.

[8] Constitution : **Article 99 :** Les Arrêts de la Cour Constitutionnelle sont sans recours et s'imposent aux pouvoirs publics et à toutes les autorités administratives, militaires et juridictionnelles, ainsi qu'à toute personne physique ou morale.

Le corollaire de cette exigence est la tenue régulière d'élections transparentes et sincères et le règlement du contentieux des élections, dont la cause et l'objet sont la vérification de la sincérité et de la régularité des actes électoraux et celle de la validité des résultats des scrutins. Cette vérification pourrait aboutir à la confirmation, à la réformation ou à l'annulation des votes.

L'originalité de ce contentieux réside essentiellement dans la nature des pouvoirs conférés au juge électoral.

La justice électorale, en fonction de son objet spécifique, peut revêtir un fort caractère politique ; de ce fait, l'intervention d'un organe indépendant, précisément d'un juge, comme la cour constitutionnelle, pourrait empreindre l'impartialité et l'objectivité indispensables à la décision validant ou infirmant l'ensemble ou une partie du processus électoral.

La plupart des États démocratiques comptent parmi leurs institutions une juridiction constitutionnelle à laquelle le contentieux électoral, à ses différentes étapes, est attribué.

Dans l'ouvrage intitulé **« Le Droit électoral guinéen »,** paru à l'Harmattan en avril 2016, l'auteur[9] expose l'étendue des compétences de la Cour constitutionnelle guinéenne en matière électorale qui vont de la surveillance de la régularité des opérations électorales à la validation des résultats des élections législatives, présidentielles et des référendums.

Il y est indiqué que c'est la Cour constitutionnelle qui veille à la régularité de la campagne électorale et à l'égalité des candidats pour l'utilisation des moyens de propagande, dans les conditions déterminées par une loi organique[10] et qui peut seule valider ou invalider le résultat de toutes les élections qui se déroulent sur le territoire guinéen.

Ce livre n'insiste pas sur les compétences électorales de la Cour constitutionnelle, pour la raison que l'auteur en a déjà parlé dans son précédent ouvrage **« Le Droit électoral guinéen ».**

---

[9] Mohamed Aly THIAM

[10] Constitution : article 32

Le présent ouvrage contient une analyse intéressante de la jurisprudence de la nouvelle Cour constitutionnelle qui éclaire le lecteur sur des aspects de fonctionnement de cette haute juridiction spécialisée. La critique de certains arrêts de la Cour constitutionnelle en constitue la substance.

Certaines notions et des principes, jugés essentiels à la compréhension du fonctionnement de la Cour constitutionnelle, sont répétés à maints endroits dans ce livre. Cette répétition potestative exprime le dessein pédagogique de l'auteur de les incruster dans la mémoire du lecteur, afin qu'après avoir parcouru ou compulsé ce livre, il s'en souvienne.

Comme à son habitude, Monsieur THIAM, dans un langage accessible et intelligible au lecteur profane, livre les éléments utiles d'une connaissance précieuse à l'exercice et à la jouissance de la citoyenneté.

Ce livre, comme les quatre autres, est une présentation des institutions constitutionnelles de la République de Guinée.

Les dispositions commentées dans cet ouvrage, comme dans les ouvrages précédents, s'inscrivent dans cette dynamique heureuse destinée à provoquer une réflexion féconde sur le bras séculier de l'État de droit, de la démocratie et de la bonne gouvernance que représente la Cour constitutionnelle.

INTRODUCTION

C'est avec la Loi fondamentale de décembre 1990 que, pour la première fois dans l'histoire constitutionnelle de la République de Guinée, une juridiction d'attribution est spécialement créée pour connaître du contentieux électoral et du contentieux constitutionnel relatif à la conformité des lois, au sens sui generis, à la constitution.

Les matières dévolues à la compétence de cette juridiction, dénommée Cour suprême, étaient énoncées dans les articles 26, 27, 28, 29, 30, 31, 34, 45, 49, 60, 61, 64, 67, 70, 74, 78, 82 et 83 de la Loi fondamentale.

Les dispositions de la Loi fondamentale répondaient au souci du constituant guinéen de l'époque d'instituer une juridiction suprême spécialisée dans les contentieux aussi spécifiques que ceux du contrôle de constitutionnalité ou de conventionalité et ceux des élections ou de l'excès de pouvoir.

Le constituant de 1990 avait la pleine conscience que l'intégration d'une juridiction spécialisée dans le système de droit guinéen ne traduisait pas qu'un simple choix d'opportunité, elle s'imposait comme un impératif pour la sauvegarde de la séparation et de la collaboration des pouvoirs figurant parmi les principes qui ne peuvent faire l'objet d'une révision constitutionnelle[11].

En matière de compétence, il est à préciser que la Loi fondamentale avait fait de la Cour suprême une juridiction d'attribution. La juridiction d'attribution se définit comme « *un tribunal compétent en vertu d'un texte exprès, pour statuer sur telle ou telle catégorie de litige* »[12]. La nature des taches, ou plus exactement des matières attribuées à une juridiction, détermine sa ou ses compétences, dites ratione materiae. L'alinéa 3 de l'article 84 de la Loi fondamentale prévoit qu'une loi organique en fixera les règles.

En effet, dans les dispositions mentionnées plus haut, la Loi fondamentale énumère un ensemble de matières sur lesquelles

[11] Loi fondamentale : article 91 et 154

[12] Georges Vedel, Droit administratif, PUF 9ème édition 1984, p.596

s'exerce la compétence de la Cour Suprême, juridiction constitutionnelle. Selon les dispositions de la Loi fondamentale, la Cour suprême était compétente pour connaître du contrôle de la constitutionnalité des lois, des règlements autonomes des institutions constitutionnelles et des engagements internationaux.

Elle veillait également à la répartition du domaine de la loi et du règlement, ainsi qu'aux respects des attributions respectives conférés aux divers organes de l'ÉTAT.

Sur le fondement des dispositions de la Loi fondamentale, la loi organique L/1991/008/CTRN du 23 décembre 1991, aujourd'hui modifiée par la loi organique L/2017/003/AN du 23 février 2017, précise que la Cour suprême reçoit les candidatures pour l'élection à la présidence de la République et à l'Assemblée nationale, arrête la liste des candidats, statue sur les contestations relatives à ces élections et en proclame les résultats.

Elle reçoit le serment du président de la République et constate sa démission, son empêchement ou le décès des personnes appelées à le suppléer dans ces cas.

I*n fine*, il est intéressant de noter que la Cour suprême exerce des compétences en matière administrative, judiciaire et consultative.

De ce qui précède et en plus de ses attributions administratives et judiciaires, la Cour suprême était investie de trois missions que la loi organique L/1991/008/CTRN du 23 décembre 1991 précise en détail. Ce sont :

- le contrôle du processus électoral et référendaire, en vue de garantir l'expression sincère des suffrages ;
- le contrôle de l'activité normative du pouvoir législatif et du pouvoir exécutif ;
- le contrôle de constitutionnalité des lois et de leur conformité aux conventions internationales.

À la faveur de la réforme institutionnelle survenue en mai 2010, la nouvelle constitution procède à l'éclatement de la Cour Suprême et à la création de deux autres juridictions supérieures spécialisées[13]. Elle donne ainsi naissance à la Cour constitutionnelle, à laquelle elle consacre son Titre VI comprenant treize (13) articles : 93 à 106, qui ne couvrent pas la totalité des attributions de cette juridiction.

En effet, vingt (20) autres articles de la Constitution : 29, 30, 32, 33, 34, 35, 36, 41, 42, 51, 62, 74, 80, 81, 86, 90, 92, 117, 119, 150

---

[13] La Cour constitutionnelle et la Cour des comptes.

spécifient les matières relevant de la compétence la Cour constitutionnelle « *on a assisté à une mutation de l'ordre juridique tellement profonde que la nature de la démocratie s'en est elle-même trouvée métamorphosée pour tendre vers une démocratie constitutionnelle. La saisine de la politique par le droit semble instituer progressivement une démocratie de type nouveau et avec comme principal maitre d'œuvre [la Cour constitutionnelle]* »[14].

La révision constitutionnelle de 2010, au-delà de l'analyse juridique, met en lumière l'état d'esprit social et politique qui a guidé la résolution des crises sociales et politiques qui ont cycliquement secoué la Guinée de 2006 à 2009 et pour le dénouement desquelles des mutations d'ordre constitutionnel étaient inévitables et urgentes, dans la mesure où il fallait organiser, à très bref délai, les élections présidentielles, prévues pour le 14 juin 2010.

La Constitution pose pour principe que : « *Une disposition déclarée inconstitutionnelle devient nulle et de nul effet et ne peut être promulguée ou appliquée* »[15] que la loi organique L/2011/006/CNT du 10 mars 2011 relative à la Cour constitutionnelle repend ce principe dans ses articles 49 et 50, en posant la règle de la séparabilité ou de l'inséparabilité de la ou des dispositions contraires à la Constitution, avec la conséquence que, dans un cas, la loi est promulguée, amputée des dispositions inconstitutionnelles et, dans l'autre, elle ne l'est pas.

En agissant ainsi, la Cour constitutionnelle devient, pour employer le mot de Louis FAVOREU[16], une sorte d'« aiguilleur » qui, en prononçant l'inconstitutionnalité d'une disposition, indique, pour qu'elle soit applicable, au législateur que la disposition inconstitutionnelle implique une révision de la Constitution.

Dans la vision de FAVOREU, la fonction législative de la Cour constitutionnelle consiste, comme un aiguilleur de voie ferroviaire, à révéler au législateur la ligne à suivre pour la validité de sa décision, parce qu'autrement celui-ci se serait « trompé » de norme.

À la différence de FAVOREU, KELSEN voit dans la Cour constitutionnelle une espèce de « législateur négatif », qui retranche

---

[14] Mouhamadou Mounirou Sy, La Protection Constitutionnel des Droits Fondamentaux en Afrique : l'exemple du Sénégal, Edition Harmattan 2007, p. 50.

[15] Alinéa 3 de l'article 96.

[16] Lauréat de la faculté de droit de Paris en 1962, président de l'Université d'Aix-Marseille III de 1978 à 1983, fondateur de la *Revue française de droit constitutionnel* en 1990, et de l'expression "bloc de constitutionnalité".

de la loi les inconstitutionnalités qui en paralyseraient l'entrée en vigueur. De l'avis de Hans KELSEN, la suppression d'une norme entraîne la création concomitante d'une nouvelle norme.

Par ailleurs, il est dans la pratique des juridictions constitutionnelles d'émettre des réserves ou d'interpréter, dans un sens précis, une disposition, à l'effet de sauver le texte de loi, en mettant en évidence le sens réel que le législateur a donné à la disposition. On peut alors admettre avec l'académicien Georges VEDEL[17] que les juridictions constitutionnelles, face à l'inconstitutionnalité, n'utilisent pas que la gomme, elle se sert également du crayon.

La Cour constitutionnelle vérifie la procédure législative, c'est-à-dire qu'elle contrôle les conditions de déroulement régulier du débat parlementaire et si, en matière de loi[18], le législateur n'est pas allé au-delà de ses prérogatives ou ne s'est pas arrêté en deçà de sa compétence.

La Cour constitutionnelle exerce également son contrôle sur la qualité de la loi, en vérifiant qu'elle est accessible, intelligible, normative et utile, c'est-à-dire qu'elle répond à la question : pourquoi veut-on élaborer cette loi ? D'où la justification de son opportunité et de ses diverses incidences.

Selon Hans KELSEN[19], une seule interprétation, un seul sens d'un texte de loi existe. Ce sens découle de celui que l'ordre juridictionnel considère revêtir la loi, comme valeur juridique. Or, on peut répondre, avec Michel TROPER[20], à la question : quelle est, dans la taxonomie juridique, l'interprétation qui a une valeur normative, que c'est bien celle du juge, qui a le dernier mot et qui imprime au texte son sens. L'œuvre d'interprétation du juge apparaît alors comme « une réécriture » de la loi.

Le juge constitutionnel, de même que le juge administratif, lorsqu'il applique le texte de loi, n'accomplit pas une action neutre, il réalise une véritable œuvre législative.

---

[17] Agrégé des Facultés de droit (droit public) en 1936, Élu à l'Académie française, le 28 mai 1998

[18] Constitution : article 72 et 74

[19] Juriste austro-américain, est à l'origine de la « théorie pure du droit » et fondateur du normativisme et du principe de la pyramide des normes

[20] M. Troper, Pour une théorie juridique de l'État, Paris, PUF, 1994,

CHAPITRE I

L'EXERCICE DE LA SOUVERAINETÉ ET LE RESPECT DE PRINCIPES FONDAMENTAUX

La **souveraineté** désigne le pouvoir indépendant, supérieur, autosuffisant, capable de décider et d'agir par sa seule volonté sur un territoire et sur la communauté humaine qui y vit et l'accepte. Telle est l'opinion de Jean BODIN, quand il écrit : « *La souveraineté est le pouvoir de commander et de contraindre sans être commandé ni contraint* »[21].

Le dictionnaire juridique de la Cour Internationale de Justice va dans le même sens, en affirmant que la souveraineté est « *un pouvoir suprême qui n'est limité par aucun autre pouvoir et qui est autonome à l'intérieur de l'État et indépendant dans les relations avec les autres États* ».

La souveraineté, comme pouvoir absolu et permanent, est alors la capacité dévolue ou reconnue au détenteur d'une autorité d'utiliser les moyens propres à l'exercice des compétences qui lui sont légitimement attribuées, en général par la constitution et les lois.

Cette définition révèle deux critères :

- l'État souverain n'agit que selon sa propre volonté, c'est le corollaire du droit à l'autodétermination, c'est-à-dire le droit des peuples à disposer d'eux-mêmes et leur droit imprescriptible sur leurs richesses[22] ;
- Cette volonté se manifeste en vertu des règles du droit international coutumier ou conventionnel, lequel comprend le droit produit par des organisations internationales à caractère universel, notamment l'ONU et ses institutions spécialisées et à caractère régional, dont l'Union Africaine, la CEDEAO, l'OHADA, etc.

---

[21] Jean Bodin, les Six Livres de la République , 1576

[22] Constitution, article 21

SECTION I : DES PRINCIPES DE LA SOUVERAINETÉ DE L'ÉTAT EN RÉPUBLIQUE DE GUINÉE

Selon l'encyclopédie LAROUSSE, la souveraineté est le *« Pouvoir suprême reconnu à l'État, qui implique l'exclusivité de sa compétence sur le territoire national (souveraineté interne) et son indépendance absolue dans l'ordre international où il n'est limité que par ses propres engagements (souveraineté externe). »*

Les principes fondamentaux de la souveraineté, ainsi mentionnés par l'encyclopédie LAROUSSE, sont repris et détaillés comme suit dans la Constitution guinéenne de mai 2010 :

<u>Article 1er :</u> *La Guinée est une République unitaire, indivisible, laïque, démocratique et sociale. Elle assure l'égalité devant la loi de tous les citoyens sans distinction d'origine, de race, d'ethnie, de sexe, de religion et d'opinion. Elle respecte toutes les croyances.*

La langue officielle est le français.

L'État assure la promotion des cultures et des langues du peuple de Guinée.

*Le drapeau est composé de trois bandes verticales et égales de couleur **ROUGE, JAUNE** et **VERTE**.*

*L'hymne national est **« LIBERTÉ »***

*La devise de la République est : **TRAVAIL, JUSTICE, SOLIDARITÉ.***

*Son principe est **: GOUVERNEMENT DU PEUPLE, PAR LE PEUPLE ET POUR LE PEUPLE.***

Les Sceaux et les Armoiries de la République sont codifiés par voie réglementaire.

<u>Article 2 :</u> *La souveraineté nationale appartient au Peuple qui l'exerce par ses représentants élus ou par voie de référendum.*

Aucun individu, aucune fraction du peuple ne peut s'en attribuer l'exercice.

Le suffrage est universel, direct, égal et secret.

Dans les conditions déterminées par la loi, sont électeurs tous les citoyens guinéens majeurs, de l'un et de l'autre sexe, jouissant de leurs droits civils et politiques.

Les élections sont organisées et supervisées par une Commission électorale nationale indépendante.

La souveraineté s'exerce conformément à la présente Constitution qui est la Loi suprême de l'État. Toute loi, tout texte réglementaire et acte administratif contraires à ses dispositions sont nuls et de nul effet.

Le principe de la séparation et de l'équilibre des Pouvoirs est consacré

Article 3 : *Les partis politiques concourent à l'éducation politique des citoyens, à l'animation de la vie politique et à l'expression du suffrage.*

Ils présentent seuls les candidats aux élections nationales. Ils doivent être implantés sur l'ensemble du territoire national. Ils ne doivent pas s'identifier à une race, une ethnie, une religion ou une région. Ils doivent également respecter les principes de la souveraineté nationale et de la démocratie, l'intégrité du territoire et l'ordre public.

Les droits des partis politiques de l'opposition de s'opposer par les voies légales à l'action du Gouvernement et de proposer des solutions alternatives sont garantis.

Une loi organique détermine les conditions dans lesquelles les partis politiques se constituent et exercent leurs activités. Elle précise les conditions dans lesquelles un parti qui méconnaît les dispositions des alinéas précédents n'est plus considéré comme légalement constitué.

Article 4 *: La loi punit quiconque par un acte de discrimination raciale, ethnique, religieuse, par un acte de propagande régionaliste, ou par tout autre acte, porte atteinte à l'unité nationale, à la sécurité de l'État, à l'intégrité du territoire de la République ou au fonctionnement démocratique des Institutions.*

Article 21 : *Le Peuple de Guinée détermine librement et souverainement ses Institutions et l'organisation économique et sociale de la Nation. Il a un droit imprescriptible sur ses richesses. Celles-ci doivent profiter de manière équitable à tous les Guinéens. Il a droit à la préservation de son patrimoine, de sa culture et de son environnement. Il a le droit de résister à l'oppression.*

La souveraineté induit, en droit constitutionnel, la notion de « ***pouvoir constituant*** », c'est l'habileté de l'organe qui édicte des normes juridiques, celles notamment de la Constitution qui se situent au sommet de la hiérarchie des normes. Elles sont donc supérieures à toutes les autres.

Il faut souligner que cette hiérarchie est, cependant, controversée par les questions liées aux mutations de la souveraineté, résultant du développement du droit international et surtout des processus d'intégration sous-régionale et régionale. Ces processus sont le ferment d'une complexité du droit qui pourrait, à n'y pas prêter une attention soutenue, être source d'insécurité juridique.

SECTION II : DES RAPPORTS ENTRE SOUVERAINETÉ ET COMPÉTENCES

La définition classique, empruntée au constitutionnaliste allemand Georg JELLINEK[23], qui est très souvent reprise, fait de la souveraineté la « *compétence de la compétence* » la « *Kompetenz-Kompetenz* »), signifiant que le souverain ne peut être que celui qui décide quelles sont les personnes compétentes pour telle ou telle matière.

Le souverain peut donc déléguer ou transférer des compétences, sans que cela affaiblisse sa souveraineté, tant qu'il conserve la possibilité de reprendre ces compétences.

À ce sujet, les deux premiers alinéas de l'article 2 de la Constitution sont significativement suggestifs et sans équivoque : « *La souveraineté nationale appartient au Peuple qui l'exerce par ses représentants élus ou par voie de référendum. Aucun individu, aucune fraction du peuple ne peut s'en attribuer l'exercice.* »

Quel que soit le niveau d'exercice de la souveraineté, national, régional ou local, le peuple exerce la souveraineté par ses représentants élus. C'est au peuple, et à lui seul, qu'appartient la prérogative de déléguer, de transférer ou de reprendre ses compétences, par le processus décisionnel appelé « *législation* » ou par le processus « d'*expression du suffrage* » dénommé « *vote* ».

---

[23]Georg JELLINEK, un des maîtres de Kelsen est l'auteur de l'État moderne et son droit Tome 1et 2 | Volume 1055, Editeur : Panthéon-Assas Paris II, Collection : ISBN : 978-2-913397-64-4

La constitution, le code électoral et toutes les lois sont bâtis sur ces principes intangibles.

Il convient de distinguer deux aspects de souveraineté nationale, d'un côté, les transferts de compétences par l'État aux Organisations d'intégration et, de l'autre, des transferts de souveraineté. Les transferts de compétences, parce que réversibles, sont autorisés tandis que les transferts de souveraineté sont inconstitutionnels, car définitifs.

Or, les compétences reconnues à l'État que l'on nomme ses fonctions régaliennes, c'est-à-dire les compétences minimales de tout État souverain, ne peuvent faire l'objet d'aucune délégation

1. DES FONCTIONS RÉGALIENNES TRADITIONNELLES

Dans tout État, la souveraineté s'exerce au minimum dans les domaines suivants qui fondent l'existence même d'un État et qui ne peuvent faire l'objet d'aucune sorte de délégation :

- la **défense et la sécurité extérieure** : comprenant la diplomatie et la défense militaire du territoire ;
- la **sécurité intérieure** : comprenant les services de police administrative ou de prévention et de police judiciaire ou de répression pour la sauvegarde de l'ordre public ;
- le **droit** consistant à définir **le cadre des lois** et à **rendre la Justice ;**
- la **souveraineté économique et financière** : reposant sur la souveraineté budgétaire, sur l'émission de la monnaie, sur la fixation et la collecte des impôts, sur le contrôle des marchés financiers, sur le respect des règles d'égalité et de concurrence, sur la mise en valeur des richesses naturelles et sur la création et le maintien des infrastructures économiques et de la croissance de la nation.

L'incontestable et perpétuel rôle de l'État, la raison d'être du pouvoir des institutions et des autorités résident dans l'exercice des fonctions régaliennes énoncées ci-dessus, sur le fondement desquelles s'exercent toutes autres activités de l'État concernant la promotion et le respect des droits de la personne et la sécurité de ses biens.

Les fonctions régaliennes de l'État forment ses missions fondamentales liées à l'exercice de la souveraineté, qui servent de moteur aux investissements dans l'éducation et la recherche ou pour soutenir les secteurs porteurs d'externalités positives destinées à impulser le développement social et culturel, à travers le développement d'institutions favorables au progrès technique et scientifique.

Les services investis des fonctions de souveraineté n'ont pas de caractère économique ; leur organisation et leur évolution ne sont pas compatibles avec l'exigence de compétitivité qui est l'essence des activités économiques. Ces services sont, par la nature des attributions qui leur sont dévolues, en situation de monopole quant au pouvoir d'assurer l'autorité et la continuité de l'État.

Certains auteurs comme Adam Smith réduisent les pouvoirs régaliens à :

- la protection de la société contre toute violence intérieure ou extérieure ;
- la protection de tous les membres de la société contre l'injustice ou l'oppression causée par un autre membre, ou bien établir une administration efficace de la justice ;
- la fourniture des infrastructures et des institutions publiques, qui sont bénéfiques à toute la société, mais qu'un entrepreneur privé ne peut pas financer lui-même pour en tirer un profit, par exemple l'éducation, les soins pour tous, l'accès à l'eau et à l'énergie.

2. DE LA SOUVERAINETÉ POPULAIRE

La notion de souveraineté populaire repose sur le peuple, entendu comme l'ensemble ou l'universalité des citoyens d'un pays. Elle est fondée sur l'ensemble réel composé de tous les vivants, contrairement à la souveraineté nationale.

Cet ensemble ne peut pas s'exprimer directement, du fait qu'il est matériellement difficile de le faire, surtout en permanence. Il y procède à travers le recours à des représentants élus, dont certains auront un mandat impératif, c'est-à-dire qu'ils sont tenus de faire exactement ce pour quoi ils ont été élus ; ils devront exécuter ce que leur disent leurs électeurs, pour le bien desquels ils ont obligation d'agir, la volonté du peuple étant intangible et inviolable.

Les Députés à l'Assemblée nationale échappent au principe du mandat impératif.

Le Titre I de la constitution, dont les dispositions sont mentionnées plus haut, est bâti sur le socle de la démocratie.

3. DROITS DE L'HOMME

L'évolution du droit international, depuis l'adoption en 1948 de la Déclaration universelle des droits de l'homme et en 1966 des deux

Pactes internationaux relatifs aux droits de l'homme, a amené la communauté internationale à accorder aux droits de l'Homme une protection universelle, et non plus simplement internationale.

Aussi avec l'extension progressive des Droits de l'homme, ce concept se subdivise en quatre générations :

- La première génération est celle des droits civils et politiques ;
- La deuxième génération est celle des droits économiques et sociaux ;
- La troisième génération correspond aux droits de solidarité ;
- La quatrième génération, se rapportant aux droits globaux, vient accroître la pression sur les États de faire respecter ces droits, notamment ceux d'un environnement.

SECTION III : LE TITULAIRE DE LA SOUVERAINETÉ

Dans l'article 2 de la Constitution de 2010, le peuple est désigné comme le détenteur de la souveraineté.

La doctrine juridique distingue le peuple, considéré comme l'universalité des citoyens, donc un être réel capable d'exercer la souveraineté, d'une part, et la Nation, d'autre part, en tant qu'entité abstraite construite par la Constitution pour figurer l'intérêt supérieur du pays ou la continuité des générations et par conséquent incapable, en raison même de sa nature purement idéale, d'exercer la souveraineté.

La formule de la Constitution de 2010 permet au peuple d'assurer lui-même, à travers le référendum, une partie de l'exercice de la souveraineté.

Le peuple est titulaire de la souveraineté en vertu, non d'une Déclaration des droits, mais de la Constitution elle-même.

On note la présence dans l'article 2 de la Constitution des deux notions de *souveraineté nationale* et de *peuple*, sous la formulation que la souveraineté, qui appartient au peuple, est la souveraineté nationale.

Il en résulte que ces termes ne peuvent être interprétés de manière uniforme, du moment que le sens du concept peuple et, par voie de conséquence, la détermination du titulaire de la souveraineté, peut varier selon les contextes. Il s'ensuit que, dans la mesure où le peuple exerce sa souveraineté par ses représentants élus, il se compose de tous ceux qui sont représentés, c'est-à-dire de tous les citoyens, y compris de ceux qui n'ont pas le droit le vote, de sorte que la volonté du souverain ou volonté générale ne se confond pas avec la seule volonté des électeurs ou des élus. La loi votée n'exprime cette volonté « que dans le respect de la Constitution ».

1 L'exercice de la souveraineté

Il faut convenir que puisque le peuple est titulaire de la souveraineté en vertu de la constitution, il ne peut l'exercer directement que conformément à cette constitution et dans les formes qu'elle a prévues.

Dans tous autres cas, le peuple exerce sa souveraineté par ses représentants qu'il désigne selon le mode processuel défini par la constitution.

La souveraineté est exercée par les représentants, qui produisent les normes de niveau constitutionnel, Législatif ou règlementaire.

À ce titre, ils sont réputés exprimer non leur propre volonté, mais la volonté du peuple souverain, qui choisit ses gouvernants et contrôle leurs actions à travers des organes et mécanismes constitutionnels ou légaux.

Les principes fondamentaux régissant l'exercice de la souveraineté nationale sont énoncés par la constitution en ces termes : "***Article 2 :*** *La souveraineté nationale appartient au Peuple qui l'exerce par ses représentants élus ou par voie de référendum.*

Aucun individu, aucune fraction du peuple ne peut s'en attribuer l'exercice.

Le suffrage est universel, direct, égal et secret.

Dans les conditions déterminées par la loi, sont électeurs tous les citoyens guinéens majeurs, de l'un et de l'autre sexe, jouissant de leurs droits civils et politiques. Les élections sont organisées et supervisées par une Commission Électorale Nationale Indépendante.

La souveraineté s'exerce conformément à la présente Constitution qui est la Loi suprême de l'État. Toute loi, tout texte réglementaire et acte administratif contraires à ses dispositions sont nuls et de nul effet.

Le principe de la séparation et de l'équilibre des Pouvoirs est consacré".

Cette conception de la souveraineté, fondée sur l'unité et l'indivisibilité de la République s'oppose à une organisation fédérale de l'État, qui fait coexister en son sein plusieurs entités souveraines.

Faisant du **vote une expression de la souveraineté, elle** prévoit que le suffrage peut être direct ou indirect et qu'il est toujours *universel, égal et secret*.

Le **rôle des partis et groupements politiques**, dans la formation démocratique de l'opinion et dans le fonctionnement des institutions, est aussi expressément reconnu dans l'article 3 qui dispose : ***Article 3 :*** *Les partis politiques concourent à l'éducation politique des citoyens, à l'animation de la vie politique et à l'expression du suffrage. Ils présentent seuls les candidats aux élections nationales. Ils doivent être implantés sur l'ensemble du territoire national. Ils ne doivent pas s'identifier à une race, une ethnie, une religion ou une région.*

Ils doivent également respecter les principes de la souveraineté nationale et de la démocratie, l'intégrité du territoire et l'ordre public.

Les droits des partis politiques de l'opposition de s'opposer par les voies légales à l'action du Gouvernement et de proposer des solutions alternatives sont garantis.

Ce sont ces principes constitutionnels qui font du peuple la seule source du pouvoir. Exercé en son nom, ce principe n'a de légitimité que parce qu'il résulte de sa volonté exprimée dans le cadre du suffrage universel.

Les différents organes de pouvoirs institués par la Constitution sont des dérivés de la souveraineté détenue par le peuple, celui-ci constitué en un corps politique, appelé la Nation. Le président de la République et l'Assemblée nationale apparaissent comme les dépositaires de cette souveraineté nationale, puisqu'ils sont tous deux élus au suffrage universel direct.

La constitution prévoit également que le peuple exprime directement sa volonté dans le cadre des référendums, qui peuvent porter sur certains projets de loi ou sur les révisions constitutionnelles

Des dispositions susvisées, on peut déduire que le peuple désigne la communauté de citoyens, qui jouissent de l'égalité, droits politiques, sociaux et économiques garantis l'État. Cette communauté est la population construite autour de la citoyenneté et de la République et ayant vocation à former, par l'effet de l'isonomie, la Nation.

L'isonomie[24] et le *vouloir-vivre ensemble* placent la nation au cœur de la vie d'un État.

Le juriste Charles LOYSEAU illustre bien ce sens du mot souveraineté dans son Traité des Seigneuries (1608) : « *La souveraineté est la forme qui donne l'être à l'État.* » C'est ce qu'expose aussi Jean Bodin : « *la souveraineté est l'âme de la république* ».

2 L'inaliénabilité de la souveraineté

La souveraineté parce qu'elle est, par son essence, absolue et permanente, demeure perpétuelle, inaliénable, exclusive, imprescriptible, indivisible, non susceptible d'appropriation privée, insaisissable. En effet, l'alinéa 2 de l'article 2 de la constitution guinéenne proclame : « *Aucun individu, aucune fraction du peuple ne peut s'en attribuer l'exercice* ». Précisément, le but de cette disposition constitutionnelle est d'empêcher que l'un quelconque des éléments composant cet organe complexe, qu'est l'État, puisse en acquérir une maîtrise complète et se rendre à lui seul souverain

En posant le principe que la souveraineté nationale appartient au peuple, la Constitution interdit conséquemment à ses représentants de l'aliéner, notamment en la transférant à des autorités étrangères ou à des organisations internationales.

Tel est le sens des articles 149 à 151 de la Constitution, sur le fondement desquels la Cour constitutionnelle exerce son contrôle sur les traités internationaux.

Deux séries de conséquences en découlent.

Si le principe de la représentation interdit de transférer la souveraineté, il permet *a contrario* de transférer des compétences, pourvu qu'un tel transfert ne débouche sur la remise en cause de la souveraineté.

C'est ce qu'il faut comprendre avec les processus d'intégration, dont l'objectif est la construction d'ensembles sous régionaux et régionaux qui ne peuvent fonctionner sans certains transferts de compétence, considérés non comme des transferts de souveraineté, mais comme de simples limitations à la puissance d'État, qui se compose de compétences, lesquelles peuvent être transférées.

---

[24] L'isonomie désigne le fait d'être soumis à la même loi. L'isonomie est l'égalité des droits politiques, sociaux, économiques et culturels avec l'idée de partage effectifs du pouvoir. Elle est à l'origine de la démocratie à Athènes en 508 av JC

Font exception à cette possibilité de transfert, les compétences qui touchent aux conditions essentielles d'exercice de la souveraineté nationale, à savoir : la défense, la monnaie, la justice ou la citoyenneté, l'administration territoriale qui ne peuvent être transférées qu'après révision de la Constitution.

La souveraineté étant inaliénable, un traité ne saurait faire prévaloir une norme internationale sur la norme la plus élevée de l'ordre juridique, la Constitution. Il apparait que la suprématie du droit communautaire sur le droit national ne provient pas du droit communautaire lui-même, mais plutôt de la Constitution, sur le fondement de l'article de l'article 151[25].

SECTION IV : DE L'INDÉPENDANCE DE LA COUR CONSTITUTIONNELLE

L'idée, à la base de la justice constitutionnelle, est née de la reconnaissance qu'il existe dans un Etat une loi suprême (*lex superior*) à laquelle on ne peut déroger et qu'une telle loi supérieure lie même le législateur. Par conséquent, une loi ordinaire, contraire à une telle loi supérieure, sera sans valeur aucune et ne pourra, dès lors, être appliquée par les juges[26].

Une telle idée peut être trouvée, par exemple, en Grande-Bretagne avant la « glorieuse Révolution » de 1688, où Lord Coke, dans certains arrêts célèbres, proclama la nullité de lois « *répugnant* » à la « *Common Law and reason* ».

Dans la France prérévolutionnaire aussi, les Parlements prétendaient souvent pouvoir contrôler la conformité des lois et ordonnances à certaines « lois fondamentales du royaume » (non écrites).

L'évolution historique ayant conduit à l'apparition des juridictions constitutionnelles met en lumière que la prétendue capacité qu'ont les branches « politiques » d'incarner le consentement de ceux qui sont

[25]Constitution: **Article 151:** Les traités ou accords régulièrement approuvés ou ratifiés ont, dès leur publication, une autorité supérieure à celle des lois, sous réserve de réciprocité

[26] Constitution Article 2, alinéa 5 et 6 La souveraineté s'exerce conformément à la présente Constitution qui est la Loi suprême de l'Etat.
Toute loi, tout texte réglementaire et acte administratif contraires à ses dispositions sont nuls et de nul effet.

gouvernés, ou du moins, de la majorité d'entre eux, est en voie de se dissiper.

Deux principales forces ont conduit à l'édification de la juridiction constitutionnelle. L'une de ces forces est le constitutionnalisme, c'est-à-dire l'affirmation et la sauvegarde de la suprématie de la constitution qui ont exigé la mise en place d'un organe, ou d'un groupe d'organes, institutionnellement indépendant des pouvoirs « politiques » (législatif et exécutif), pour protéger une règle de droit supérieure et relativement permanente contre les tentations qui sont inhérentes au pouvoir.

Cette exigence est particulièrement pressante à l'égard des dispositions constitutionnelles touchant aux droits fondamentaux de l'homme, où le défi réside dans la protection de l'essence même de tout État de droit : un champ approprié de liberté individuelle contre les intrusions ou abus du pouvoir.

Il n'est pas superflu de rappeler les règles fondamentales de la sagesse antique selon laquelle : il doit y avoir une plainte avant que la fonction judiciaire ne soit exercée (*memo iudex sine actore et ubi non est actio ibi non est jurisdictio*) ; et qu'un juge ne doit pas être soumis à des pressions partiales et doit écouter toutes les parties (*audiatur et altéra pars*).

La meilleure assurance de la légitimité démocratique de la fonction judiciaire est dans le respect de ces règles qui devraient s'imposer même aux cours constitutionnelles.

Sous l'éclairage de ce qui est dit plus haut. On peut dire que la Cour constitutionnelle peut être considérée comme l'une des innovations majeures de la réforme constitutionnelle de mai 2010.

L'adoption de la constitution de 2010 est le signe d'une rupture féconde dans l'histoire politique et constitutionnelle guinéenne, qui faisait prévaloir la conception selon laquelle la souveraineté du peuple et de ses représentants était illimitée et ne pouvait donc être encadrée par le droit.

Par la création de la Cour constitutionnelle, la Constitution affirme, au contraire, que l'exercice de la souveraineté doit respecter certains principes fondamentaux qui ont vocation à la perpétuité et à l'immutabilité.

La Guinée entre ainsi dans l'ère de l'***État de droit***[27] où la démocratie ne se limite plus seulement à des élections libres et justes, mais suppose également le respect de la pérennité et l'inviolabilité de certaines règles de caractère universel et des principes essentiels de bonne gouvernance.

L'installation de la Cour constitutionnelle traduit, à l'évidence, la volonté de consolider la suprématie de la règle constitutionnelle affirmée comme suit dans l'article 2 : *« la souveraineté s'exerce conformément à la présente Constitution qui est la Loi suprême de l'État. Toute loi, tout texte réglementaire et acte administratif contraires à ses dispositions sont nuls et de nul effet ».* Cette disposition soumet la loi et le règlement, c'est-à-dire les décisions du Pouvoir législatif et du Pouvoir Exécutif, à la règle suprême édictée par la Constitution.

La constitution s'impose, dans le panorama de la démocratie et de l'État de droit, comme l'imprenable rempart contre la dérive éventuelle du Parlement et contre les abus et débordements du Pouvoir exécutif, à l'effet d'asseoir la sauvegarde de la séparation et de l'équilibre des Pouvoirs sur un socle indestructible.

Dans cet objectif, la constitution guinéenne procède au détachement de la justice constitutionnelle, antérieurement confiée à la Chambre administrative et constitutionnelle de la Cour suprême, et lui confère, du point de vue organique, une large autonomie fonctionnelle

Cette autonomie de la justice constitutionnelle concrétise la volonté du constituant guinéen de satisfaire aux exigences de l'État de droit et d'assurer, pour cette raison, une imputrescible protection juridique de la Constitution, qui se réalise à travers le contrôle de constitutionnalité qui la préserve de toute altération.

Cet objectif général a résolument engagé le constituant guinéen à attribuer à la Cour Constitutionnelle une place singulière dans l'édifice institutionnel guinéen, renforcée par l'existence d'un *contrôle* de *constitutionnalité*, qui figure dans la majeure partie des démocraties modernes comme une des garanties de l'État de droit. Ce *contrôle* connaît, pour cette raison, plusieurs modalités qui seront exposées infra.

---

[27] Système institutionnel dans lequel la puissance publique est soumise au **droit,** fondé sur le principe essentiel de la primauté du droit

Le contrôle de constitutionnalité s'entend, dans le cadre de cette étude, de l'ensemble des moyens juridiques destinés à assurer la régularité interne et externe des normes de droit, dans leur conformité avec la Constitution, et à éviter qu'un acte inconstitutionnel puisse entrer dans l'ordre juridique interne, en le soumettant préventivement à l'examen de la Cour constitutionnelle, au moment où ledit acte n'est pas encore définitif.

La Cour constitutionnelle, conçue ainsi comme l'organe régulateur[28] du fonctionnement des Institutions de l'État, est indépendante. Elle n'est, en aucune façon, subordonnée dans ses activités organiques, financières ou autres, à aucun organe, qu'il soit législatif, exécutif ou judiciaire, ni à aucune des entités constitutionnellement habilitées à désigner ses membres. Elle n'appartient à aucun des Pouvoirs de l'État, en dehors desquels la Constitution l'a placée.

Le triple rôle de cette institution juridictionnelle, extraite de la Cour suprême dont elle n'était qu'une Chambre, la situe à la lisière de la politique et du droit, en ce que **premièrement**, elle veille au respect de la Constitution, à travers le contrôle de constitutionnalité des lois. **Deuxièmement**, elle veille au respect et à l'application ponctuelle des principes de la Démocratie et de l'Etat de droit, en particulier, la séparation des pouvoirs, la suprématie de la Constitution, la primauté de la loi, la régularité et la transparence des processus référendaires et électoraux. **Troisièmement,** elle garantit le respect des libertés publiques et des droits fondamentaux.

[28] Constitution : article 93 dernier alinéa et article 1er Loi organe L/2011/006/CNT du 10 Mars 2011

CHAPITRE II

ORGANE RÉGULATEUR DU FONCTIONNEMENT DES INSTITUTIONS

SECTION I : DES DIVERSES ATTRIBUTIONS RÉGULATRICES DE LA COUR

Pour prévenir la réédition des événements douloureux qui ont entraîné l'instabilité politique et constitutionnelle de 2006-2009, le constituant de 2010 a décidé d'attribuer à la Cour constitutionnelle la fonction que l'article 93 de la Constitution définit en ces termes : la Cour Constitutionnelle « *... est l'organe régulateur du fonctionnement et des activités des Pouvoirs législatif et exécutif et des autres organes de l'État* ».

Du moment que la disposition susmentionnée laisse apparaître que la constitution a institué trois pouvoirs et d'autres organes ; ce sera légitime d'en déduire que la fonction de régulateur attribuée à la Cour constitutionnelle concerne les Pouvoirs législatif et exécutif et les autres organes de l'État, non compris, bien sûr, le Pouvoir judiciaire.

En tant qu'organe régulateur du fonctionnement des institutions et de l'activité des pouvoirs publics, elle est compétente pour :

- prononcer la reprise de l'ensemble des opérations électorales en cas de décès ou d'empêchement définitif d'un des candidats au deuxième tour, avant la proclamation des résultats définitifs[29];
- Déclarer exécutoire une loi non promulguée dans les délais par le président de la République (article 81 de la constitution) ;
- Constater la vacance de la présidence république (article 41 de la constitution).

La cour donne des avis :

---

[29] Constitution, article 34, alinéa 3

▪ sur les mesures prises par le président de la République dans le cadre de l'exercice des pouvoirs exceptionnels qui lui sont conférés par les articles 90 et 91 de la constitution (articles 33 de la loi organique L/2011/006/CNT du 10 mars 2011) ;

▪ lorsque le Président de la République est autorisé par l'Assemblée nationale à prendre des ordonnances pour des matières qui sont du domaine de la loi (article 82 de la constitution).

La cour constitutionnelle est compétente pour :

▪recevoir le serment du président de la République ;

▪donner son avis au président de la République dans les cas prévus à l'article 51 et 86.

En application de la disposition constitutionnelle à l'article 93, l'article 35 de la loi organique L/2011/006/CNT du 10 mars 2011 portant organisation et fonctionnement de la Cour Constitutionnelle attribue à celle-ci le pouvoir de veiller « '*à la séparation et l'équilibre des pouvoirs afin que ni l'Exécutif ni le Législatif ni aucune institution constitutionnelle ne s'arrogent des prérogatives non conférées par la Constitution. En cas de désaccord tel que prévu par l'article 92 de la Constitution entre l'Exécutif et l'Assemblée nationale, survenu avant la troisième année de législature, la Cour Constitutionnelle tranche.*

Il appartient à la Cour constitutionnelle de veiller à la distinction entre le domaine législatif — qui appartient au Pouvoir législatif — et le domaine réglementaire — qui appartient au Pouvoir exécutif[30], de façon à préserver le champ d'exercices de l'un et l'autre pouvoir.

De même, pour éviter de voir l'Assemblée représentative du Peuple outrepasser ses prérogatives, la Cour constitutionnelle intervient, préalablement et obligatoirement, pour contrôler les lois organiques et le règlement intérieur de l'Assemblée[31]. Par exemple, la Cour constitutionnelle peut être amenée à censurer le Règlement de l'Assemblée nationale, au motif que ledit Règlement prévoirait des modalités de contrôle du Gouvernement non prévues par la Constitution et étendrait le droit d'initiative législative des Députés, alors que celui-ci est limité par la Constitution en raison de l'existence d'un domaine réservé de la loi et du principe de l'incidence financière que comporterait une proposition ou un amendement de loi.

---

[30] Constitution, article 74

[31] Constitution : articles 83 et 95

L'Article 80, qui permet à un dixième au moins des Députés et à l'Institution Nationale Indépendante des Droits Humains de *« saisir la Cour Constitutionnelle d'un recours visant à faire contrôler la conformité de la loi à la Constitution »*, opère une mutation innovante. En effet, cette disposition facilite et étend la saisine de la Cour constitutionnelle, en permettant à un segment du pouvoir Législatif et à l'Institution nationale de défense des droits de l'homme de contenir les débordements du pouvoir exécutif.

Ce recours, qui n'est donc pas à sens unique, permet également de faire vérifier beaucoup plus fréquemment la conformité des lois initiées par le gouvernement et les amendements des Députés aux principes démocratiques et aux libertés et droits fondamentaux, en adéquation avec le fonctionnement régulier des Institutions de l'État, tel qu'il est déterminé par la Constitution.

La Cour constitutionnelle s'est également vu confier le contrôle des opérations électorales[32], le contentieux de la répartition des compétences entre les pouvoirs publics nationaux.

Cet ensemble de fonctions est le socle et la raison de la création de la Cour constitutionnelle, la nouvelle Constitution ayant entendu séparer les pouvoirs, limiter le domaine de la loi dévolu à l'Assemblée représentative du Peuple et préserver le domaine réglementaire autonome reconnu au Pouvoir exécutif, de manière effective.

La fonction de régulation[33] consiste, pour la Cour constitutionnelle, à intervenir, sur demande pour et par sa décision et les injonctions qu'elle comporte, faire échec à une situation de paralysie imminente ou réelle provenant d'un conflit entre une ou plusieurs institutions de la République.

La constitution pose pour principe qu'en « *cas de désaccord entre le Président de la République et l'Assemblée nationale avant la troisième année de législature, la Cour Constitutionnelle puisse être saisie par le Président de la République ou par le Président de l'Assemblée nationale ou par un dixième des Députés. La décision de*

[32] loi organique, art. 18, 28 à 31
[33] loi organique, art 35.

la Cour constitutionnelle s'impose au Président de République et à l'Assemblée nationale »[34].

La Constitution, ayant fait de la Cour Constitutionnelle *« l'organe régulateur du fonctionnement des institutions et de l'activité des pouvoirs législatif et exécutif et des autres organes de l'État »*[35], lui donne qualité pour prendre toute décision qui permette d'éviter la paralysie du fonctionnement des institutions de la République découlant d'un conflit de compétence entre ces pouvoirs.

La Cour constitutionnelle précise, à ce sujet, dans deux arrêts : « *considérant que cette fonction de régulation est une compétence générale que la constitution donne à la Cour*[36].

Dans les deux arrêts, la Cour déclare que la « *non-tenue* » ou « *le refus de la tenue* » régulière des assemblées plénières d'un organe collégial délibérant est contraire à la constitution.

De même, la Cour considère dans le même arrêt que du moment que » *la transparence financière est un objectif à valeur constitutionnelle et que la mise en place des organes de contrôle interne au sein des institutions répond à cet objectif ; qu'ainsi le refus de mise en place de contrôle au sein de la HAC est contraire à la Constitution »*.

La question ici est de savoir à partir de quelles dispositions de la Constitution, la Cour a-t-elle tiré la conséquence que la valeur constitutionnelle de la transparence financière est un objectif de valeur constitutionnelle.

Généralement, un principe constitutionnel ne peut être posé qu'à partir du moment où il n'est pas contraire aux dispositions claires de la constitution. Il doit être tiré de la Constitution ou de son interprétation en cas de lacune constitutionnelle.

On peut comprendre, à partir de ses arrêts, que parmi les attributions de la Cour constitutionnelle figurent celles de débloquer la paralysie du fonctionnement de certaines institutions ou d'éviter la

---

[34] Constitution, article 92, alinéa 5

[35] Constitution, article 93, alinéa 4,

[36] Arrêt n°AC09 du 5 mai 2016, affaire crise à la Haute Autorité de la Communication (HAC) et Arrêt n°AC29 du 4 Octobre 2016, affaire crise à l'Institution Nationale indépendante des droits humains (INIDH)

paralysie du processus électoral, évitant ainsi un vide institutionnel, une vacance de poste résultant de l'arrivée à son terme du mandat du titulaire d'une fonction sans que des dispositions constitutionnelles n'aient expressément prévu le cas d'espèce.

Mais l'usage intempestif, on le verra plus loin, que les Arrêts de la Cour font de la notion « *objectif à valeur constitutionnelle* » mérite que l'on s'y attarde un moment, dans la mesure où une décision juridictionnelle doit être motivée.

SECTION II : DE LA MOTIVATION DE LA DÉCISION DU JUGE CONSTITUTIONNEL

La motivation de la décision par un juge, fût-il constitutionnel, constitue une règle essentielle du règlement d'un contentieux ou de l'interprétation d'une loi, car non seulement elle en est le fondement, en fait et droit, et forme la garantie contre l'arbitraire ; mais elle permet surtout d'expliquer, donc de rendre intelligible la décision rendue, et de justifier du respect d'un raisonnement rationnel et juridique.

La motivation répond à la triple finalité de :

1. confronter de la règle de droit applicable aux faits de l'espèce ;
2. garantir aux justiciables l'examen sérieux et équitable de leurs prétentions et leurs moyens par le juge ;
3. d'éviter que le juge se prononce par une clause de style dépourvue de toute motivation précise, capable de faire comprendre clairement les raisons ayant conduit le juge à se déterminer sur des bases légales rigoureuses et pertinentes, lesquelles écartent la formulation de simples hypothèses qui ne sont pas des réponses juridiques aux demandes des parties.

Il découle de ce qui précède que la motivation de la décision du juge doit être l'exacte réponse aux conclusions et moyens des parties.

L'obligation de motiver sa décision s'impose donc à tout juge, y compris celui de la juridiction constitutionnelle pour les trois finalités assises sur une argumentation logique qui légitime et rend aisé la compréhension de ladite décision.

Il s'ensuit une exigence supplémentaire découlant du caractère démocratique de la République qui dicte aux juridictions constitutionnelles l'obligation d'élucidation susceptible de rendre la décision intelligible et transparente.

L'exercice de la parcelle de souveraineté attribuée à l'Assemblée nationale s'opère dans les limites posées par la Constitution, à travers le contrôle de constitutionnalité de la loi et des engagements internationaux. Comme limitation à la souveraineté de la loi, le contrôle de constitutionnalité est effectué par la Cour constitutionnelle, dont la légitimité ne repose pas sur l'élection. C'est pourquoi, les prérogatives qui lui sont conférées par la Constitution ne peuvent pas être discrétionnaires.

Aucune disposition explicite de la Constitution, ni de la loi organique L/2011/006/CNT du 21 mars 2011, ni du règlement intérieur de la Cour constitutionnelle ne prescrit la forme ni le contenu des motifs décisoires du contrôle de constitutionnalité. Aussi, si l'on peut constater que dans sa pratique la Cour constitutionnelle motive ses décisions, on peut également observer qu'elle ne s'est toutefois pas dotée de règles constantes gouvernant, tout au moins, la structure de ses décisions et prévoyant la substance de la motivation ; notamment ce que doivent être ces « *motifs* » sur lesquels *« reposent »* les décisions.

La lecture des décisions de contrôle de constitutionnalité de la Cour montre que leurs motifs ne sont pas normalisés ; elles sont sans structure formelle constante, quoique la nature du contrôle ne soit pas vraiment différente.

Nonobstant, ce qui vient d'être posé, les arrêts commencent, pour la plupart, par l'indication de la saisine, soit par des autorités compétentes, soit par des parties en ce qui concerne le contentieux électoral. Ensuite, l'exposé sommaire des griefs soulevés par la partie saisissante ou requérante ou indicative de l'objet de la saisine et les textes qui leur sont applicables. S'y ajoutent, dans certains rares cas, les moyens soulevés d'office. Puis, la Cour énonce les motifs, les principes applicables, assortis des normes de référence sur lesquels repose sa décision dans des considérants qui sont enchaînés pour parvenir logiquement à un dispositif, qui donne aux griefs une réponse selon un raisonnement déductif, indiquant la solution décidée.

L'argumentation substantielle, constituée par l'énoncé des motifs de fond, commence par un considérant qui peut être la formulation d'une règle ou de plusieurs normes de référence. Formulation qui est au cœur de la mission de la Cour constitutionnelle, puisque c'est à travers elle qu'elle accomplit sa mission normative d'interprétation de la Constitution et qui détermine la solution, à savoir : définir la règle ou le principe mis en cause par la loi examinée et lui donner un sens déterminant la solution du cas d'espèce.

La démarche explicite et logique ou phase décisoire du raisonnement par laquelle la Cour opère le contrôle de constitutionnalité, commence par un exposé, plus ou moins exhaustif de la disposition législative contestée, citée littéralement ou interprétée, en mettant en exergue en quoi cette disposition légale est en conflit avec la Constitution.

Dans son cheminement et en fonction des normes en présence, la Cour présente la nature du contrôle qu'elle exerce :

❖Conciliation de principes à valeur constitutionnelle,

❖Proportionnalité de l'atteinte à un droit fondamental, au but d'intérêt général poursuivi par la loi,

❖Erreur manifeste d'appréciation du législateur.

D'un point de vue substantiel, l'examen des arrêts de la Cour constitutionnelle, montre que ses décisions ne sont pas l'expression de l'opinion d'une majorité, dont se démarque une opinion minoritaire et qu'elle ne procède pas par un raisonnement dialogique, mais plutôt par un raisonnement déductif monologique issu d'une collégialité délibérante indifférenciée[37], signifiant qu'il s'agit de la décision de la Cour constitutionnelle.

La production de la décision constitutionnelle porte l'empreinte du délai court imposé par la loi :

❖ un mois pour le contrôle *a priori*[38],

❖ 15 jours pour le contrôle *a posteriori*.

Ces délais peuvent être ramenés à 8 jours.

Le mécanisme de rédaction de la décision repose sur l'établissement d'un rapport de conseiller qui aborde toutes les questions de constitutionnalité soulevées par la loi examinée et qui les analyse pour discerner les solutions possibles. Il en découle un projet de décision distribuée aux membres de la Cour constitutionnelle mis au vote.

La motivation d'une décision n'est pas l'occasion d'une rhétorique explicative, ni la réponse en détail au raisonnement critique du saisissant ou du requérant. Elle n'est pas non plus la justification du choix de la norme de référence ou de motifs purement juridiques.

---

[37] Constitution: article 37, al. 2

[38] Article53, al. 1

La décision du juge constitutionnel est un texte en forme juridictionnelle, qui s'autolimite par l'énonciation de son pouvoir et son confinement dans les bornes de celui-ci, entendu que le juge constitutionnel n'a pas le pouvoir d'édicter la loi, son rôle étant d'en contrôler la conformité à la Constitution. La continuité de sa jurisprudence pouvant conduire à la stabilité, concomitamment à l'évolution des libertés et droits fondamentaux pris en compte et à la mutabilité constitutionnelle.

Pour en revenir au concept ou principe d'objectif à valeur constitutionnelle, la Cour constitutionnelle n'applique pas à ses propres décisions ce qu'elle a appelé, dans ses arrêts, l'objectif de valeur constitutionnelle d'intelligibilité et d'accessibilité de la loi.

Il convient, d'une part, de noter que pour la doctrine[39], si le principe de clarté de la loi est intrinsèquement lié au principe de sécurité juridique, ce lien est moins évident pour l'accessibilité et l'intelligibilité de la loi et, d'autre part, de souligner que la clarté se définit communément comme le caractère de ce qui est facile à comprendre[40], ce qui est facilement intelligible. La référence à l'accessibilité et l'intelligibilité conduit à souligner que cet objectif découle, en France, des articles 4, 5, 6 et 16 de la Déclaration des droits de l'homme et du citoyen de 1789 et qu'il impose que les dispositions législatives soient formulées de manière « suffisamment précise » et ne soient pas équivoques.

La Cour constitutionnelle guinéenne ne rattache cet objectif de valeur constitutionnelle, comme c'est le cas dans la jurisprudence française, à aucune disposition guinéenne qui fait explicitement de l'accessibilité de la loi une exigence impérieuse. Or, s'il est d'une indéniable légitimité que l'accessibilité de la loi est une notion que l'on peut considérer assez aisée à identifier, dans son sens littéral, il n'en est pas de même en ce qui concerne l'intelligibilité de la loi. Dans son sens commun, l'intelligibilité apparait comme le caractère d'une chose ou d'une réalité ou d'un phénomène, dont l'humanité moyenne peut facilement comprendre la signification.

---

[39] Mathieu (B.), « Constitution et sécurité juridique », op. cit. ; Frison-Roche (M.A.)et Baranès (W.), « Le principe constitutionnel de l'accessibilité et de l'intelligibilité de la loi », D., 2000, n° 23, p.364.

[40] Petit Larousse illustré, 2005

Du reste, une définition est formulée par le Professeur Frison-Roche et le Conseiller William Baranès[41], en ces termes : « *d'une façon générale, une chose est intelligible si son sens peut être perçu par l'activité intellectuelle humaine* »[42] .

On peut déduire, de ce qui est exposé plus haut, que la Cour constitutionnelle se trompe en faisant de l'intelligibilité un objectif à valeur constitutionnelle, dans la mesure où l'on ne peut pas réduire l'intelligibilité de la loi à sa compréhension par le destinataire, car il serait alors aisé à celui qui veut contourner la loi, de prétendre l'ignorer, alors que *« nul n'est censé ignorer la loi ».*

Si le critère d'intelligibilité de la loi reconnue par la Cour constitutionnelle guinéenne pourrait être entendu comme la compréhension de la norme par des personnes d'intelligence moyenne, l'on pourrait tirer la conséquence que pour que l'exigence d'intelligibilité soit remplie, il suffira que la loi soit suffisamment compréhensible pour le destinataire, plutôt que comprise par celui-ci. En effet, il existe une nuance importante entre les adjectifs « compréhensible » et « compris ». Il s'agit d'une certaine qualité de la loi qui va être recherchée, sans pour autant décharger le citoyen de son obligation de connaître la loi.

Au demeurant, on pourrait faire remarquer qu'en droit français, que la Cour constitutionnelle suit par mimétisme, l'**objectif de valeur constitutionnelle** ou **objectif à valeur constitutionnelle** est un objectif dégagé par le Conseil constitutionnel français, objectif auquel ce dernier reconnaît une valeur constitutionnelle. Ces objectifs trouvent, en effet, leurs fondements dans le bloc constitutionnel français lui-même. À l'examen de la jurisprudence française, on dénombre treize objectifs de valeur constitutionnelle. Ce sont :

1.la sauvegarde de l'ordre public,

2.le respect de la liberté d'autrui,

3.la préservation du pluralisme des courants d'expression socioculturels,

4.la transparence financière des entreprises de presse,

---

[41] : William Baranès et Marie-Anne Frison-Roche sont coauteur de: La justice. L'obligation impossible, , coll. «Morales », 1994. In: Droit et société, n°28, 1994. Le sang : les veines du social. pp. 749-750;

[42] CC, 86-216 DC du 3 septembre 1986, Loi relative aux conditions d'entrée et de séjour des étrangers en France, rec. p. 135, § 19 et 20.

5.la protection de la santé publique, aussi principe constitutionnel,

6.la recherche des auteurs d'infractions,

7.la lutte contre la fraude fiscale,

8.la possibilité pour toute personne de disposer d'un logement décent,

9.l'accessibilité et l'intelligibilité de la loi,

10.l'équilibre financier de la sécurité sociale,

11.l'égal accès des femmes et des hommes aux mandats électoraux et fonctions électives,

12.l'égalité entre les collectivités territoriales ;

13.la clarté de la loi.

Le professeur LUCHAIRE à l'occasion de la réponse à quoi sert un objectif de valeur constitutionnelle, affirme : *« le Conseil Constitutionnel n'a jamais utilisé un objectif de valeur constitutionnelle pour censurer une disposition législative. Il a au contraire justifié des dérogations (limitées) à des principes constitutionnels ».* Autrement dit, les objectifs de valeur constitutionnelle justifient des atteintes ou des dérogations à des principes de valeur constitutionnelle, à condition toutefois que ces atteintes ne soient pas manifestement excessives, ou que les limitations ainsi portées n'aient pas un caractère de gravité tel que le sens et la portée du droit constitutionnel ne soient pas dénaturés. Les objectifs de valeur constitutionnelle ne limitent pas la marge de manœuvre du législateur, ils l'élargissent. La tendance prise par la Cour constitutionnelle va en sens inverse.

Il est à souligner qu'en France, seul un faible nombre de déclarations de non-conformité à la Constitution ont été fondées sur ces objectifs, alors que dans les arrêts de la Cour constitutionnelle guinéenne cette notion revient comme la ritournelle lancinante d'une berceuse assoupie, qui endort son enfant.

Revenant à la fonction de régulateur du fonctionnement normal des institutions, on peut constater qu'il découle de la lecture combinée des articles 92 et 93 de la Constitution que cette fonction attribuée à la Cour constitutionnelle s'accompagne de celle de résolution des conflits éventuels pouvant conduire, dans l'intérêt de la suprématie de la Constitution, à celles de poser et de préserver les frontières qui assurent le respect de la séparation des pouvoirs et de la taxinomie ou taxonomie.

Ladite fonction comporte également le rôle d'arbitre dans les situations de conflit nées du désaccord entre les Institutions, afin de garantir le respect, par chaque pouvoir, des limites de ses compétences.

L'affirmation de la Constitution que *« la décision de la Cour constitutionnelle s'impose au Président de République et à l'Assemblée nationale »* est destinée à imposer aux pouvoirs législatif et exécutif que ni l'un, ni l'autre ne doit empiéter sur les attributions l'un de l'autre.

Par ailleurs, il résulte des dispositions de l'article 107 de la Constitution que « *Le pouvoir judiciaire est indépendant du pouvoir exécutif et du pouvoir législatif* » et de celle de l'article 109 que « *Les Magistrats ne sont soumis, dans l'exercice de leurs fonctions, qu'à l'autorité de la loi.* »

Ces dispositions sont l'indication du caractère spécifique des fonctions de la Cour Suprême, de la Cour des comptes, des Cours et Tribunaux qui exercent le Pouvoir judiciaire et sur lesquels le Pouvoir législatif et le Pouvoir exécutif ne peuvent empiéter.

Le régime constitutionnel guinéen est installé sur le socle juridique qui ne donne ni au Législateur, ni à l'Exécutif la prérogative de censurer les décisions de ces juridictions ou d'adresser à celles-ci des injonctions ou encore de se substituer à elles dans le règlement des litiges relevant de leurs compétences.

La Constitution place ainsi la Cour constitutionnelle dans une position d'arbitre des conflits éventuels entre les organes de l'État. Cette fonction de la Cour constitutionnelle lui permet de résoudre les conflits survenus entre les organes de l'État et lui confère le rôle pacificateur de la vie politique.

SECTION III : LA COUR CONSTITUTIONNELLE, JUGE DES CONFLITS DE COMPÉTENCES

Montesquieu, après Aristote, constate que lorsque les divers pouvoirs de l'État sont concentrés, tout entier, dans les mains d'une seule personne, le régime est autoritaire (monarchie, dictature). Il affirme : ***« lorsque dans la même personne, la puissance législative est réunie à la puissance exécutrice, il n'y a point de libertés ; parce qu'on peut craindre que le même monarque ne fasse des lois***

tyranniques pour les exécuter tyranniquement». Il ajoute : *« Tout homme qui a du pouvoir est tenté d'en abuser, il va jusqu'à ce qu'il trouve des limites. Pour qu'on ne puisse abuser du pouvoir, il faut que par la disposition des choses le pouvoir arrête le pouvoir. Tout serait perdu si le même homme exerçait ces trois pouvoirs* ».

L'architecture constitutionnelle actuelle de la République de Guinée est inspirée de cette philosophie de la séparation des pouvoirs qui est la condition de la démocratie, régime dans lequel le **pouvoir exécutif** gouverne et exécute les lois, le **pouvoir législatif** vote les lois et contrôle l'activité gouvernementale et le **pouvoir judiciaire** applique la loi aux litiges et rend la justice.

En démocratie, la loi a une fonction formelle puisqu'elle est l'acte élaboré et voté par l'organe détenteur du pouvoir législatif. Selon que l'on voit la loi, d'une façon matérielle et non formelle, on lui fixe ou non une limite ou lui attribue ou non un domaine.

En définissant la loi par son contenu, ce dernier déterminera sa procédure d'élaboration. Par contre, la définition formelle de la loi signifiera que le pouvoir législatif peut intervenir en toute matière. Parlera-t-on alors d'un domaine illimité de la loi et d'omniprésence parlementaire et donc de la loi ? C'était le cas sous l'empire des constitutions guinéennes de 1958 à 1984.

Si, en revanche, l'option pour la définition matérielle de la loi aboutit à limiter les matières qui relèvent de la loi. On parle alors domaine réservé qui cantonne le pouvoir législatif dans un cadre de compétences que la constitution détermine pour limiter le domaine de la loi.

Le système constitutionnel, depuis la réforme de 1990, retient cette dernière définition matérielle de la loi, en effet, son article 72 détermine le domaine de compétence du législateur, de même que l'article 74 fixe l*e* domaine de compétence réglementaire du pouvoir exécutif.

Deux conséquences résultent de cette architecture constitutionnelle. La première est l'attribution de la fonction exécutive à un seul organe incarné par la personne Président de la République. Sous cet aspect, on est en face d'un exécutif monocéphale, sauf que dans le système constitutionnel guinéen le Pouvoir exécutif est organisé de manière collégiale.

Cette organisation collégiale se manifeste sous deux aspects :

1.À la tête de l'État, le Président de la République incarne le pouvoir exécutif et la continuité d'État[43]. À la tête du Gouvernement, le Premier ministre est le chef du gouvernement[44] dont il dirige l'action pour la mise à exécution du programme politique pour lequel le Président de la République est élu.

2.Les décisions du Pouvoir exécutif sont débattues et prises en Conseil des ministres, notamment la nomination par le Président de la République aux emplois civils dont la liste est fixée par une loi organique.[45] Le droit commun de nomination aux emplois civils appartient au Premier ministre[46].

Dans le système constitutionnel guinéen, l'existence du pouvoir exécutif ne procède pas du législatif. Le Président de la République émane directement de la nation. Il nomme et révoque librement le Premier ministre qui n'est responsable que devant lui.

À l'inverse, le pouvoir législatif n'est pas soumis au pouvoir exécutif ; concrètement, le chef de l'État n'est pas désigné par l'Assemblée nationale, il est élu par le peuple au suffrage universel, direct, égal et secret.

Le régime constitutionnel guinéen est installé sur un système de séparation souple des pouvoirs dans lequel, par opposition aux régimes de séparation stricte, les pouvoirs exécutif et législatif collaborent et disposent de moyens d'actions réciproques.

Le gouvernement, à travers les projets de loi, participe à l'élaboration des lois. Il propose et peut s'opposer à des amendements[47]. Au contraire, l'Assemblée nationale peut entendre les ministres à tout moment, elle peut mettre en place des commissions d'enquête et commander des rapports sur les actions du gouvernement[48]. Logiquement, les rapports résultants des auditions et enquêtes menées par le Pouvoir législatif sont transmis à l'Exécutif pour guider l'action gouvernementale.

[43] Constitution: article 45 à 51

[44] Constitution: article 52 à 58

[45] Constitution: article 46. Cette disposition connait l'une des violations les plus criardes de la Constitution.

[46] Constitution: article 58, alinéa 1er .

[47] Constitution: article 83 & 84

[48] Constitution: article 72 & 89

Après sa nomination, le Premier ministre fait une Déclaration de politique générale [49] suivie de débats, sans vote devant l'Assemblée nationale.

Dans le cas d'un désaccord persistant entre le Président de la République et l'Assemblée nationale sur des questions fondamentales, le Président de la République peut, après avoir consulté le Président de l'Assemblée nationale, prononcer la dissolution de celle-ci.[50]

Ainsi, par la dissolution, il est demandé au peuple d'arbitrer les différends entre les deux pouvoirs. Cet arbitrage est la caractéristique des régimes parlementaires, nés d'abord en grande Bretagne et qui se sont mis en place en France à compter de la deuxième moitié du 19e siècle. S'il est, pour au moins un de ses aspects, une manifestation du régime parlementaire, il est, vu dans l'optique de l'article 92 de la Constitution guinéenne, un régime présidentiel.

Les compétences respectives, la collaboration organique et les moyens d'actions réciproques, dont disposent les deux branches du pouvoir de l'État, ne vont pas sans un potentiel de conflit. Montesquieu n'enseigne-t-il pas : *« Si dans l'intérieur d'un État vous n'entendez le bruit d'aucun conflit, vous pouvez être sûr que la liberté n'y est pas ».*

L'article 75 de la constitution attribue compétence à l'Assemblée nationale de voter le budget en équilibre. Elle est saisie par le Gouvernement du projet de Loi de Finances. Il est admis que le budget est l'instrument essentiel de la gestion publique, à travers lequel l'État finance les politiques publiques pour leurs mises en œuvre effective, en vue d'atteindre les objectifs du programme politique du Président de la République.

La gestion du budget est orientée par le droit budgétaire, issu de la loi organique relative aux lois de Finances, qui détermine, en outre, les compétences des pouvoirs législatif et exécutif dans les étapes du cycle budgétaire, à savoir la préparation, l'adoption, l'exécution et le contrôle.

La dévolution des compétences entre le pouvoir exécutif et le pouvoir législatif et les interactions entre ces acteurs vis-à-vis des recettes et des dépenses publiques déterminent le caractère plus ou moins démocratique du système politique de l'État.

---

[49] Constitution: article 57

[50] Constitution: article 92

La participation des députés à la décision financière, consubstantielle à la démocratie, est une garantie de transparence et d'efficacité du financement des politiques publiques.

Au regard de ses compétences financières, l'institution parlementaire doit être en mesure, non seulement de contribuer au développement social, économique et culturel équilibré de la nation, mais aussi de garantir la transparence et l'efficacité de la gouvernance financière ; d'où l'organisation du débat d'orientation budgétaire, en amont du débat parlementaire d'adoption de la loi de Finances[51].

Sur ce point, Barry Anderson reconnaît que l'institution parlementaire joue un rôle fondamental dans l'accroissement de la transparence budgétaire, en exerçant, comme le veut l'article 72 de la constitution, une influence externe qui amène le pouvoir exécutif à rendre compte de son action.

Selon Anderson, « *le pouvoir exécutif ne travaillera que rarement pour améliorer tout seul la transparence et la responsabilité sans aucun type d'influence externe qui l'encourage à le faire* » [52] .

Sur ce point, l'auteur souligne « *le succès que certains pays ont expérimenté en augmentant la participation du Parlement au sein de la procédure budgétaire, comme une source de cette influence externe* ».

Le pouvoir législatif apparaît donc comme une influence externe exercée par les députés sur le Gouvernement, influence capable de lui faire adopter des pratiques plus transparentes, quant à l'obligation de rendre compte de son action, non seulement devant l'Assemblée nationale, mais aussi, indirectement et implicitement, devant les citoyens.

En ce qui concerne le rôle des élus du peuple, s'agissant de l'efficacité, de l'efficience et de l'économie des politiques publiques, Allen Schick fait remarquer que « *les Parlements peuvent participer au mouvement actuel d'amélioration de la qualité et de l'efficience des services publics en ouvrant des crédits en fonction des attentes et des résultats. Un Parlement qui récompense ou ignore les mauvais résultats obtiendra de mauvais résultats* »[53] . Par conséquent,

---

[51] Article 15, Loi L/2012/N°012/CNT du 16 Août 2012 portant loi organique relative aux lois de finances

[52] 4 ANDERSON, Barry. The Changing Role of Parliament in the Budget Process; OECD Journal on Budgeting; Volume 2009/1.

[53] SCHICK, Allen. Les Parlements nationaux peuvent-ils retrouver un rôle effectif dans la politique budgétaire ? Actes du colloque « Processus budgétaire : vers un

l'Assemblée nationale devrait, comme le veulent les articles 88 et 89 de la constitution recevoir ou exiger de « *meilleures informations sur les performances, recourir aux indicateurs de performance lorsqu'ils autorisent des crédits et préciser à l'avance les résultats attendus des organismes publics* [54]».

Le système constitutionnel a organisé une démarche vers une plus grande efficacité et performance de la dépense publique à travers les alinéas 2 et 3 de l'article 89 de la constitution et l'adoption de la Loi L/2012/N° 012/CNT du 16 août 2012 portant loi organique relative aux lois de finances.

Enfin, les rapports entre les pouvoirs législatif et exécutif dans le domaine financier sont source d'effectivité de la démocratie et d'amélioration du niveau de performance dans l'emploi des ressources publiques.

À cet effet, deux types d'intervention du pouvoir législatif sont identifiés par Allen Schick [55]:

- discipliner les finances publiques par des contraintes budgétaires, par la prise en charge de la responsabilité des valeurs totales présentes dans le budget
- élargir son rôle vis-à-vis des décisions sur les recettes et les dépenses, par la présentation au Gouvernement d'amendements qui, dans la plupart des cas, réduisent les recettes et augmentent les dépenses.

À ce stade, il peut s'établir un rapport conflictuel ou un rapport coopératif entre les pouvoirs législatif et exécutif. À l'égard de la prise en compte de la possible survenance d'un désaccord, l'article 92 de la constitution prévoit deux solutions.

Lorsque le désaccord arrive avant la troisième année de législature, la Cour Constitutionnelle peut être saisie par le Président de la République ou par le Président de l'Assemblée nationale ou par un dixième des Députés.

En cas de désaccord persistant sur les questions fondamentales, survenant après la troisième année de législature, le Président de la

---

nouveau rôle du Parlement », organisé par le Sénat français et l'OCDE, le 24 et 25 janvier 2001, au Sénat à Paris, p. 38.

[54] Ibidem

[55] Ibidem

République peut, après avoir consulté le Président de l'Assemblée nationale, prononcer la dissolution de celle-ci.

Les articles 81, 86, 89, 92 indiquent que la Cour constitutionnelle connaît des conflits de compétences entre le pouvoir exécutif et le pouvoir législatif[56].

En matière de conflit dans les rapports entre le pouvoir exécutif et le pouvoir législatif, Nadine LA GRANCE[57] voit trois manifestations du rôle du juge constitutionnel :

▪ soit comme le **contrepoids** destiné à préserver la séparation, la collaboration et l'équilibre des pouvoirs exécutif et législatif, mais également à arbitrer les conflits ou les relations entre la majorité, composée du gouvernement et de la majorité parlementaire et la minorité représentée par l'opposition ;

▪ soit comme **autolimitation juridique du pouvoir exécutif**, capable de prévenir ou de fournir la solution à l'affaiblissement politique du pouvoir législatif devant le pouvoir exécutif, auquel la constitution confère l'irresponsabilité politique et pénale.

▪ soit **comme autolimitation du pouvoir législatif** par cela que le juge constitutionnel censure les actes des députés. Un tel contrôle, qui se situe à l'intersection du droit et de la politique, peut comporter le risque d'un contrôle politique ou d'opportunité susceptible de provoquer un débat sur la politisation de l'action du juge dans un domaine qui ne lui est pas attribué par la constitution. Cette intervention est potentiellement redoutable pour deux raisons. Premièrement, le contenu des règles n'est pas toujours prédéterminé. Secondement, la décision de la Cour constitutionnelle est sans recours. Chacune de ces deux raisons est porteuse d'un fort potentiel d'arbitraire.

Il faut bien admettre, aussi bien à l'occasion de la crise au sein de la HAC que de celle de l'INIDH, que la Cour constitutionnelle a pris des décisions fort critiquables, qui seront examinées plus loin.

La question est, à ce stade, de savoir si la compétence de la Cour, organe régulateur du fonctionnement des organes constitutionnels, se limite, comme le veulent les articles 18, 35 et 56 de la loi organique L/2011/06/CNT du 10 mars 2011, aux conflits d'attributions survenant entre ces organes ou si cette compétence

---

[56] Constitution

[57] La GRANCE (N.), *Le phénomène majoritaire*, op. cit, pp. 24-25

s'étend aux matières relatives au fonctionnement interne de ces institutions.

Cette question est d'autant pertinente que ces matières relatives aux actes d'administration ou de gestion internes, relèvent généralement du contentieux administratif, qui échappe totalement à la compétence de la Cour constitutionnelle.

Les conflits, pour lesquels la Cour constitutionnelle a attribution, doivent se situer dans le périmètre des compétences dévolues aux institutions de l'État susceptibles de porter atteinte à la séparation et à l'équilibre des pouvoirs et, avec eux, à la garantie des libertés publiques et des droits fondamentaux dans la nation.

Il s'agit pour la Cour, conformément aux articles 18, 35 et 56 de la loi organique susmentionnés[58], de résorber le conflit entre institutions au profit de l'un ou de l'autre pouvoir, de manière à préserver le régime institué dans la constitution, à fin d'éviter de le transformer en régime d'assemblée ou en une monocratie présidentielle, tous deux dangereux pour les libertés fondamentales et pour la démocratie.

PARAGRAPHE 1 : la compétence du juge constitutionnel vis-à-vis du président de la République

La fonction de président de la République et le contrôle de la cour constitutionnelle sont nés de cette originalité, pour des raisons certes différentes, mais finalement pour le même objectif : la stabilité du régime constitutionnel [106]. Ainsi la mise en place d'un surveillant de la constitutionnalité de la loi, symbolisant l'instauration de l'État de droit [107], était associé à un régime politique avec une tendance présidentialiste.

Même si la constitution de 2010 instaure une certaine forme de bicéphalisme, le régime constitutionnel guinéen installe en réalité un système de gouvernement dans lequel le président de la République est le principal détenteur du pouvoir exécutif.

La conséquence, que le constituant de 2010[59] en a conçue, est l'accroissement du rôle du juge constitutionnel pour garantir la séparation, l'équilibre et la collaboration des Pouvoirs. La logique de cette conception, qui prend en compte la situation du parlement dominé par le fait majoritaire en son sein et la prérogative

[58] Loi organique L/2011/006/CNT, du 10 mars 2011, portant organisation et fonctionnement de la Cour constitutionnelle

[59] Le conseil Nationale de la Transition (CNT)

présidentielle de dissolution, engendre l'existence d'un organe juridictionnel indépendant représentant le principal contre-pouvoir.

Les missions que la Constitution a assignées au juge constitutionnel en font le garant du fonctionnement des institutions constitutionnelles et donc de l'État de droit et de la démocratie.

PARAGRAPHE 2 : Rôles particuliers de la cour comme juge de la régularité des opérations électorales

En dehors des dispositions du Titre VI relatif à la Cour Constitutionnelle, dix (10) articles du Tire III[60] de la constitution sont consacrés aux rôles particuliers de la Cour concernant l'élection présidentielle, alors qu'un (1) seul article du Titre IV[61] de la Constitution est destiné à la régularité des élections législatives.

En matière de contrôle de la régularité de toutes opérations électorales et de référendum, la Loi organique L/2011/006/CNT portant organisation et fonctionnement de la Cour Constitutionnelle contient quatre (4) articles[62].

Ces rôles particuliers de la Cour constitutionnelle sont :

1.La réception des dossiers de candidatures et la publication de la liste définitive des candidats ;

2.La constitution de l'équipe de Médecins chargée de constater l'état de bonne santé des candidats à la présidence de la république ;

3.La réception de la déclaration écrite des biens des personnes qui y sont obligatoirement soumises et sa publication au Journal officiel.

4.La prorogation du délai d'organisation de l'élection présidentielle, en cas de décès ou de retrait ou d'empêchement définitif de l'un des candidats présents au second ;

5.Le constat et la déclaration de vacances de poste de Président de la République ;

6.La prorogation du mandat de l'Assemblée nationale en raison de circonstances graves ;

7.La désignation des magistrats devant présider la Commission administrative de centralisation des votes ;

8.La validation de l'élection des députés à l'Assemblée nationale ;

9.La réception du serment du Président de la République ;

---

[60] Articles : 29, 30, 32, 33, 34, 35, 36, 39, 41, 42,

[61] Articles 62,

[62] Articles : 28 à 31

10.L'autorisation d'achat ou de prise en bail d'un bien du domaine de l'Etat par le Président de la République ou par un membre de sa famille.

En faisant de la cour constitutionnelle, l'autorité qui reçoit et donne acte de prestation de serment du Président de la république, le constituant confirme le rôle prestigieux qu'il entend accorder à la cour dans le fonctionnement des pouvoirs publics.

Ensuite, l'autre point essentiel est la déclaration du patrimoine familial du président de la République. Cette règle « *s'applique au Premier ministre, aux ministres et aux Présidents des Institutions constitutionnelles* ». [63]

PARAGRAPHE 3 : des titulaires de la saisine de la cour pour les matières autres que les élections et la constitutionnalité

La Constitution ne dit rien au sujet de l'étendue de la saisine. Pour le contrôle obligatoire, il va de soi qu'il s'exerce sur l'ensemble du texte soumis à la Cour constitutionnelle. Pour le contrôle facultatif à l'égard des lois ordinaires, par contre, la question se pose de savoir si les requérants peuvent limiter l'étendue de la saisine à des dispositions bien déterminées, ou si la Cour est saisie, ici aussi, de l'ensemble du texte.

En principe, une fois saisie la Cour constitutionnelle est et demeure saisie de l'ensemble de la loi attaquée. Il n'est donc pas lié par les termes de la requête et il peut exercer son contrôle sur les dispositions qui ne sont pas critiquées. Tout naturellement, il peut invoquer d'office des moyens que les requérants n'ont pas invoqués[64].

Il faut noter que si, en contentieux des élections et de la constitutionnalité des normes, la Constitution et la loi organique ont déterminé les titulaires de la saisine de la Cour, quid de la déclaration des biens ou de l'achat ou de prise en bail d'un bien du domaine de l'État par le Président de la République ou par un membre de sa famille ?

En cas de fausse déclaration des biens ou de l'achat ou de prise en bail d'un bien du domaine de l'État par le Président de la République ou par un membre de sa famille, une seule hypothèse apparaît.

---

[63] Constitution : Article 39

[64] Constitution, alinéa 3, Article 47 et Arrêt N°AC 11DU 01/12/2015, PAGE 4

Elle part du serment par lequel le Président de la République prend l'obligation, sur son honneur « … *de respecter et de faire respecter scrupuleusement les dispositions de la Constitution, des lois et des décisions de justice.... En cas de parjure que je subisse les rigueurs de la loi* ». Cette première hypothèse mène à l'article 119 de la Constitution qui définit la haute trahison en ces termes : « *Il y a haute trahison lorsque le Président de la République a violé son serment, les Arrêts de la Cour Constitutionnelle, est reconnu auteur, coauteur ou complice de violations graves et caractérisées des droits humains, de cession d'une partie du territoire national, ou d'actes attentatoires au maintien d'un environnement sain, durable et favorable au développement* ».

La violation du serment fait partie des faits constitutifs de haute trahison justiciable de la Haute cour de justice. La compétence *ratione materiae* de cette juridiction spécialisée porte sur les seuls faits non détachables des fonctions, puisque l'article 39 établit une règle prohibitive dont l'énoncé commence par « *Durant son mandat, le Président de la République ne peut, par lui-même, par un membre de sa famille et même par autrui, acheter ou prendre en bail un bien qui appartient au domaine de l'État…* »

Cette prohibition, parce qu'indissolublement et sans équivoque attachée à la seule fonction présidentielle, avec extension aux membres de sa famille, en cas de violation, est constitutive de l'infraction de haute trahison, dans la mesure évidente où l'article 39 de la constitution est un renforcement, en ce qui concerne le Président de la République, du devoir fondamental du citoyen prévu l'article 22 de la Constitution, qui dispose : « *Chaque citoyen a le devoir de se conformer à la Constitution, aux lois et aux règlements……… Les biens publics sont sacrés et inviolables. Toute personne doit les respecter scrupuleusement et les protéger. Tout acte de sabotage, de vandalisme, de détournement, de dilapidation ou d'enrichissement illicite est réprimé par la loi* ».

Sommes-nous alors en face de la compétence, tant r*atione materiae* que *ratione personae* de la Haute Cour de Justice des articles 117 et 118 de la Constitution ?

Indubitablement, la réponse est affirmative. Dans ces conditions, la saisine de la Haute Cour de Justice est restreinte et obéit aux règles de mise en accusation et de jugement de l'article 120 de la constitution.

PARAGRAPHE4:le rôle du juge constitutionnel en cas de vacances de pouvoir

La nécessaire continuité de la fonction présidentielle n'a pas échappé, pour d'évidentes raisons, à l'attention des constituants de 2010.

Le régime des empêchements et de la vacance du pouvoir est prévu par les articles 34 et 41 de la Constitution.

L'article 34, après avoir posé pour règle fondamentale : « *Le Président de la République élu entre en fonction le jour de l'expiration du mandat de son prédécesseur* », prévoit les huit (8) circonstances d'empêchements suivantes, survenant au cours ou à la fin du processus électoral :

1. *Dans le cas où, à la suite de l'annulation d'une élection, aucun des candidats n'a été proclamé élu à cette date, le Président en exercice reste en fonction jusqu'à la proclamation des résultats.*
2. *En cas de décès ou d'empêchement définitif d'un des candidats au deuxième tour, avant la proclamation des résultats définitifs, si le défunt candidat est celui qui recueille le plus grand nombre de suffrages, la Cour Constitutionnelle prononce la reprise de l'ensemble des opérations électorales.*
3. *En cas de décès, d'empêchement définitif ou de retrait d'un des candidats entre l'arrêt de publication de la liste des candidats et le premier tour, l'organisation de l'élection est entièrement reprise avec une nouvelle liste de candidats.*
4. *En cas de décès, d'empêchement définitif ou de retrait d'un des deux candidats arrivés en tête entre le scrutin du premier tour et la proclamation provisoire des résultats, ou entre cette proclamation provisoire et la proclamation définitive des résultats du premier tour par la Cour Constitutionnelle, le candidat suivant dans l'ordre des suffrages est admis à se présenter au second tour.*
5. *En cas de décès, d'empêchement définitif ou de retrait d'un des deux candidats arrivés en tête entre la proclamation des résultats définitifs du premier tour et le scrutin du deuxième tour, le candidat suivant sur la liste des résultats du premier tour est admis au deuxième tour.*
6. *Dans les cas précédents, la Cour Constitutionnelle constate le décès, l'empêchement définitif ou le retrait et fixe une nouvelle date du scrutin.*
7. *En cas de décès ou d'empêchement définitif du Président de la République élu, avant son entrée en fonction, il est procédé à de*

nouvelles élections dans le délai de soixante jours, le Président en exercice reste en fonction jusqu'à la proclamation des résultats.

8. *Par dérogation à l'article 40, en cas de décès ou d'empêchement définitif du Président de la République en exercice avant l'entrée en fonction du Président élu, celui-ci entre immédiatement en fonction.*

S'agissant du Président en chaire, c'est-à-dire en plein exercice du mandat ou de la fonction, l'article 41 de la Constitution dispose : « *La vacance de la fonction de Président de la République consécutive au décès, à la démission, ou à toute autre cause d'empêchement définitif est déclarée par la Cour Constitutionnelle. La Cour Constitutionnelle, saisie à cette fin, par le Président de l'Assemblée nationale, en cas d'empêchement de celui-ci par l'un des vice-présidents, à défaut par un groupe de députés représentant le quart (1/4) de l'Assemblée nationale, déclare la vacance de pouvoir.* »

L'article 34 de la loi organique prévoit, dans ce qu'il dénomme la fonction de constatation de la Cour Constitutionnelle, deux hypothèses :

1. Le « *cas d'empêchement du Président de la République pour cause de maladie grave et durable…* »
2. Le *« cas de démission ou de décès du Président de la République… »*

PARAGRAPHE 5 : juge des conflits d'attribution

En disposant que la Cour constitutionnelle est « … *l'organe régulateur du fonctionnement et des activités des Pouvoirs législatif et exécutif et des autres organes de l'État* », la Constitution confère au juge constitutionnel, en matière de conflit d'attributions entre les institutions constitutionnelles trois rôles :

1.soit de contrepoids ;

2.soit d'autolimitation juridique du pouvoir exécutif ;

3.soit d'autolimitation du pouvoir législatif.

À ce titre et en vertu de la séparation des pouvoirs définie au dernier alinéa de l'article 2 de la Constitution, la Cour fait respecter l'équilibre constitutionnel des pouvoirs entre l'Exécutif et le législatif et arbitre les conflits ou les relations entre la majorité, comprenant le gouvernement et la majorité parlementaire, d'une part, et la minorité constituée par l'opposition, d'autre part.

En général, la Cour est saisie à l'initiative de l'opposition parlementaire contre le développement d'une législation dont la responsabilité politique incombe au gouvernement. Cette saisine est une arme offerte à l'opposition pour amener le juge constitutionnel à adopter une attitude d'autolimitation.

La deuxième manifestation du juge constitutionnel apparaît au moment où son intervention est considérée comme « un contrepoids institutionnel » face à l'affaiblissement politique du parlement devant la puissance exécutive. Une telle prédominance de l'Exécutif apparaît avec son quasi-monopole de l'initiative des lois de finances, lois de plan et lois de programme.

Cette puissance s'accompagne de la quasi totale irresponsabilité politique et pénale dont bénéficie le Président de la République.

L'indispensable intervention du juge constitutionnel dans le domaine politique, pour assurer l'équilibre institutionnel[65], constitue une garantie dans le règlement des conflits d'attributions et doit avoir pour finalité de conjurer toute menace de péril de l'existence des autres institutions, pouvant résulter des conflits qui touchent aux fonctions majeures de l'État.

SECTION II : DES CONFLITS ENTRE L'EXÉCUTIF ET LE LÉGISLATIF

Les désaccords entre l'Exécutif et le Législatif sur les questions fondamentales sont les plus nuisibles à l'État, dans la mesure où leur fréquence ou leur persistance est susceptible d'altérer progressivement la nature du régime politique et, avec lui, l'état des libertés publiques dans la nation.

En effet, la résolution des conflits pouvant opérer au profit de l'un ou l'autre pouvoir, le régime, quel que soit le régime constitutionnel, finit par se transformer en en une monocratie présidentielle ou en putsch militaire ou en guerre civile, toutes choses périlleuses pour les libertés fondamentales et pour la démocratie.

Les conflits pouvant survenir entre l'Exécutif et le Législatif sont d'abord de nature politique avant de devenir un contentieux juridique.

[65] Constitution, article 86 et 92

1. Les questions politiques

Tout conflit entre l'Exécutif et le Législatif est politique, car il en trouve la cause dans l'exercice exclusif du pouvoir, c'est-à-dire la possession et le contrôle des moyens du pouvoir, qui sont soit politiques, soit financiers, soit matériel et humain, ou le tout en un. Les changements de la configuration des groupes parlementaires montrent que le transfuge d'un parti pourrait être l'objet d'un conflit politique.

La répartition des crédits d'un budget national peut, de même, constituer une cause de mésintelligence.

L'envie de contrôler le pouvoir politique est la cause principale du conflit politique, qui se manifeste sous la forme d'un conflit d'attribution.

2. Les conflits juridiques

Lorsque le conflit politique couve longtemps, il éclate souvent sous la forme d'un contentieux juridique, du moment qu'un conflit de compétence nait toujours d'un conflit politique, avant d'emprunter les corridors du droit. La spécificité du droit constitutionnel moderne réside dans le fait, entre autres, de cristalliser toutes les contestations politiques sous la forme du droit.

Certains y ont entrevu la prudence du juge constitutionnel, mais ils n'ont guère indiqué la mesure de cette prudence qui est susceptible d'inhiber fort longtemps la justice constitutionnelle. Ainsi, l'on ne peut s'empêcher de constater que le conflit d'attribution cache déjà une discorde politique qui n'a pas trouvé une issue politique apaisée.

Lorsqu'il prend, en effet, les formes juridiques, le conflit politique emprunte naturellement les solutions de droit qu'il sied d'analyser ici très rapidement. Il s'agit de la *protection du domaine du règlement*[66] par rapport à la loi, *de la dissolution de l'Assemblée nationale* ainsi que de *la recevabilité d'un amendement*[67].

Avant la troisième année de législature et dans les situations exceptionnelles résultant de l'état d'urgence ou de siège ou de guerre, les désaccords entre l'Exécutif et le Législatif sont soumis à la Cour constitutionnelle.

---

[66] Constitution, article 74

[67] Constitution, article 86

CHAPITRE III

DE L'EXCEPTION D'INCONSTITUTIONNALITÉ

L'article 94 de la Constitution dispose que la Cour constitutionnelle statue sur : « *l'exception d'inconstitutionnalité soulevée devant les juridictions...* » et l'article 96 précise : « *tout plaideur peut soulever l'exception d'inconstitutionnalité d'une loi devant toute juridiction. La juridiction saisie sursoit à statuer et renvoie l'exception devant la Cour Constitutionnelle. Dans ce cas, la Cour Constitutionnelle statue dans les quinze jours de sa saisine.* »

Sur la saisine de la Cour en *exception d'inconstitutionnalité,* la loi organique relative à la Cour constitutionnelle, en son article 55, déclare qu'elle est saisie par la juridiction devant laquelle elle est soulevée.

L'inconstitutionnalité est le caractère d'un texte, d'une disposition du droit positif qui n'est pas conforme à la Constitution ou qui lui est incompatible.

L'exception d'inconstitutionnalité est alors la possibilité qu'a un justiciable, à l'occasion d'un procès devant une quelconque juridiction, de faire juger une disposition légale non conforme à la Constitution. Elle est un contrôle concret et ultérieur, qui résulte du conflit constitutionnel ayant surgi au cours du processus de mise en application de la loi, à l'occasion de laquelle la Cour Constitutionnelle remplit, à part le rôle de garant de la suprématie de la Constitution, la fonction de protecteur des droits fondamentaux et des libertés fondamentales.

L'exception d'inconstitutionnalité permet l'accès indirect des citoyens, sujets de droit, à la Cour Constitutionnelle, par l'intermédiaire des juridictions de jugement.

Le contrôle de constitutionnalité par voie d'exception, tel qu'il résulte des dispositions de la constitution et de la loi organique est une variante du modèle austrokelsien, c'est-à-dire un contrôle de constitutionnalité concentré, qui est confié à une juridiction spécifique et spécialisée.

Ainsi, le contrôle de constitutionnalité par voie d'exception complète la dimension du contrôle de constitutionnalité, en offrant à la Cour Constitutionnelle des possibilités d'action dans le cadre des rapports avec l'Assemblée nationale, non seulement à l'étape antérieure à la promulgation des lois, mais aussi à l'étape postérieure de leur mise en application.

En Guinée, cette possibilité de recours a été introduite avec la révision constitutionnelle du 2010.

Lorsque, à l'occasion d'une instance en cours devant une juridiction, il est soutenu qu'une disposition législative porte atteinte aux libertés et droits fondamentaux que la Constitution garantit, la Cour constitutionnelle peut être saisie de cette question, sur renvoi de la juridiction saisie d'un procès.

Il est à préciser qu'on ne peut demander le contrôle de constitutionnalité que pour les dispositions légales qui, dans des cas concrets, sont applicables à la solution des conflits portés au rôle des instances, à savoir lois ou ordonnances dans leur ensemble ou seulement certaines réglementations de celles-ci.

L'introduction de cette procédure de contrôle de la constitutionnalité de la loi applicable dans l'affaire soumise au jugement sur le fond, en tant que modalité d'accès à la justice, suppose nécessairement d'assurer la possibilité d'être utilisée par tous ceux qui ont un droit, un intérêt légitime, mais aussi la capacité et la qualité processuelle requises.

I. LES TITULAIRES DU DROIT DE SOULEVER DES EXCEPTIONS D'INCONSTITUTIONNALITÉ

En ce qui concerne les sujets de droit habiles à demander la saisine de la Cour Constitutionnelle d'exceptions d'inconstitutionnalité, on peut déduire de l'article 55 de la Loi n° L/2011/006/CNT du 10 mars 2011 portant organisation et fonctionnement de la Cour Constitutionnelle que l'exception d'inconstitutionnalité peut être soulevée sur demande de l'une des parties au procès, du procureur ou, d'office, par l'instance de jugement.

Comme juge « *des violations des droits fondamentaux et des libertés publiques commises par les pouvoirs publics, les agents de l'État et les citoyens. Elle peut être saisie par l'Institution Nationale des Droits Humains* », la Cour constitutionnelle peut être saisie de plaintes dites constitutionnelles formulées par l'INIDH chargée de la protection des droits humains en République de Guinée.

La plainte constitutionnelle est le recours de l'INIDH pour assurer et imposer les situations juridiques individuelles garanties par la constitution. Étant donné que l'INIDH peut demander dans chaque cas d'espèce une décision de la Cour Constitutionnelle, la plainte constitutionnelle permet une sanction importante des violations des droits fondamentaux par l'appareil d'État. C'est ainsi que la plainte constitutionnelle est le couronnement de la protection judiciaire prévu par le principe de l'État de droit tout en étant un moyen de protéger la Constitution par le citoyen lui-même et par l'INIDH.

La fonction essentielle de l'INIDH est de faire respecter et de faire valoir, d'une manière procédurale, des droits fondamentaux en tant que droits subjectifs contre l'État.

La participation active du citoyen à la réalisation de la démocratie et de l'État de droit est ainsi encouragée par le système constitutionnel, qui donne à chacun la conscience et la possibilité de pouvoir s'opposer à l'État en tant que sujet et défenseur d'un élément essentiel de la démocratie et de l'État de droit.

La plainte constitutionnelle n'est pas un *actio popularis* et elle ne sert pas non plus à donner au citoyen la possibilité d'exercer un contrôle constitutionnel général sur toutes les actions de l'État. Le plaignant doit donc faire valoir, avec sa requête, que l'acte des pouvoirs publics attaqué le concerne bien en personne, maintenant et directement.

L'objet de la plainte est soit l'inconstitutionnalité d'une loi ou une violation des droits fondamentaux du plaignant par les „pouvoirs publics « Tous les domaines du pouvoir de l'État sont donc concernés c'est-à-dire le Législatif, l'Exécutif et le Judiciaire.

L'objet d'une plainte constitutionnelle peut donc être une loi ou une norme, mais aussi une décision de l'administration ou une décision de justice prise par un tribunal régulier.

Dans tous les cas, l'acte de saisine de la Cour Constitutionnelle est le jugement avant dire droit de la juridiction de jugement, devant laquelle l'exception d'inconstitutionnalité a été soulevée.

La saisine de la Cour Constitutionnelle d'une exception d'inconstitutionnalité ne peut pas être réalisée par « actio popularis », mais suppose la capacité processuelle active de seulement certains sujets de droit expressément et limitativement énumérés dans le texte constitutionnel.

Ainsi, sont en droit de soulever l'exception d'inconstitutionnalité par l'intermédiaire des juridictions de jugement :

a) les parties en conflit devant celles-ci ;

b) le procureur de la République, lorsqu'il participe au procès devant la juridiction de jugement ;

Ces dernières catégories de sujets ne peuvent pas saisir la Cour directement, mais par l'intermédiaire des instances,

c) d'office par la juridiction de jugement.

Donc, l'exception d'inconstitutionnalité peut être soulevée par l'une des parties au procès, personnellement ou par mandataires, avocats.

En ce qui concerne la manière de contester la constitutionnalité d'une loi, les articles 40, alinéa (2) de la Loi organique dispose, de manière générale, que *« les saisines doivent être faites sous forme écrite signée et motivée elle* [la requête] *est accompagnée de deux copies de la loi attaquée* »

La juridiction, devant laquelle une exception d'inconstitutionnalité est invoquée, se prononce sur son admissibilité par un jugement avant dire droit, ayant deux solutions possibles :

1. La saisine de la Cour Constitutionnelle, lorsque les conditions d'admissibilité sont remplies ou

2. Le rejet de la demande de saisine, l'exception étant inadmissible.

La juridiction de jugement, devant laquelle l'exception d'inconstitutionnalité est soulevée, prend en considération au moins les aspects de nature procédurale suivants :

1. Si l'exception d'inconstitutionnalité est admissible, la saisine de la Cour Constitutionnelle est obligatoire et les éléments ci-après doivent apparaître dans la décision avant dire droit de la juridiction de jugement :

- les prétentions des parties,
- l'exposé des moyens invoqués, accompagnés des éléments de preuve déposés par les parties ;

▪ et les observations du ministère public.

2. Si l'exception a été soulevée d'office, le jugement avant dire droit doit inclure :

- la motivation de l'exception,
- les allégations des parties,
- les éléments de preuve nécessaires et
- l'opinion de la juridiction saisissante.

Dans tous les cas, l'exception d'inconstitutionnalité soulevée devant la juridiction de jugement est soumise au principe du contradictoire et la décision avant dire droit, par laquelle la Cour Constitutionnelle est saisie, doit être prononcée en audience publique.

La rédaction de la décision avant-dire de la juridiction de jugement est obligatoire, compte tenu du fait que l'inconstitutionnalité soulevée par voie d'exception est accessoire lors du procès au rôle des juridictions de jugement, c'est-à-dire qu'entre la disposition légale critiquée pour inconstitutionnalité et la solution du procès principal il doit exister une relation causale, qui fait des juridictions de jugement le partenaire privilégié de la Cour Constitutionnelle dans l'exercice du contrôle concret ultérieur de constitutionnalité.

Il convient de noter que la juridiction elle-même peut, d'office, soulever l'exception d'inconstitutionnalité, donc être l'auteur de l'exception, situation où elle est tenue de motiver l'exception. Dans le système constitutionnel guinéen, c'est toujours la juridiction de jugement qui saisira la Cour Constitutionnelle par un jugement avant dire droit, même si l'inconstitutionnalité a été soulevée par une des parties au procès ou par le procureur.

S'il résulte de la demande de l'auteur de l'exception qu'il soulève une exception d'inconstitutionnalité concernant plusieurs textes de loi, la juridiction de jugement se prononcera sur chacun de ces textes. Toutefois, même si la juridiction judiciaire ne se prononce aucunement sur un des textes de loi critiqués par l'auteur de l'exception, la Cour Constitutionnelle est réputée légalement saisie de tous.

L'affaire inscrite au rôle de la juridiction, devant laquelle l'exception d'inconstitutionnalité est soulevée, n'est pas suspendue. Il est sursis momentanément à son examen dans le court délai de quinze jours fixé par les articles 43, et 55 de la loi organique du 10 mars 2011 portant organisation et fonctionnement de la Cour Constitutionnelle.

Le but de la mesure du sursis à statuer est d'assurer aux parties une garantie processuelle dans l'exercice du droit à un procès équitable et du droit à la défense, en écartant la possibilité du jugement de l'affaire en vertu d'une disposition légale réputée inconstitutionnelle

Ce but principal du contrôle de constitutionnalité, qui vise l'intérêt général de la société d'expurger la législation nationale en vigueur des dispositions atteintes de vices d'inconstitutionnalité, peut être détourné en un but personnel, par certaines parties au conflit, qui vont employer l'exception d'inconstitutionnalité comme prétexte ou moyen dilatoire, à l'effet de retarder la solution du contentieux.

Le délai de 15 jours, pouvant être réduit à 8 jours, manifeste la volonté du législateur d'écarter l'invocation de l'exception d'inconstitutionnalité à des fins différentes de celles prévues par la Constitution et la loi, évitant ainsi l'exercice dilatoire ou abusif, par les parties, de ce droit processuel. En conséquence, l'équilibre processuel est assuré entre des personnes ayant ou se prévalant d'intérêts contraires, afin de garantir leur égalité d'armes, en déterminant le cadre légal de l'exercice de leurs droits légitimes.

Il est à souligner que les exceptions ayant pour objet des dispositions légales dont l'inconstitutionnalité a déjà été établie par une décision antérieure de la Cour Constitutionnelle sont inadmissibles. Cette solution envisage les effets produits par une pareille décision, conformément aux dispositions de l'article 96 de la constitution alinéa 3 de la Constitution, selon lesquelles « *une disposition déclarée inconstitutionnelle devient nulle et de nul effet et ne peut être promulguée ou appliquée* ».

Les juridictions sont tenues de rejeter, comme inadmissible, la requête par laquelle une exception d'inconstitutionnalité avait été soulevée et à laquelle la Cour Constitutionnelle a déjà fait droit et, en procédant à la solution du litige ou contentieux, elles sont tenues de respecter la décision de la Cour Constitutionnelle, donc, elles sont tenues, selon le cas :

- de ne pas appliquer à l'affaire pendante devant elles les dispositions légales dont l'inconstitutionnalité a été constatée par décision de la Cour Constitutionnelle ;

▪ d'appliquer les dispositions légales dont la solution de l'affaire dépend et auxquelles la décision de la Cour Constitutionnelle renvoie, mais jamais dans le sens qui, tel qu'il a été constaté par la décision en question, est contraire à la Constitution ;

▪ en cas d'absence de dispositions légales ayant remplacé ou complété les dispositions déclarées inconstitutionnelles par décision de la Cour Constitutionnelle, il est nécessaire que la juridiction applique, de manière directe, les dispositions de la Constitution, dont dépend la solution du procès.

Les effets des décisions adoptées par la Cour Constitutionnelle sont tributaires de la typologie des décisions. Les effets des décisions simples ou extrêmes, constatant l'inconstitutionnalité intégrale ou partielle de la loi ou de l'ordonnance, ou rejetant l'exception d'inconstitutionnalité, sont différents des effets des décisions interprétatives ou intermédiaires que la doctrine appelle aussi des décisions avec réserve d'interprétation.

Il est d'usage, en ce qui concerne les décisions avec réserve d'interprétation, que la Cour emploie l'expression :

▪ « *les dispositions [...] sont constitutionnelles seulement dans la mesure où* » ou

▪ « *fait droit à l'exception d'inconstitutionnalité et constate que les dispositions [...] sont inconstitutionnelles dans la mesure où...* ».

Dans la première hypothèse, la Cour indique le sens constitutionnel de la norme contestée, ce sens étant le seul à pouvoir être appliqué par les juridictions, toute autre interprétation menant *eo ipso* à l'inconstitutionnalité de la norme en question, et, dans la seconde hypothèse, on constate l'inconstitutionnalité du texte, mais, pour éviter un vide législatif, la Cour explique l'inconstitutionnalité et indique le sens ou l'interprétation de la norme que la juridiction ne peut pas appliquer.

Lorsqu'une juridiction est saisie d'une question préjudicielle, elle *ne rend pas une décision de rejet ou une décision d'annulation, mais une décision de réponse*. Le fait que la question se pose devant une juridiction particulière, en l'occurrence la cour constitutionnelle dans le cadre d'un litige particulier, a pour conséquence que la réponse donnée ne s'impose en principe qu'*inter partes*

En cas de constat de validité, le juge, qui a interrogé la Cour, appliquera la norme au litige dont il est saisi, mais les autres juges resteront libres de poser une nouvelle question préjudicielle sur cette norme, mais pas celle à laquelle la Cour aura donné une réponse.

Si la Cour conclut à la non-compatibilité de la norme, ce constat de violation va impliquer *la non-application* par le juge de la norme invalidée, qui *demeure toutefois valide dans l'ordre juridique*, tant qu'un recours en annulation n'a pas conduit à la disparition de la norme censurée.

La norme censurée par un arrêt préjudiciel est toutefois affectée puisque, si la même question se pose devant une *autre* juridiction, dans le cadre d'un *autre* litige, le juge saisi pourra se dispenser de son obligation d'interroger la Cour ; ce qui suppose implicitement qu'il applique l'arrêt préjudiciel antérieur.

Cet effet « d'irradiation » de la décision de la Cour constitutionnelle sur d'autres litiges conduit logiquement à considérer que les arrêts rendus sur la question préjudicielle bénéficient d'une « *autorité relative renforcée* » de chose jugée.

Enfin, en vertu de l'article 99 de la constitution, les arrêts de la Cour constitutionnelle sont définitifs et ne sont susceptibles d'*aucun recours* : la Cour se prononçant en premier et dernier ressort sur la constitutionnalité des normes législatives.

Elle dispose en outre du *monopole d'interprétation* de la constitution et de ses arrêts, mais l'article 62 de la loi organique dispose : « ... La *cour constitutionnelle n'a pas compétence de donner des interprétations contraignantes des lois, elle procède à des interprétations contraignantes de la Constitution.* »'

CHEMINEMENT PROCÉDURAL

Le moyen tiré de ce qu'une loi, dont dépend l'issue du litige, est inconstitutionnelle ou porte atteinte aux droits et libertés garantis par la Constitution doit être présenté dans un écrit distinct, motivé et signé, sous peine d'irrecevabilité. Cet écrit doit contenir, en outre, les indications et les énonciations prévues par l'article 44 de la loi organique. « *La production d'observations n'est pas cependant obligatoire* » statue ledit article.

La requête est exonérée du paiement de la taxe judiciaire.

Lorsque le ministère public n'agit pas comme partie principale ou n'intervient pas comme partie jointe, l'affaire lui est communiquée dès que le moyen est soulevé, afin qu'il puisse faire connaître son avis.

La juridiction de jugement ne semble pas être soumise à un délai contraignant pour la transmission du moyen soulevé à la Cour constitutionnelle, toutefois, l'obligation de diligence demeure de rigueur puisque l'article 55 de la loi organique dispose : « ... *la cour constitutionnelle est saisie promptement par la juridiction devant laquelle l'exception d'inconstitutionnalité est soulevée.* »

La Cour ou une section de la Cour déclare recevable l'exception d'inconstitutionnalité si les conditions suivantes sont remplies :
1° La disposition contestée est applicable au litige ou à la procédure ;
2° Elle n'a pas déjà été déclarée conforme à la Constitution dans les motifs et le dispositif d'une décision de la Cour constitutionnelle, sauf changement des circonstances ;
3° La question soulevée par l'exception est nouvelle et fondée.

La Cour constitutionnelle procède ensuite à l'examen de l'exception d'inconstitutionnalité déclarée recevable, selon les mêmes modalités que celles de l'appréciation de la conformité à la constitution, et ce, dans un délai de 15 jours à compter de la date de déclaration de la recevabilité de l'exception d'inconstitutionnalité.

La Cour Constitutionnelle avise immédiatement le Président de la République, le président de l'Assemblée nationale de l'exception d'inconstitutionnalité déclarée recevable. Ils peuvent adresser à la Cour constitutionnelle leurs observations sur l'exception d'inconstitutionnalité dont ils auront été avisés.

Les audiences de la Cour constitutionnelle, statuant en contrôle de constitutionnalité, ne sont pas publiques indique l'article 47 de la loi organique. Elle peut et doit soulever d'office une violation de la Constitution qui n'a pas été invoquée.

La saisine de la Cour ne suspend pas le déroulement de l'instruction et la juridiction peut prendre les mesures provisoires ou conservatoires nécessaires.

Des exceptions à cette règle existent.

C'est le cas lorsque la personne intéressée est privée de liberté à raison de l'instance et lorsque l'instance a pour objet de mettre fin à une mesure privative de liberté.

La juridiction peut également statuer sans attendre la décision relative à l'exception d'inconstitutionnalité si la loi prévoit qu'elle statue dans un délai déterminé ou en urgence.

Une autre exception est à prévoir lorsque le sursis à statuer risquerait d'entraîner des conséquences irrémédiables ou manifestement excessives pour les droits d'une partie.

La décision de la Cour constitutionnelle est notifiée aux parties et communiquée à la Cour suprême ainsi qu'à la juridiction devant laquelle l'exception d'inconstitutionnalité a été soulevée.

CHAPITRE IV

DES PRÉROGATIVES DE LA COUR ATTACHÉES À LA PROMULGATION

La loi entre en vigueur, sur tout le territoire national, le jour qu'elle fixe dans ses dispositions finales ou, à défaut, le lendemain de leur publication au Journal 0fficiel.

Toutefois, la date d'entrée en vigueur des dispositions d'une loi, par ce qu'elle implique des mesures d'application, coïncide avec celle de ces mesures.

Enfin, en cas d'urgence, les lois peuvent entrer en application dès leur publication.

Mais, avant sa publication au *JO*, la loi doit avoir été promulguée par le Président de la République. En effet, après son adoption par l'Assemblée nationale, la loi est transmise au Président de la République, qui dispose d'un délai de rigueur pour la promulguer, ce délai étant suspendu en cas de saisine de la Cour constitutionnelle.

Le président de la République peut profiter de ce délai pour demander aux Députés[68] une nouvelle délibération sur la loi adoptée. Cette demande ne peut être refusée.

Il en découle deux conséquences : le délai de promulgation est suspendu et le vote, en cette seconde lecture, se fera à la majorité des deux tiers (2/3).

La promulgation, dont il est question, est l'acte par lequel une loi, définitivement adoptée par l'Assemblée nationale ou approuvée par le peuple par voie référendaire, devient obligatoire et exécutoire.

Elle s'opère par décret du président de la République.

D'un côté, la lecture des termes de l'article 81 de Constitution fait admettre, presque explicitement, que le Président de la République a le droit de refuser cette promulgation. De l'autre, la formalité promulgatrice fait apparaitre que l'attribution du vocable législateur à

[68] Constitution: article 79

l'Assemblée représentative du peuple est une commodité lexicale, car la loi est, dans la réalité de la procédure de son adoption, une norme juridique provenant de l'accord entre divers acteurs.

En effet, le système constitutionnel guinéen, ayant opté pour la séparation des pouvoirs, la loi ne peut survenir que d'un compromis entre les trois pouvoirs régaliens de l'État. Dès lors, il faut admettre que l'Assemblée nationale n'est pas, de toute évidence, le seul organe législatif.

Le pouvoir exécutif, le juge constitutionnel, mais également des institutions tierces, impriment un tel impact sur la production législative, qu'on peut se demander si l'Assemblée nationale détient vraiment le monopole de la création législative que lui attribue l'article 72 de la Constitution.

Sous l'éclairage de ce qui précède, le terme « ***législateur*** » couvrirait quatre réalités distinctes.

I. PRÉROGATIVE LÉGISLATIVE DU PRÉSIDENT DE LA RÉPUBLIQUE

La première réalité suggère d'identifier la prérogative législative du Président de la République[69] aussi bien en ce qui concerne le droit d'initiative qu'en ce qu'il s'agit du droit d'amendement.

Classiquement, le pouvoir exécutif est confiné à l'exécution des lois. Mais la Constitution guinéenne permet au pouvoir exécutif de prendre l'initiative de la législation, à travers les projets et l'amendement des propositions de loi, en tout cas, d'influer sur l'édiction des lois.

Dans l'architecture constitutionnelle guinéenne, l'Exécutif, par ses attributions, dispose d'une action certaine sur l'exercice du pouvoir législatif.

La loi adoptée par l'Assemblée nationale, pour son entrée en vigueur, est transmise sans délai au Président de la République, qui doit la promulguer dans les dix jours. Ce délai court huit jours francs après sa transmission[70].

---

[69] Constitution: article 84 et 85

[70] Constitution: article 78

Si les lois qualifiées d'organiques ne peuvent être promulguées que si la Cour Constitutionnelle, obligatoirement saisie par le Président de la République, ne les a déclarées conformes à la Constitution[71]. Les lois ordinaires, quant à elles, ne sont pas obligatoirement soumises au contrôle de constitutionnalité avant leur promulgation.

La faculté de les déférer à la Cour constitutionnelle avant leur promulgation appartient au Président de la République, au Président de l'Assemblée nationale ou à un dixième des députés.

L'une des fonctions de la Cour est donc de veiller au respect, par le Président de la République, des délais de promulgation fixés par la Constitution en ses articles 78 et 79, à savoir les dix jours qui sont comptés à partir du huitième jour franc suivant la transmission de la loi adoptée par l'Assemblée nationale au Président de la République.

Refusant au Président de la République la faculté d'anéantir ou paralyser l'entrée en vigueur d'une loi adoptée, la constitution a voulu qu'en dehors des circonstances prévues par les articles 79 et 80 de la Constitution, la loi non promulguée soit, quand même, exécutée.

La publication étant le mode par lequel la loi est portée à la connaissance du citoyen, afin que nul ne soit censé ignorer la loi, la constitution a confié à la Cour constitutionnelle le pouvoir d'ordonner l'enregistrement et la publication de la loi au Journal officiel[72].

La promulgation est présente dans tous les régimes constitutionnels. Dans la constitution des États-Unis d'Amérique, article 1er, elle a la dénomination de « **due process of Law** ». Dans la constitution allemande (art. 82), elle est « **Rechtsstaat** ». La constitution italienne (article 73) l'a appelée « **stato di diritto** ». Il en est fait référence dans la constitution espagnole (art. 62 a.) dans les termes de « **Estado de derecho** ».

À leur exemple, la promulgation, telle qu'elle figure dans l'article 81 de la Constitution, ne sert pas seulement à donner l'ordre aux autorités publiques d'observer et de faire exécuter l'acte voté par les Députés.

Elle vise également à permettre au pouvoir exécutif, précisément au Chef de l'État, d'attester de l'existence de la loi. Cette attestation est

[71] Constitution: article 83 et 95

[72] Constitution: article 81

la condition de son entrée en vigueur et qu'elle est dorénavant exécutoire sur tout le territoire national, comme loi de l'État.

Il convient de souligner que si la promulgation tend à constater l'existence d'une loi, la publication vise à la faire connaître à l'ensemble du corps national, pour la rendre opposable au citoyen, selon l'adage « *nul n'est censé ignorer la loi* ».

Les articles 79 à 81 de la Constitution font, de la promulgation de la loi, la combinaison d'une sorte de droit de « *veto* » et de moyen d'équilibrer les fonctions exécutive et législative, en octroyant au Chef de l'État la faculté d'empêcher l'entrée en vigueur de lois qui violeraient la Constitution.

Cette la formalité promulgatrice, décrite dans les articles 79 et 80 de la Constitution, lui fournit le moyen de faire savoir que la loi existe, qu'elle existe comme loi de l'État, obligatoire et exécutoire, et a pour objet de certifier qu'elle est revêtue de toutes les formes constitutionnelles.

Mais, il faut convenir que la formalité promulgatrice guinéenne se distingue du pouvoir de *veto* par son objet, en ce qu'elle ne permet pas au Chef de l'État de contester la constitutionnalité matérielle des lois.

La promulgation s'en rapproche par ses effets, dans la mesure où elle lui permet de s'opposer à l'entrée en vigueur de celles qui sont formellement inconstitutionnelles.

Les prérogatives attachées à la promulgation visent prioritairement à assurer la primauté de la souveraineté du peuple. Ses implications montrent qu'au-delà de la prééminence formelle de la Constitution, c'est la souveraineté populaire qu'il s'agit de faire prévaloir.

La régularité formelle de la décision du Chef de l'État, d'user de la faculté que lui reconnaît l'article 79 pour demander une nouvelle délibération au Parlement, est un appendice de son rôle dans le cadre du travail législatif, puisqu'il détient le droit d'initiative des projets de lois et d'amendement des propositions de textes des Députés.

Il n'est pas superflu de faire remarquer que l'existence constitutionnelle d'un Premier ministre, ne réduit en rien la prégnance de l'autorité du Président de la République sur l'exécutif, qui s'accompagne de l'impact pondérateur de son influence sur la procédure législative.

La présidence du Conseil des ministres, selon l'article 45 de la Constitution, est le privilège exclusif du Président, sauf délégation épisodique au Premier ministre. Or, c'est au sein de cette instance collégiale que les projets de loi sont adoptés.

Le fait que le Président jouisse de la mainmise sur la Cour des ministres lui permet de demander un projet de loi sur toute matière et décider de l'inscription, ou non, de tel ou tel projet à l'ordre du Conseil.

L'article 81 de la Constitution pose la compétence du Président de la République en matière de promulgation et fait surgir la question de savoir s'il pouvait refuser la promulgation d'un projet de loi ; la Constitution, par son article 81, répond, en ces termes : *« En cas de non-promulgation d'une loi par le Président de la République dans les délais fixés, la loi entre en vigueur. La Cour constitutionnelle ordonne son enregistrement et sa publication au Journal officiel ».*

L'usage de l'expression *« en cas de non-promulgation d'une loi par le Président de la République dans les délais fixés »* indique que la Constitution admet qu'il puisse refuser. Mais, cette expression étant complétée par le membre de phrase *« la loi entre en vigueur »,* formulé sur le ton impératif, il s'ensuit que son refus ne peut, en aucune manière, faire obstacle à l'entrée en vigueur de la loi votée, surtout que dans le même article, la Constitution le fait subroger par la Cour Constitutionnelle en ces termes : *« La Cour constitutionnelle ordonne son enregistrement et sa publication au Journal officiel ».*

Ce droit implicite de refuser, coexistant avec la compétence subrogative de la Cour Constitutionnelle prévue à l'article 81, s'inscrit dans la logique de l'article 79 de la Constitution, qui déclare : *« dans le délai de dix jours fixé pour la promulgation, le Président de la République peut, par message, demander à l'Assemblée nationale une nouvelle délibération, qui ne peut être refusée ».*

Cette nouvelle délibération, qui ne peut être refusée, ayant pour effet de retarder la promulgation, est une sorte ***veto***. Ce veto est précaire. Il n'est pas réservé qu'aux seuls projets de loi, il s'étend à tout texte de loi.

Le refus de promulguer donne à la Cour le droit d'évocation, c'est-à-dire la prérogative de s'autosaisir en tant qu'*organe régulateur du fonctionnement et des activités des Pouvoirs législatif et exécutif et des autres organes de l'État* ».

Ainsi, le refus du Président de la République opère automatiquement transfert de compétence à la Cour qui, après s'être assurée de la conformité de la loi à la Constitution et en vertu de l'article 81 de la Constitution, « *ordonne son enregistrement et sa publication au Journal officiel* ».

Le Président de la République, dans le respect des délais impératifs de la constitution, peut saisir la Cour Constitutionnelle. Cette saisine ouvre une étape supplémentaire dans la procédure législative.

Enfin, il peut aussi, en cas de désaccord persistant survenu dans le processus législatif, dissoudre l'Assemblée nationale et opposer ainsi un obstacle dirimant à l'adoption d'une loi ou à l'application de toute autre décision ou mesure parlementaire.

II PRÉROGATIVE LÉGISLATIVE DU JUGE CONSTITUTIONNEL

Le Juge constitutionnel est l'une des autorités les plus influentes dans l'élaboration et l'application de la loi. En vertu des articles 93 et 94 de la Constitution, les articles 18 à 24 et 33 de la loi L/2011/006/CNT du 10 mars 2011, relative à la Cour Constitutionnelle permettent, en matière législative, notamment en ce qui concerne la promulgation, de placer en évidence la dualité fonctionnelle de la Cour constitutionnelle.

Ces dispositions la dotent à la fois d'une fonction de censeur de la loi[73] et d'une fonction de conseil[74] du Président de la République et de l'Assemblée nationale.

La fonction consultative de la Cour Constitutionnelle est essentielle. C'est pourquoi tout projet de loi et toute proposition de loi peuvent lui être soumis. Cette fonction grave une forte empreinte sur ces textes.

Le projet ou la proposition de loi, après que l'avis de la Cour ait été pris, ne peut être modifié. Schématiquement, le Pouvoir exécutif doit soit accepter entièrement l'avis de la Cour, soit le rejeter en bloc. Mais il ne peut pas faire un choix disposition par disposition.

---

[73] Loi L/2011/006/CNT du 10 Mars 2011 : articles 18 à 24

[74] Loi L/2011/006/CNT du 10 Mars 2011 : article 33, alinéa 5

En émettant des réserves ou en interprétant dans un sens précis une disposition, ou en énonçant des directives envers l'Exécutif ou les juges, la Cour fait une véritable œuvre législative, en disant implicitement ce que le législateur aurait réellement souhaité faire.

La Cour Constitutionnelle, en accomplissant la vérification que la procédure législative a été respectée, contrôle également la circonstance selon laquelle l'amendement serait en relation directe avec le projet ou la proposition de loi.

Parce qu'elle veille aussi à la qualité de la loi, c'est-à-dire son accessibilité, son intelligibilité, son utilité, sa justesse et son opportunité, de manière à ne pas laisser l'Assemblée faire l'impasse sur la Constitutionnalité, la juridiction constitutionnelle a pu être qualifiée de Co-législateur, pour la raison qu'elle peut intervenir avant et après la promulgation de la loi.

III LE LÉGISLATEUR CIVIL

Le **législateur civil** exerce une certaine incidence sur la production législative, eu égard soit à sa représentation au sein d'organes prévus par les textes, soit à son action sur les Députés.

Le terme législateur civil s'applique à l'ensemble des institutions constitutionnelles d'appui à la démocratie et la bonne gouvernance.

1 – Le conseil économique et social (**CES**), prévu par les articles 123 et 124 formant le titre XI de la Constitution, est un organe consultatif qui se prononce sur tout texte qui lui est renvoyé par le Président de la République ou par l'Assemblée nationale. Sa saisine est obligatoire lorsqu'il s'agit de loi de programme ou de loi de plan.

Cet organisme, qui a pour vocation d'assurer la représentation de la société civile dans l'architecture constitutionnelle, peut se saisir lui-même d'une matière relevant de la loi et formuler des avis ou projet de texte normatif. Son intervention dans la production législative se réalise concrètement à travers son avis sur une loi, projet ou proposition, soit à l'initiative du Pouvoir exécutif ou du Pouvoir législatif, soit de sa propre initiative. Ce n'est qu'un simple avis qui ne lie pas son destinataire, mais dont il est important de tenir compte.

2 – L'Institution nationale indépendante des droits humains

L'Institution Nationale Indépendante des Droits Humains, prévue au Titre XVI (article 146 à 148 de la Constitution), est chargée de la promotion et de la protection des droits humains, tant par les actions sociales qu'elle encadre, soutient ou accomplit, que par la saisine de la Cour, soit pour faire cesser une violation des droits de l'homme, soit pour faire annuler une loi qui méconnaît les droits garantis.

L'article 96, en son alinéa 6 donne une indication susceptible d'interrogation, quand il dispose : « *La Cour Constitutionnelle est juge des violations des droits fondamentaux et des libertés publiques commises par les pouvoirs publics, les agents de l'Etat et les citoyens. Elle peut être saisie par l'Institution Nationale des Droits Humains* ».

Que faut-il entendre par « *violations des droits fondamentaux et des libertés publiques commises par les pouvoirs publics* » quand l'alinéa 4 du même article affirme « *tout plaideur peut soulever l'exception d'inconstitutionnalité d'une loi devant toute juridiction* ».

Le vote d'une loi qui violerait les « *droits fondamentaux et des libertés publiques* » prévus par la constitution devrait-il justifier la saisine de la Cour en inconstitutionnalité par « *l'Institution Nationale des Droits Humains* » ?

Il faut admettre que la réponse ne peut être affirmative dans la mesure où, d'une part, les droits énumérés dans la Constitution sont implicitement et explicitement porteurs de règles à valeur constitutionnelle et, d'autre part, la « *Cour constitutionnelle est juge des violations des droits fondamentaux et des libertés publiques commises par les pouvoirs publics* ».

Par ailleurs, l'Assemblée nationale est un des « *pouvoirs publics organisés* » par la Constitution guinéenne, pour édicter les règles garantissant l'exercice des libertés et droits.

À cet égard, la saisine de la Cour constitutionnelle par l'INIDH s'interprèterait comme l'action destinée à soit faire cesser l'acte qui viole les droits et libertés de la personne humaine, soit censurer la loi violant ces droits et libertés

Ce faisant, l'action de l'INIDH s'observerait comme une œuvre de législation, ou en tout cas, une intervention tendant à inspirer ou à influer sur la création ou l'annulation des lois et au maintien de l'ordre public.

CHAPITRE V

GARANTIE DE LA SUPRÉMATIE DE LA CONSTITUTION

La Constitution est le texte qui institue les différents organes concourant à l'accomplissement des missions de l'État, régit leur fonctionnement, règle les relations entre ces organes et les particuliers et détermine les conditions dans lesquelles s'exercent les libertés et les droits fondamentaux.

Elle est considérée comme la norme la plus élevée à laquelle toutes les normes doivent être conformes. La « **Norme** » s'entend d'une règle qui, en raison, d'une part, de son origine : la Constitution, les Lois, les Actes règlementaires, les Traités ou Accords internationaux et, de l'autre, de son caractère général et impersonnel, constitue une source de droits et d'obligations.

Le caractère de généralité et d'impersonnalité provient de ce que la norme régit la communauté dans sa totalité. Elle s'applique à l'ensemble, sans aucune distinction, sans discrimination.

En accord avec Emmanuel Durkheim[75] pour lequel la caractéristique d'un fait social est l'**extériorité** et **la contrainte,** Kelsen déclare : « *Les règles de droit sont des normes qui instituent des sanctions* » et Léon DUGUIT ajoute « *La norme juridique est essentiellement et exclusivement une règle de conduite qui s'impose à l'homme vivant en société sous une sanction socialement organisée* ».[76]

Ainsi définies, les normes procédant des dispositions de la Constitution guinéenne peuvent être réparties dans deux grandes catégories.

L'une forme le statut des Institutions de la République et le code de fonctionnement des organes de la Puissance publique.

---

[75]Émile Durkheim, « Qu'est ce qu'un fait social ? » (Chapitre 1) in *Les règles de la méthode sociologique*, 1895

[76] Léon DUGUIT doyen de la faculté de Bordeaux

L'autre peut être perçue comme une sorte de Charte nationale des libertés publiques et des droits fondamentaux de l'homme.

Cette double fonction de la Constitution, inspirée de l'opinion de Louis DUBOUIS et Gustave PEISER[77], est affirmée par l'alinéa 7 de l'article 2 qui fait de la Constitution « **la Loi suprême de l'État**[78]. »

Georges BURDEAU, à ce sujet, ne trouve-t-il pas « *que la Constitution, qu'elle soit écrite ou qu'elle soit coutumière, demeure la Loi suprême de l'État.* »[79]

En droite ligne de cette logique, Georges BURDEAU fait valoir que « *la force qui s'attache aux dispositions constitutionnelles doit être envisagée à un double point de vue : elle leur vient en effet toujours de leur contenu et parfois de la forme dans laquelle elles sont édictées*[80]. »

Au regard du fait que l'exerce de la souveraineté, au niveau national comme au niveau local, doit lui être conforme, la Constitution de 2010 s'affirme elle-même, de manière explicite, comme la norme suprême de l'État ; contrairement à celle de bien des pays dans le système desquels cette suprématie matérielle est présumée.

La limitation des matières pour lesquelles le Président de la République ou l'Assemblée nationale peut soumettre à référendum tout projet ou toute proposition de loi[81] et l'énumération des matières qui « ... *ne peuvent faire l'objet d'une révision* »[82] empreignent la constitution d'une certaine immuabilité qui affermit et cimente sa suprématie.

L'avant-dernier alinéa de l'article 2 est une consécration explicite du principe de la hiérarchie des normes juridiques dans la Constitution guinéenne, en ces termes : *« Toute loi, tout texte réglementaire et acte administratif contraire à ses dispositions sont nuls et de nul effet ».*

De la prévision suivante de l'article 150 de la Constitution *: « Si la Cour Constitutionnelle saisie par le Président de la République ou un Député, a déclaré qu'un engagement international comporte une*

---

[77] *DUBOUIS, PEISER 2007, op. cit., page 2*

[78] « La souveraineté s'exerce conformément à la présente Constitution qui est la Loi suprême de l'Etat. »

[79] *BURDEAU 1977, page 80*

[80] *Idem, page 80*

[81] Constitution, article 51

[82] Constitution, article 154

clause contraire à la Constitution, l'autorisation de le ratifier ou de l'approuver ne peut intervenir qu'après la révision de la Constitution. Une loi autorisant la ratification ou l'approbation d'un engagement international ne peut être promulguée et entrer en vigueur lorsqu'elle a été déclarée non conforme à la Constitution. » apparaît dans la logique des constituants de 2010, qui placent ostensiblement la Constitution au sommet de la taxonomie juridique guinéenne

Il en résulte, d'une part, le principe de la légalité des règlements de l'Exécutif et des actes de l'Administration et, d'autre part, le principe de la constitutionnalité des lois, des ordonnances, des conventions, traités ou accords internationaux.

Toutes ces raisons convergent pour mettre en lumière l'autorité prééminente, donc la suprématie de la Constitution guinéenne sur les autres normes juridiques.

SECTION 1. INFLUENCE DU CONTENU DE LA CONSTITUTION SUR SA SUPRÉMATIE

Si, d'après les professeurs Louis DUBOUIS et Gustave PEISER : « *La raison profonde de la supériorité de la Constitution tient à l'importance du contenu des règles constitutionnelles : organisation du pouvoir, consécration des droits et libertés fondamentales du citoyen* » ; le professeur Georges BURDEAU, quant à lui précise : « *La Constitution doit sa supériorité surtout à son contenu*[83]. »

Faisant, lui aussi, référence au contenu d'une Constitution, le professeur Philippe ARDANT fait remarquer : « *La diversité est reine, mais un fonds commun aux Constitutions existe*[84]. » dans lesquelles, on trouve, généralement, fondamentalement et invariablement :

- une Déclaration des droits et des principes d'organisation économique et sociale,
- des règles d'organisation et des procédures de fonctionnement des institutions,
- puis des dispositions diverses, visant des objectifs de démocratie et de bonne gouvernance.

---

[83] *DUBOUIS, PEISER, 2007, op. cit., page 2*

[84] *BURDEAU 1977, op. cit., pages 80 et 81.*

En dépit donc de leur diversité, les Constitutions ont un contenu similaire, voire identique au contenu que souligne Philippe ARDANT. La Constitution guinéenne n'y fait pas exception dans la mesure où elle s'ouvre par un Préambule et comporte dans son Titre II une véritable Déclaration ou Charte des libertés et droits de l'homme.

Dans son préambule, le Peuple de Guinée proclame « *Son adhésion aux idéaux et principes, droits et devoirs établis dans la Charte de l'Organisation des Nations Unies, la Déclaration universelle des droits de l'Homme, les Conventions et Pactes internationaux relatifs aux droits de l'Homme, l'Acte constitutif de l'Union Africaine, la Charte Africaine des Droits de l'Homme et des Peuples et ses protocoles additionnels relatifs aux droits de la femme, ainsi que le Traité révisé de la CEDEAO et ses protocoles sur la démocratie et la bonne gouvernance* ».

Après l'affirmation dans son article 1er que « *La Guinée est une République unitaire, indivisible, laïque, démocratique et sociale. Elle assure l'égalité devant la loi de tous les citoyens sans distinction d'origine, de race, d'ethnie, de sexe, de religion et d'opinion* », la constitution, en l'article 4, précise que « *La loi punit quiconque par un acte de discrimination raciale, ethnique, religieuse, par un acte de propagande régionaliste, ou par tout autre acte, porte atteinte à l'unité nationale, à la sécurité de l'État, à l'intégrité du territoire de la République ou au fonctionnement démocratique des Institutions* ».

Sur ces fondements, son Titre II, articles 5 à 26, énumère les droits civils et politiques constitutionnellement garantis, sans négliger les droits économiques et sociaux, d'une part, et les droits du Peuple[85], d'autre part.

On peut entrevoir une indiscutable convergence entre l'alinéa 2 de l'article 5 de la Constitution, qui dispose que les droits et les libertés énumérés « *… fondent toute société humaine et garantissent la paix et la justice dans le monde* » et le professeur Philippe ARDANT, qui fait remarquer que : « *Ces textes formulent la philosophie politique du régime, les valeurs dont il se réclame, et énoncent les droits et libertés des citoyens que le pouvoir s'engage à respecter.* »

---

[85] Constitution, article 21 : « *Le Peuple de Guinée détermine librement et souverainement ses Institutions et l'organisation économique et sociale de la Nation. Il a un droit imprescriptible sur ses richesses. Celles-ci doivent profiter de manière équitable à tous les Guinéens. Il a droit à la préservation de son patrimoine, de sa culture et de son environnement. Il a le droit de résister à l'oppression.* »

Après cette charte des libertés et droits, les Titres III à XVIII fixent les règles d'organisation et les procédures de fonctionnement des institutions.

À côté des trois Pouvoirs dits régaliens de l'État, qui constituent le fondement essentiel de l'organisation de l'État réputé civil, à savoir le Pouvoir législatif, le Pouvoir exécutif et le Pouvoir judiciaire, la Constitution crée des Institutions d'appui à la démocratie et à la bonne gouvernance qui revêtent la République de ses caractères d'ÉTAT unitaire, indivisible, laïc, démocratique et social.

La Constitution, en outre, fixe les conditions de déconcentration et de décentralisation et les règles d'organisation territoriale de la République ; celle-ci est constituée de circonscriptions territoriales et de collectivités locales[86], avec la précision que la création des collectivités locales et leur organisation relèvent de la loi.

À l'article 47 et au Titre IV, la constitution précise que les forces de défense et de sécurité sont soumises à l'autorité civile et que leur incombe la charge de la défense du territoire national, de la protection civile, de la sécurité publique, de la sécurité des personnes et de leurs biens, du maintien de l'ordre public et de la participation au développement économique de la Nation.

De tout ce qui précède, on peut inférer aisément que c'est du contenu de la Constitution que se dégagent les raisons, on pourrait dire la base juridique, de sa suprématie.

SECTION 2 : DU MODE D'ADOPTION ET DE LA PROCÉDURE DE REVISION DE LA CONSTITUTION

Qu'elle soit élaborée à la naissance d'un nouvel État, où au lendemain d'une révolution ou d'un coup d'État ou encore après la prise de conscience de l'inadaptation ou de l'échec des institutions précédentes, la constitution est l'aboutissement d'une volonté de mutation, qui combine les principes de la perpétuité et de la mutabilité.

Avant même de distinguer la procédure à suivre pour rédiger la constitution, il faut se demander qui, quel organe est compétent pour

[86] Constitution : article134 à 140

l'élaborer et l'amender, en d'autres termes qui est investi du Pouvoir constituant.

Le pouvoir constituant est celui qui est à l'origine d'une constitution. Lorsqu'il intervient pour élaborer la constitution, il est dit pouvoir constituant originaire, initial ou absolu. Par contre, lorsqu'il intervient pour réviser la constitution, on parle d'un pouvoir constituant dérivé ou institué ou encore relatif.

Le pouvoir constituant originaire ou initial crée la Constitution, c'est-à-dire qu'il établit les règles fondamentales relatives à la dévolution et à l'exercice du pouvoir politique[87] et des libertés et droits fondamentaux.

Par contre, le pouvoir constituant, institué ou dérivé, est créé par la Constitution et soumis à ses règles.

Le substantif « **constituant** » désigne l'organe collégial délibérant, parce que sa mission et le résultat de son action portent sur l'élaboration ou la révision d'une constitution.

L'adjectif « **originaire** » en fait « **constituant originaire** » pour la raison simple qu'il est à l'origine d'une constitution qui n'existait pas. On y ajoute l'adjectif « absolu » pour signifier qu'aucune limite ne lui est imposée et qu'il intervient en période de vide constitutionnel.

Comme on peut le voir, le ***« pouvoir constituant »*** *ou* **« pouvoir constituant *stricto sensu* »** [88] se définit comme le « ***pouvoir de faire la constitution »***, c'est-à-dire de créer le corpus des règles, quel qu'en soit l'objet, placé au niveau le plus élevé dans la hiérarchie des normes juridiques.

Selon Raymond Carré de Malberg, la question du « '*pouvoir constituant dans l'établissement de la première constitution de l'Etat* n'est pas une question d'ordre juridique. Selon cet auteur, « *la formation initiale de l'Etat, comme aussi sa première organisation, ne peut être considérée que comme un pur fait, qui n'est susceptible d'être classé dans aucune catégorie juridique, car ce fait n'est point gouverné par des principes de droit ».*[89]

En d'autres termes, on peut concevoir l'existence de deux organes constituants, mais certainement pas deux fonctions de constituants. C'est dans ce sens-là que le doyen Georges Vedel écrit : « *le pouvoir*

---

[87] Telesphore MALONGA .M, « droit constitutionnel et institutions politiques », Cours inédit, U.O.B, G1Droit, 2007-2008

[88] Raymond Carré de Malberg, *Contribution à la théorie générale de l'Etat*, Paris, Sirey, 1922 (réimpression par CNRS, 1962) tome II, p.516, note 10.

[89] Carré de Malberg, *Contribution..., op. cit.*, t.II, p.490-491

constituant dérivé n'est pas un pouvoir d'une autre nature que le pouvoir constituant initial ».[90]

Selon le professeur Georges BURDEAU[91] : « *L'autorité renforcée, que la Constitution doit à son contenu, appelle logiquement à une consécration formelle. En ce sens déjà, la rédaction de la Constitution extériorise la puissance particulière qui s'attache à ses dispositions* ».

Plus loin, en allusion à la suprématie de la Constitution, il avance l'idée que « *pour rendre cette garantie plus efficace, on subordonne aussi sa modification au respect de certaines conditions de forme.* »

Tenant compte de ce qui précède, il est à peine besoin de souligner que les conditions de l'adoption de la Constitution de 2010 et celles exigées pour sa modification[92] en font une Constitution rigide.

D'ailleurs, à en croire Raymond GUILLIEN et Jean VINCENT, ce formalisme confère, en principe, à la norme constitutionnelle une force juridique qui la situe à la première place dans la hiérarchie des règles de droit[93].

En effet, la forme dans laquelle la Constitution de 2010 a été élaborée et adoptée a obéi à une procédure qui n'est pas différente de la procédure législative ordinaire.

En premier lieu, la Constitution de mai 2010 a été élaborée par un organe de transition : le Conseil National de la Transition (CNT), organe collégial délibérant investi, par les Accords de Ouagadougou de janvier 2010, des attributions de constituant originaire.

En second lieu, le texte constitutionnel, en raison de la situation exceptionnelle dans laquelle des crises politiques et sociales cycliques et un putsch militaire avaient plongé le pays et la hâte des populations de revenir à une situation constitutionnelle normale expliquent pourquoi le texte adopté, n'a pas été soumis à référendum et a été promulgué par décret.

Cette conjoncture historique exceptionnelle, ajoutée au fait que le pouvoir constituant originaire soit illimité, signifie que lorsque ce pouvoir établit une nouvelle constitution, il n'est pas obligé de se conformer à une quelconque règle juridique, en dehors de celles qu'il

---

[90] 11. Georges Vedel, "Shengen et Maastricht: â propos de la d6cision n° 91-294 DC de la Cour constitutionnelle du 25 juillet 1991", Revue française df droit administratif, 1992, p. 179.

[91] *BURDEAU 1977, op. cit., page 82*

[92] Constitution, article 154

[93] *GUILLIEN, VINCENT 2001, op. cit., page 147*

édicte lui-même, puisqu'il ne rencontre, en ce moment, aucune règle juridique impérative qui pourrait s'imposer ou s'opposer à son exercice.

L'autre raison simple est que le pouvoir constituant originaire est un pur fait temporaire, qui apparaît dans les circonstances de vide juridique. Or, justement, dans les cas de vide juridique existant, c'est-à-dire, lorsque le pouvoir constituant originaire fait la toute première constitution du pays ou celle résultant d'un coup d'État, il est évident qu'il n'y a aucune règle juridique qui va le limiter, puisqu'il établit une nouvelle constitution et dans une circonstance où il n'existe aucune règle qui peut s'imposer ou s'opposer à l'exercice du pouvoir constituant originaire.

Dès lors, on peut comprendre que le CNT ait été conçu et mis en place avec la mission d'assumer les fonctions de *pouvoir constituant originaire* compétent à édicter des normes constitutionnelles, en dehors de tout cadre constitutionnel.

Toutefois, il convient de relever que la Constitution de 2010 a prévu aux articles 51 et 154 les modalités qui permettent sa stabilité et sa perpétuité, tout en prévoyant que des amendements peuvent lui être apportés, laissant ainsi présager qu'elle prévoit sa modification par la mise en œuvre de la procédure qu'elle renferme. Par conséquent, cette procédure spéciale de mutabilité exigée par la Constitution pour sa modification peut être envisagée comme une conséquence de sa supériorité sur les autres normes juridiques.

L'existence de la procédure spécifique, découlant des articles 51, 150[94], 153[95] et 154 de la Constitution, souligne à la fois la vocation du texte suprême à la perpétuité et la gravité de toute modification du pacte originaire, qu'il contient. Il est dans le vœu du constituant originaire d'éviter les décisions hâtives, entraînées par les contextes de crise ou votées par des majorités passagères et de conjurer le risque de tomber dans la dictature ou le monolithisme politique.

La déclaration par le Président de la République ou par le Pouvoir législatif, sur le fondement de l'article 51, qu'il y a lieu d'amender la Constitution, se fait appuyer de motifs.

---

[94] **Article 150** Si la Cour Constitutionnelle saisie par le Président de la République ou un Député, a déclaré qu'un engagement international comporte une clause contraire à la Constitution, l'autorisation de le ratifier ou de l'approuver ne peut intervenir qu'après la révision de la Constitution

[95] **Article 153 :** Aucune procédure de révision ne peut être entreprise en cas d'occupation d'une partie ou de la totalité du territoire national, en cas d'état d'urgence ou d'état de siège.

De cette disposition, on peut déduire que l'un ou l'autre, du Pouvoir législatif ou du Pouvoir exécutif, pourrait décider de faire barrage au projet de révision constitutionnelle, du moment que la Constitution subordonne la faculté de soumettre à référendum un projet ou une proposition de loi à deux conditions. La première est inhérente aux matières sur lesquelles doit porter la proposition ou le projet de révision, à savoir : *« l'organisation des pouvoirs publics, la promotion et la protection des libertés et des droits fondamentaux, ou l'action économique et sociale de l'État, ou tendant à autoriser la ratification d'un traité. »*.

La seconde est relative à la question préjudicielle de contrôle préalable du projet de texte de révision. À ce sujet, la constitution prescrit qu'avant « *de convoquer les électeurs par décret, le Président de la République recueille l'avis de la Cour Constitutionnelle sur la conformité du projet ou de la proposition à la Constitution* ».

Si l'une des conditions de l'article 51 de la Constitution n'est pas remplie, on sera en face d'une non-conformité qui implique qu'il « … *ne peut être procédé au référendum* ».

La Cour constitutionnelle a pour mission, par son contrôle, de garantir la suprématie de la Constitution, par sa stabilité et sa mutabilité.

LIMITATION ET INTERDICTION

La limitation au droit de révision constitutionnelle découle de l'article 51 de la Constitution, qui énumère les matières pour lesquelles la révision est admise.

L'article 154 de la Constitution, quant à lui, prévoyant les interdictions à la révision, dispose : « *La forme républicaine de l'Etat, le principe de la laïcité, le principe de l'unicité de l'État, le principe de la séparation et de l'équilibre des pouvoirs, le pluralisme politique et syndical, le nombre et la durée des mandats du Président de la République ne peuvent faire l'objet d'une révision* ».

SECTION3 : LA CONSÉCRATION IMPLICITE DU PRINCIPE DE LA HIÉRARCHIE DES NORMES JURIDIQUES

Un système juridique est l'ensemble organisé et hiérarchisé de règles de droit régissant une société.

Ces règles se situent à des niveaux ou degrés divers dans l'architecture juridique en raison de la différence de valeur ou d'effets qui leur sont attachés. Il s'ensuit une subordination entre normes de niveau supérieur et les normes de niveau inférieur. Les dernières doivent être conformes aux premières[96].

La hiérarchie des normes juridiques est une vision synthétique du droit que Hans KELSEN a mise au point pour bâtir la pyramide hiérarchique qui soumet toute règle de droit au respect de la règle qui lui est supérieure, selon un ordre hiérarchisé.

S'il est admis que la Constitution est la source du principe de la hiérarchie des normes, il faut souligner que le texte constitutionnel guinéen fait textuellement référence à ce principe de la hiérarchie des normes juridiques[97].

Le principe de la hiérarchie des normes juridiques, qui suppose une différenciation de ces normes, mène à la suprématie de la Constitution garantie par le contrôle de constitutionnalité, c'est-à-dire par la vérification de conformité ou tout au moins de compatibilité des normes inférieures à la Constitution.

Cette hiérarchie n'a de sens que si son respect est soumis au contrôle d'un juge d'attribution, d'où la pertinence et l'opportunité de la création d'une juridiction constitutionnelle qui date de la Loi fondamentale de décembre 1990.

La Constitution organise la saisine de la Cour constitutionnelle par voie d'action directe et par voie d'exception.

Le contrôle par voie d'action est exercé hors du cadre d'un procès. Ce contrôle est abstrait, car il s'exerce en dehors de tout litige, il a pour but de garantir le respect de la Constitution et vise à faire contrôler la conformité de la loi à la Constitution[98].

Le contrôle par voie d'exception repose en revanche sur un litige concret ; c'est sur la base d'un litige qu'une question de constitutionnalité se pose. Le juge saisi du litige doit donc poser à la Cour constitutionnelle une question préjudicielle.

Le contrôle par voie d'exception est un contrôle subjectif, à la différence du contrôle par voie d'action, objectif, car elle n'est pas liée à un litige concret, particulier

---

[96] *ARDANT 2002, op. cit., p. 99.*

[97] Constitution, article 2, alinéa 5 et 6 : «La souveraineté s'exerce conformément à la présente Constitution qui est la Loi suprême de l'Etat. Toute loi, tout texte réglementaire et acte administratif contraires à ses dispositions sont nuls et de nul effet. »

[98] Constitution, article 80, 83, 86, 95, 97

En Europe, c'est avec Hans Kelsen qu'on va admettre progressivement le contrôle de constitutionnalité des lois. Il préconise, en effet, un contrôle confié non pas à tous les juges, comme c'est le cas aux États-Unis (contrôle diffus), mais à un organe spécialisé dans ce contrôle spécifique (contrôle concentré). La première juridiction constitutionnelle, ayant mission d'accomplir ce contrôle, est créée en 1919 en Autriche.

Le contrôle s'exerce sur le fondement de la saisine de différentes autorités politiques : le Président de la République, le Président de l'Assemblée nationale et un dixième des députés.

Depuis la révision constitutionnelle de 2010, la saisine par voie d'action est également ouverte à l'Institution Nationale des Droits Humains[99] .

Dans une autre perspective, l'article 96 de la Constitution dispose : « *Tout plaideur peut soulever l'exception d'inconstitutionnalité d'une loi devant toute juridiction.* » On en déduit l'institution d'un contrôle juridictionnel de conformité des lois ordinaires, à la Constitution, prescrite pour les lois ordinaires, qui doivent être conformes ou tout au moins compatibles à la Constitution.

Cela paraît d'autant plus vrai que la Constitution fait une place importante aux règlements autonomes des institutions, qui peuvent être des textes d'application et qui tirent leur fondement de la Constitution.

Au plan international, les articles **97 et 150 de la Constitution prescrivent que** « *les engagements internationaux prévus à l'article 150 sont déférés avant ratification à la Cour Constitutionnelle, soit par le Président de la République, soit par le Président de l'Assemblée nationale ou par un Député.* »

La Cour vérifie si ces engagements comportent des clauses contraires à la Constitution, dans l'affirmative, l'autorisation de les ratifier ou de les approuver ne peut intervenir qu'après la révision de la Constitution. « *Une loi autorisant la ratification ou l'approbation d'un engagement international ne peut être promulguée et entrer en vigueur lorsqu'elle a été déclarée non conforme à la Constitution.* »

[99] Constitution, article 96

SECTION 4 : PRÉSERVATION DE LA SUPRÉMATIE DE LA CONSTITUTION

Le libellé de ces articles montre le souci du constituant de 2010 de préserver la supériorité de la Constitution même sur les instruments juridiques internationaux, à travers la procédure de ratification desquels l'État décide de s'engager au plan international. On peut en conclure, suivant l'expression juridique consacrée, que les traités, conventions ou accords internationaux sont infra constitutionnels, c'est-à-dire qu'ils restent inférieurs à la constitution.

Quand la Constitution, en son article 151, précise : « *Les traités ou accords régulièrement approuvés ou ratifiés ont, dès leur publication, une autorité supérieure à celle des lois, sous réserve de réciprocité.* », on peut en tirer la conclusion que les traités ou accords internationaux ont une valeur juridique supérieure à la norme législative.

Pour l'essentiel, il résulte que la Constitution, parce qu'elle institue une hiérarchie entre les normes juridiques et là qu'elle occupe le sommet de la pyramide juridique, en tant que norme suprême. À ce sujet, le professeur Philippe FOILLARD affirme : « *La Constitution est l'ensemble des règles qui définissent le statut des gouvernants (désignation et compétences) et les rapports des gouvernants et des gouvernés.* »[100]

Le professeur Georges BURDEAU va dans le même lorsqu'il écrit « *il appartient à la Constitution de fixer les compétences des personnalités ou collèges auxquels il appartiendra de décider pour l'État.* »[101]

Par ailleurs, il faut noter avec le professeur Philippe ARDANT que : « *la Constitution ne peut régler tout ce qui concerne les Pouvoirs publics. À côté de la Constitution, on trouve donc souvent des lois qui la complètent, la précisent, la prolongent* » et observer avec lui que, « *c'est dans cette optique que la Constitution prévoit que des lois spéciales, dites lois organiques, interviendront pour la compléter, pour développer les règles d'organisation et de fonctionnement des Pouvoirs publics.* »

Par contre, le professeur Philippe ARDANT a tout aussi fait remarquer que la Constitution prévoit limitativement les domaines dans

---

[100] *FOILLARD 1997, page 29.*

[101] *BURDEAU 1977, op. cit., p. 69*

lesquels une loi peut intervenir. L'article 74 procède de la même limitation du domaine de la loi quand il dispose : « *Les matières autres que celles qui sont du domaine de la Loi ont un caractère réglementaire. Lorsque des dispositions d'une loi sont intervenues dans ces autres matières, elles peuvent être modifiées par décret, après que la Cour Constitutionnelle en ait constaté le caractère réglementaire.* »

SECTION 5. EFFICACITÉ DE LA SANCTION DE LA SUPRÉMATIE DE LA CONSTITUTION

L'efficacité de la suprématie de la Constitution réside dans le contrôle de la constitutionnalité des lois, des conventions, traités ou accords internationaux et du règlement intérieur des institutions constitutionnelles.

Le contrôle de constitutionnalité est un mécanisme destiné à empêcher qu'une loi soit susceptible d'application après avoir été déclarée inconstitutionnelle par le juge constitutionnel. L'arrêt de la Cour constitutionnelle fait disparaître de l'ordre juridique la loi inconstitutionnelle, les règlements autonomes et la convention ou le traité international comportant des clauses contraires à la Constitution.

En ce qui ces derniers, l'effet de l'Arrêt de la Cour pourrait être la révision constitutionnelle ou sous réserve d'interprétation

SECTION 6. L'EFFICACITÉ DU CONTRÔLE DE CONSTITUTIONNALITÉ DES LOIS

Il convient de rappeler que la constitutionnalité des lois consiste en la conformité ou la compatibilité de la loi à la Constitution. L'objectif du contrôle de constitutionnalité, qui est de garantir la suprématie de la Constitution, justifie l'existence de la Cour constitutionnelle et la mission qui lui est dévolue.

La Cour constitutionnelle est le seul juge constitutionnel, déclare la loi organique L/2O11/006/CNT du 10 mars 2011 ;

Étant gardienne de la Constitution, la Cour doit toujours veiller à ce que tous les actes pris par l'organe législatif de l'État puissent se conformer à la Constitution[102].

---

[102] Constitution : article 2, alinéa 7

La nécessité de garantir la suprématie de la Constitution et de la préserver des atteintes, auxquelles peut l'exposer l'inclination possessive des hommes à la transgression, est à l'origine du contrôle de Constitutionnalité exprimée en ces termes par l'alinéa 2 de l'article 92 de la Constitution : « *elle est juge de la constitutionnalité des lois, des ordonnances ainsi que de la conformité des traités et accords internationaux à la Constitution* »'.

L'inconstitutionnalité, faut-il encore le préciser, est le caractère d'un texte, d'une disposition du droit positif qui n'est pas conforme à la Constitution, qui lui est incompatible.

L'article 19 de la loi organique L/2011/006/CNT du 10 mars 2011 donne les précisions suivantes : « *la Cour Constitutionnelle a la compétence d'exercer un contrôle de constitutionnalité, de conventionalité et de conformité. En premier lieu, il s'agit des lois adoptées par l'Assemblée nationale, celles qui régissent une matière législative à titre initial, ainsi que celles modifiant et complétant les lois en vigueur* ».

Si les lois constituent la catégorie la plus importante des actes, du pouvoir législatif soumis au contrôle préventif de la Cour, le contrôle de constitutionnalité concerne également, selon l'article 20 de la loi organique L/2011/006/CNT du 10 mars 2011, les Traités, Accords et Conventions, les lois organiques et les règlements intérieurs des institutions constitutionnelles.

La seconde catégorie d'actes englobe les « ordonnances » prises par le Président de la République, en cas d'état d'urgence, d'état de siège ou de déclaration de déclaration de guerre[103], lesquelles sont obligatoirement soumises à la Cour constitutionnelle. Les ordonnances du Président de la République produisant leurs effets dès leur signature, le contrôle préventif, dont il s'agit, est en réalité un contrôle de constitutionnalité *a posteriori* obligatoire.

Lorsqu'il est question des lois organiques, le contrôle est obligatoire et se fait préventivement, c'est-à-dire avant leur promulgation par le Président de la République.

De ce point de vue, c'est l'article 83, alinéa 2, de la Constitution, qui prévoit le contrôle obligatoire des lois organiques, afin que ni l'Assemblée nationale, ni l'Exécutif ne puissent modifier l'équilibre des pouvoirs et ne s'arrogent des prérogatives non conférées par la

[103] Constitution : article 90

Constitution. En matière de lois ordinaires, le Pouvoir exécutif peut opposer l'irrecevabilité aux propositions ou aux amendements d'origine parlementaire intervenant dans le domaine réglementaire[104].

Dans la logique de l'article 51 de la Constitution, l'article 22 de la loi organique L/2011/006/CNT du 10 mars 2011, en son alinéa 2, soumet tout projet ou toute proposition de loi référendaire au contrôle de constitutionnalité « *préalablement au vote du Peuple* ». Cette disposition de la loi est une autre réaffirmation de la suprématie de la Constitution qui fait correspondre la volonté constituée du peuple à sa volonté constituante et, par-là, prévient le cas de contrariété entre une loi référendaire et la Constitution et assure, lorsque survient une telle contrariété, la correction d'une telle inconstitutionnalité.

Le contrôle obligatoire des règlements intérieurs des Institutions constitutionnelles et des « *ordonnances émanant du Président de la République* » s'opère *a priori,* c'est-à-dire avant leur mise en application. Ces règlements, qui sont des normes intérieures des institutions constitutionnelles, peuvent être un instrument redoutable aux mains de la majorité en leur sein. Cette raison soumet ces règlements intérieurs à un contrôle obligatoire par la Cour constitutionnelle pour examiner si l'institution concernée ne s'empare pas de pouvoirs que la Constitution ne lui accorde pas et si elle respecte bien les droits constitutionnels de la minorité en son sein.

La Constitution consacre son titre XVII aux traités et accords internationaux réputés, par l'article 151, avoir une autorité supérieure à celle des lois. Il est donc logique que, pour éviter les conflits entre un traité ou un accord et la Constitution, l'article 150 organise un contrôle préventif de constitutionnalité de tous les traités ou accords internationaux, notamment, ceux dont la ratification est soumise par l'alinéa 2 de l'article 149, à la procédure d'autorisation de ratification.

Relativement à ces traités et accords internationaux, la Cour applique un contrôle préventif et obligatoire :

- Préventif, en ce que la Cour constitutionnelle peut être saisie à tout moment, avant l'approbation parlementaire ou avant la ratification.

---

104 Constitution : article 86

- Obligatoire, par cela que le Président de la République est tenu de soumettre le traité ou l'accord à la vérification de la Cour constitutionnelle.

La Cour constitutionnelle peut être saisie par les mêmes autorités politiques et les mêmes personnes habilitées à déférer une loi à la Cour, à savoir le Président de la République, le Président de l'Assemblée nationale, un dixième des députés[105].

La lecture de l'article 150 suggère, en raison de l'usage de la conjonction « si », un contrôle préventif et facultatif, que lorsque survient une difficulté, le Président de la République, le Président de l'Assemblée nationale ou un dixième des députés en saisissent la Cour constitutionnelle avant même le dépôt du projet de loi de ratification ou d'approbation à l'Assemblée nationale.

On peut conclure de l'article 150 de la Constitution que les autorités et personnes habilitées à saisir la Cour constitutionnelle, notamment la minorité parlementaire, pourraient attendre l'adoption d'une telle loi avant de saisir la Cour.

SECTION 7 : MODALITÉS DE CONTRÔLE

La suprématie de la Constitution, norme suprême, s'entend de l'hypothèse à partir de laquelle les normes trouvent leur source, toutes les normes tirent leur validité de leur conformité à cette norme qui leur est immédiatement supérieure. Par conséquent, il faut pouvoir assurer que la loi est conforme à la Constitution au moment même où elle est votée.

Le contrôle de constitutionnalité effectué est un contrôle concentré, en ce que seule la Cour constitutionnelle est compétente pour l'effectuer[106]. Il est abstrait, *a priori*, objectif par cela qu'il s'opère au moment où la loi n'est pas encore promulguée. Il est déclenché par voie d'action, c'est-à-dire que la loi est directement attaquée par les personnes habilitées devant la Cour qui a pouvoir de l'annuler.

Le contrôle de conformité des lois à la Constitution a pour objet de faire respecter la hiérarchie des normes, dont l'ordonnancement fonde le principe de la légitimité démocratique.

---

[105] Loi organique L/2011/006/CNT du 10 Mars 2011 : article 40 et Constitution : article 78, 80, 93, 95, 96, 97, 98 et 150

[106] Loi organique L/2011/006/CNT du 10 Mars 2011 : article 26

La loi n'est pleinement légitime, comme il a été dit précédemment, que si elle respecte les principes supérieurs posés par la Constitution et si elle a été adoptée selon une procédure régulière par laquelle les partis politiques de l'opposition ont pu exercer leurs droits.

Dans ce cadre, la Cour est l'organe régulateur des compétences, en ce qu'elle vérifie, à la demande du Gouvernement, si le Parlement n'a pas empiété sur le domaine réglementaire gouvernemental.

Elle est également juge de la constitutionnalité de certaines normes infra constitutionnelles. À cet égard, elle vérifie, de droit, la conformité à la Constitution des Règlements de l'Assemblée nationale et des Institutions d'appui à la démocratie.

Elle vérifie, éventuellement et sur saisine, la conformité à la Constitution des lois ordinaires[107] et la compatibilité des engagements internationaux à la Constitution [108].

SECTION 8 : LA TYPOLOGIE DES DÉCISIONS

Les décisions susceptibles d'être rendues par la Cour constitutionnelle, en matière de constitutionnalité, sont de quatre types :

- les décisions de conformité (ou de non-contrariété à la Constitution) ;
- les décisions de conformité sous réserve d'interprétation ;
- les décisions déclarant la loi déférée partiellement contraire à la Constitution ;
- les décisions déclarant la loi déférée intégralement contraire à la Constitution.

En cas d'invalidation partielle, la Cour peut constater que la disposition invalidée est inséparable de l'ensemble de la loi. En cette occurrence, celle-ci, comme dans celle d'invalidation totale, ne peut être promulguée.

Dans la circonstance de séparabilité de la disposition inconstitutionnelle, le Président de la République peut soit promulguer la loi amputée des articles inconstitutionnels, soit demander une nouvelle délibération à l'Assemblée nationale. [109]

---

[107] Constitution : art. 94 et 96

[108] Constitution art. 97

[109] en application de l'article 79 de la Constitution

Une autre innovation majeure de la réforme constitutionnelle de 2010 consiste en l'extension de la saisine de la Cour à un dixième des députés. L'article 80 de la Constitution a changé la portée du contrôle de constitutionnalité, il permet à l'opposition parlementaire ou une quelconque minorité de circonstance d'agir juridiquement et à la Cour d'assurer une meilleure protection des droits et libertés des citoyens garantis par la Constitution.

Cette réforme ouvre ainsi la voie à un contrôle affermi de la Cour.

CHAPITRE VI

CONTRÔLE DE LA HIÉRARCHIE DES NORMES

La Cour constitutionnelle contrôle également la hiérarchie des normes, c'est-à-dire qu'elle exerce également le contrôle de conventionalité et vérifie donc la conformité de la loi au droit international.

Il résulte de la suprématie reconnue à la constitution que la loi ne peut réellement exprimer la volonté générale que si elle respecte, comme il convient, les dispositions de la constitution[110] et les clauses des accords, traités et conventions internationaux régulièrement ratifiés ou approuvés[111].

La loi, expression de la volonté générale, doit donc respecter les droits et libertés de valeur constitutionnelle et ne peut intervenir que pour en définir les limites nécessaires (libertés d'autrui, ordre public…) et les concilier entre eux. Tel est le sens de l'article 24 de la Constitution qui dispose : « *La loi garantit à tous l'exercice des libertés et des droits fondamentaux. Elle détermine les conditions dans lesquelles ils s'exercent. Elle ne peut fixer de limites à ces libertés et à ces droits que celles qui sont indispensables au maintien de l'ordre public et de la démocratie* ».

En donnant ainsi valeur constitutionnelle aux libertés et droits qu'elle a consacrés, la constitution les met à l'abri de la volonté du législateur et leur fait bénéficier du caractère permanent de la Constitution, imposant ainsi la mise en œuvre d'une procédure plus complexe, la procédure de révision. La loi devra alors respecter et garantir l'ensemble de ces droits et principes au même titre que ceux énoncés dans le texte de la Constitution.

---

[110] Constitution : article 2, alinéa 7
[111] Constitution : article 149 et 151

SECTION I : LA VÉRIFICATION DU RESPECT DES DOMAINES DE LA LOI ET DU RÈGLEMENT

L'article 85 de la Constitution permet concurremment au Gouvernement et à l'Assemblée d'opposer l'irrecevabilité à toute proposition ou tout projet de loi ou tout amendement considéré comme ne relevant pas du domaine de la loi.

En cas de désaccord entre l'Assemblée nationale et l'Exécutif, la Constitution confère à la Cour constitutionnelle, saisie à la diligence de l'une ou l'autre, le pouvoir de trancher dans le délai de huit jours[112].

De même, l'article 86, al. 2 de la Constitution donne à la Cour un pouvoir de contrôle *a posteriori* du respect du domaine de la loi, en lui accordant le droit de déclarer le caractère réglementaire des textes de forme législative, permettant ainsi de les faire modifier par décret.

SECTION II : LE BLOC DE CONSTITUTIONNALITÉ OU DOMAINE DE RÉFÉRENCE DU CONTRÔLE

Toutes les normes juridiques, n'ayant pas la même valeur juridique, sont hiérarchisées et à leur sommet sont placées les règles constitutionnelles, dont l'ensemble constitue le bloc de constitutionnalité.

En République Guinée, la détermination des composantes du bloc de constitutionnalité et la façon dont s'effectue le contrôle de constitutionnalité restent encore le problème à résoudre.

Dans la plupart des traditions juridiques, les normes de valeur constitutionnelle étaient limitées aux seuls articles de la constitution, et même le préambule, considéré comme l'introduction de la constitution, en était exclu.

C'est par une décision du Conseil constitutionnel français, en date du 16 juillet 1971, que le juge constitutionnel a reconnu au préambule de la constitution de 1958 une valeur constitutionnelle et par voie de conséquence tous les instruments juridiques auxquels il renvoie, dont

---

[112] Constitution : article 86

l'ensemble forme, avec la constitution de 1958, le bloc de constitutionnalité.

On peut s'inspirer de l'exemple français pour admettre que les normes constitutionnelles de référence, c'est-à-dire la Constitution au sens large du terme ou *lato sensu*, désignent l'ensemble des normes juridiques appliquées par la Cour constitutionnelle dans son contrôle des lois.

On pourrait alors considérer que les normes ayant valeur constitutionnelle sont :

- d'abord, la Constitution elle-même, *stricto sensu*, c'est-à-dire sans son préambule) ;
- ensuite, les normes complémentaires explicites ou écrites, à savoir ce préambule et les textes auxquels il renvoie. ;
- enfin, les normes complémentaires implicites ou non écrites, à savoir les principes fondamentaux reconnus par les lois de la République et les autres principes ou objectifs à valeur constitutionnelle.

Le contrôle de constitutionnalité ne se limitera alors pas à la vérification de la conformité de la loi à la seule Constitution au sens strict. Il s'étendra à ce qu'il est convenu d'appeler le « *bloc de constitutionnalité* » qui comprend notamment le préambule de la Constitution. Celui-ci renvoie à d'autres textes, tels *la Charte de l'Organisation des Nations Unies, la Déclaration Universelle des Droits de l'Homme, les Conventions et Pactes internationaux relatifs aux droits de l'Homme, l'Acte constitutif de l'Union Africaine, la Charte Africaine des Droits de l'Homme et des Peuples et ses protocoles additionnels relatifs aux droits de la femme, ainsi que le Traité révisé de la CEDEAO et ses protocoles sur la démocratie et la bonne gouvernance »'* qui confèrent également valeur constitutionnelle à ces textes. La loi est donc soumise aux principes contenus dans les textes susvisés.

SECTION III : CONTRÔLE DE CONVENTIONALITE

Il convient de souligner que le contrôle de constitutionnalité, parce que destiné à assurer la primauté de la Constitution, est une importante fonction, fortement symbolique.

Cependant, ce contrôle est concurrencé par le contrôle de conventionalité des lois, c'est-à-dire le contrôle de conformité de celles-ci aux normes internationales.

En effet, le bloc de conventionalité, parfois appelé bloc de supra légalité, est composé de l'ensemble des règles de droit provenant des engagements internationaux contractés entre États, ou entre les États et les organisations internationales. Par extension, y figure également le droit de l'Union Africaine, de la CEDEAO et de l'OHADA.

Le contrôle de conventionalité consiste à vérifier la conformité de la loi nationale ou d'un acte administratif aux engagements internationaux de la République de Guinée : d'après l'article 151 de la Constitution, les traités internationaux ont une valeur supérieure à la loi.

Toutefois, en théorie, le justiciable a davantage intérêt à saisir les tribunaux internationaux compétents quand ils existent, par exemple la Cour Internationale de Justice, pour le droit découlant des organes de l'ONU, la Cour africaine des droits de l'homme et des Peuples, la Cour de Justice de la CEDEAO.

En droit constitutionnel guinéen, ces normes sont supérieures aux lois ordinaires ou organiques. Néanmoins, si un engagement international est, selon les articles 150 et 151 de la constitution, contraire au bloc de constitutionnalité, la disposition concernée de la Constitution devra être modifiée, sous peine de nullité de l'engagement·

Ce contrôle de conventionalité se révèle, dans la pratique, beaucoup plus facile d'accès que le contrôle de constitutionnalité dans la plupart des pays : tous les citoyens peuvent demander à n'importe quel juge de vérifier la conventionalité des lois.

En outre, le contenu de ce que l'on pourrait appeler le bloc de conventionalité est, en ce qui concerne les engagements internationaux portant sur les droits et libertés, très similaire au bloc de constitutionnalité.

Par conséquent, au-delà des questions de l'extension du droit de saisine de la Cour constitutionnelle et du mode de nomination de leurs membres, un nouvel enjeu majeur apparaît dans tous les pays : organiser au mieux la coexistence entre contrôle de constitutionnalité et contrôle de conventionalité.

Le contrôle de la Cour Constitutionnelle s'exerce également sur la conformité des lois aux Accords, Traités et Convention internationaux.

Dans le système de droit d'obédience française, le « contrôle de conventionalité » consiste à vérifier qu'une loi ou un texte réglementaire ne contredit pas les engagements internationaux. À cet égard, l'article 151 de la Constitution guinéenne affirme le monisme avec primat de la règle internationale[113].

1.UNICITÉ DE JURIDICTION

Le contrôle de conventionalité équivaut à un contrôle de la loi de même nature que le contrôle de constitutionnalité. De même qu'il existe un bloc de constitutionnalité, le bloc de conventionalité s'entend de l'ensemble des règles de droit issues de la ratification ou de l'approbation des Traités, Accords et Conventions internationaux, conclus avec les Etats et/ou des organisations internationales.

Dans la hiérarchie des normes, le bloc de conventionalité se situe au-dessous du bloc de constitutionnalité et au-dessus du bloc de légalité.

Différents types de normes constituant le bloc de conventionalité sont issus :

- du droit international : traités et accords internationaux, dont le Traité de l'Union africaine, la Convention africaine des droits de l'homme et des peuples… ;
- des traités et leurs dérivés, des règlements et directives communautaires de la CEDEAO et de l'OHADA.

Le contrôle de conventionalité est également un contrôle de compatibilité du droit national avec le droit communautaire.

De ce fait, contrairement aux apparences, le contrôle de conventionalité des lois rassure autant qu'il inquiète. Il inquiète, non pas en raison de l'idée, aussi commune que discutable, suivant laquelle la similitude matérielle des normes de référence enlèverait tout avantage au contrôle de constitutionnalité des lois, mais par le risque de conflit sur une même loi qu'il occasionne.

113 ''*Les traités ou accords régulièrement approuvés ou ratifiés ont, dès leur publication, une autorité supérieure à celle des lois, sous réserve de réciprocité*''

Formellement et matériellement distincts sous certains cieux, exercés par la juridiction constitutionnelle pour l'un, par le juge ordinaire, pour l'autre, les contrôles de constitutionnalité et de conventionalité des lois, pouvant se contredire, et la possibilité de révision constitutionnelle augmentant ce risque de conflits, le constituant guinéen de 2010 les a confiés aux mêmes mains, celles de la Cour Constitutionnelle

Cette unité de juridiction fait que le contrôle de conventionalité des lois rassure, car une observation concrète de son champ d'application et de l'ensemble des normes de référence utilisées démontre que l'utilité de la Constitution, et donc du contrôle de constitutionnalité des lois, est largement préservée, notamment en matière de droits et libertés.

De l'inséparabilité de ces deux contrôles ainsi réalisée par le constituant, deux enseignements peuvent ainsi en être tirés : le contrôle de constitutionnalité des lois promulguées a une utilité et une pertinence, autant pratique que théorique, que ne lui ôte absolument pas le contrôle de conventionalité des lois, parce que la disjonction de l'exercice de ces deux contrôles entre des juridictions souveraines dans leurs domaines respectifs de compétence pourrait produire des conflits de compétence.

Par conséquent, le constituant guinéen, conscient que les modalités du contrôle des lois comportent l'exigence de la nécessaire réunion du contrôle des lois dans les mêmes mains juridictionnelles a attribué le contrôle de constitutionnalité et de conventionalité des lois à la Cour constitutionnelle[114].

2.UNICITÉ DE JURIDICTION ET QUESTION PRÉJUDICIELLE SOULEVÉE DEVANT LES JURIDICTIONS JUDICIAIRES

La question préjudicielle est soulevée devant les juridictions judiciaires et l'appréciation de son bien-fondé renvoyée à la Cour constitutionnelle, qui déterminera qu'une disposition législative porte effectivement atteinte aux droits et libertés que la Constitution garantit. Ce n'est qu'après la décision de Cour constitutionnelle que le cours normal du procès reprendra, ce qui laisse augurer un allongement substantiel des procédures, d'autant plus problématique

[114] Loi L/2011/006/CNT du 10 Mars 2011 : article 19 à 21

que le respect du caractère raisonnable des délais de jugement est impératif.

3.RECEVABILITÉ DU CONTRÔLE CONCRET

Dans ce mécanisme constitutionnel simplifié, pour que le contrôle concret, déclenché par l'exception d'inconstitutionnalité, soit recevable, celui-ci doit, d'abord, intervenir dans le cadre d'une instance en cours.

Ensuite, il doit s'agir d'une loi formelle, c'est-à-dire une loi adoptée par l'Assemblée nationale, ce qui exclut les actes administratifs ou règlementaires.

De plus, cette loi doit être postérieure à la Constitution, postériorité qui ne constitue pas un critère en droit constitutionnel de certains pays, comme la France.

Le dernier critère que doit remplir la question de constitutionnalité tient au caractère nécessaire du contrôle de constitutionnalité. En effet, la question de constitutionnalité n'est recevable que si elle est absolument nécessaire pour résoudre l'affaire pendante. Elle ne doit pas apparaître comme un moyen dilatoire.

Ce critère ne s'applique pas à la loi organique, pour laquelle le contrôle est obligatoire, effectué préalablement à son entrée en vigueur. Il est alors aisé de comprendre que le législateur, guidé par la volonté de redonner à la Constitution tout son sens, a donc décidé de créer un système de contrôle *a posteriori*[115] pour la loi ordinaire.

En effet, il se déduit de l'article 2, alinéa 7 et de l'article 151[116] de la Constitution selon lesquels la norme supérieure, qu'elle édicte, se définit comme l'hypothèse à partir de laquelle les autres normes trouvent leur source.

Conséquemment, toutes les normes tirent leur validité de leur conformité à la norme qui leur est immédiatement supérieure ; il faut pouvoir, dès lors, établir que la loi est conforme à la Constitution, soit au moment même où elle est votée, soit au moment où elle doit s'appliquer.

L'objet du contrôle est la résolution d'un conflit de normes ; la norme objet du contrôle étant considérée en elle-même, pour son contenu propre. Le procès est ainsi fait à l'acte normatif, dans le but d'assurer et de préserver en permanence la suprématie de la

---

[115] Loi L/2011/006/CNT du 10 Mars 2011 : articles 40, 41 et 44

[116] **Article 151:** Les traités ou accords régulièrement approuvés ou ratifiés ont, dès leur publication, une autorité supérieure à celle des lois, sous réserve de réciprocité.

constitution ou de régler un conflit entre des organes constitutionnels, c'est-à-dire l'examen d'une situation objective.

Ce procès peut indifféremment être exercé *a priori* ou *a posteriori*, mais il se caractérise par le fait qu'il donne lieu à une décision dotée d'une portée exécutoire, obligatoire et *erga omnes*.

Au contraire, le contrôle concret est celui exercé à l'occasion d'une instance juridictionnelle, donnant lieu à l'application de la norme qui en fait l'objet, à l'initiative d'un justiciable directement concerné par cette application. Il a pour objet la préservation de droits subjectifs, c'est-à-dire la constitutionnalité de la norme dans son application, en vue de la résolution d'un cas particulier. Il s'exerce donc exclusivement dans le cadre *a posteriori* et donne lieu à une décision qui ne dispose généralement que d'un effet *inter partes*, limité à l'instance à l'occasion de laquelle il est né.

Par ailleurs, le contrôle sera qualifié de concret ou d'abstrait en fonction de ce que le juge constitutionnel prend, plus ou moins, en compte les éléments de droit et de fait dans l'opération de contrôle.

Il faut donc que la question ait été soulevée par une personne ayant le statut de partie à une instance en cours, statut qui implique qu'elle dispose au préalable de la capacité et d'un intérêt à agir devant une juridiction ordinaire.

Le système constitutionnel guinéen a ouvert deux voies de saisine de la juridiction constitutionnelle :

- soit par voie d'action ou de recours directs généralement réservés aux personnes habilitées par la Constitution ;
- soit par voie d'exception, lorsqu'une partie soulève l'exception d'inconstitutionnalité au cours d'un procès. Dans ce cas, le juge judiciaire devant lequel la question préjudicielle est soulevée, sursoit à statuer, saisit directement la juridiction constitutionnelle et attend que celle-ci ait tranché pour se prononcer sur le fond.

4.NOTION D'INSTANCE EN COURS DEVANT UNE JURIDICTION

Étant donné que l'intérêt attaché au contrôle de la Cour constitutionnelle dépend directement du statut de la partie à une instance en cours devant une juridiction, il est important de déterminer, avec précision, ce que signifie « *instance en cours* » et « *juridiction* » pour l'application de cette procédure. La notion de juridiction s'applique aux cours et tribunaux, au sommet desquelles la Constitution a placé la Cour suprême.

En matière pénale, les questions de constitutionnalité peuvent être soulevées dès le stade de l'instruction.

La notion d'instance en cours renvoie aux règles générales de procédure. De même, un recours par voie d'exception ne peut être soulevé après la clôture des débats ou de l'instruction, sauf à rouvrir les débats ou rabattre le délibéré.

Si la juridiction décline sa compétence, en principe, elle n'aura pas à examiner l'inconstitutionnalité. Il en va de même en cas d'irrecevabilité des moyens au fond, ou encore dans l'hypothèse où la juridiction prononce un refus de renvoi.

5.PRÉSENTATION FORMELLE DU MOYEN

Le moyen de constitutionnalité doit être présenté par écrit, sous la forme d'une requête motivée[117]. Celle-ci doit, à peine de nullité, être adressée au Président de la Cour et signée, contenir les moyens invoqués, être accompagnée de deux copies du texte de la loi attaquée et être déposée au greffe de la Cour constitutionnelle, contre récépissé[118].

Les juges du fond sont donc amenés à apprécier l'intérêt du moyen constitutionnel invoqué par le requérant et à saisir promptement la Cour qui statue dans les quinze jours[119]. Ce délai peut être ramené à huit (8) jours en cas d'urgence signalée par la juridiction saisie.

6.SUR L'AUTORITÉ DES DÉCISIONS DE TRANSMISSION DE NON-RENVOI

L'autorité des décisions de refus de transmission émanant des juges du fond, n'est dotée que d'une portée *inter partes*, limitant la possibilité de leur usage par les autres juridictions, qui doivent nécessairement examiner les questions de constitutionnalité similaires, nonobstant toute décision antérieure, et motiver leurs décisions.

Cette pratique juridictionnelle participe de la subjectivisation du contrôle, dans la mesure où chaque justiciable se voit ainsi reconnaître le droit de soulever une question d'inconstitutionnalité, même si un autre justiciable l'a déjà fait (avec ou sans succès) auparavant.

Il s'ensuit que conformément aux conditions traditionnelles de l'autorité de la chose jugée, un même requérant ne peut, dans une même instance, soulever une question d'inconstitutionnalité identique

[117] Article 44, Loi organique L/2011/006/CNT du 10 Mars 2011
[118] Article45, Loi organique L/2011/006/CNT du 10 Mars 2011
[119] Article55, Loi organique L/2011/006/CNT du 10 Mars 2011

à celle qu'il avait déjà soulevée antérieurement, et ce, même en alléguant d'un changement de circonstances intervenu entre-temps.

La transmission des décisions de non-renvoi ne confère pas à la Cour constitutionnelle le pouvoir de les réformer. À l'inverse, elle peut confirmer des décisions de non-renvoi pour défaut de caractère sérieux, en concluant à la conformité de la disposition législative au regard du grief précédemment invoqué.

Enfin, elle peut nier le caractère nouveau d'une question, en estimant que la norme constitutionnelle invoquée n'existe pas, ou ne fait pas partie des droits et libertés invocables.

L'introduction dans le système juridique guinéen d'un contrôle de constitutionnalité *a posteriori* limité aux droits et libertés obéit au principe et à la nécessité de préserver la sécurité juridique et d'éviter la remise en cause systématique des lois existantes.

Le contrôle *a posteriori* a donc été perçu, par le constituant guinéen, comme un palliatif au contrôle *a priori* qui n'était pas systématique ou, à tout le moins, comme un contrôle complémentaire de ce dernier.

Ce rapprochement entre le contrôle *a priori* et le contrôle *a posteriori,* quant à la proportion de moyens tirés de la violation des droits fondamentaux, démontre que ceux-ci acquièrent une telle une importance en contentieux constitutionnel des lois que l'on pourrait considérer être en face d'une nouvelle hiérarchie des normes.

7.MOYENS ADMIS DE FAÇON AUTONOME

Parmi les droits les plus traditionnels, dont l'invocabilité devant la Cour Constitutionnelle ne fait aucun doute, figurent le droit à la vie et au respect de la dignité, la liberté de circuler et de s'établir partout sur le territoire national, la liberté d'opinion et d'expression, la liberté d'association, le droit de propriété, la liberté de manifestation et de cortège, tous les droits et libertés au sens des articles 5 à 26 de la Constitution, considérés comme invocables devant les Cours et Tribunaux et les autres institutions.

Or, si la Constitution a vocation à la permanence, tel n'est pas le cas de l'ordre juridique qu'elle fonde, qui est quant à lui en mutation permanente, tout comme la société dont il organise le fonctionnement.

Il résulte de cette réalité une forme de tension entre, d'une part, le rôle de fil d'Ariane ou de moule attribué à la Constitution, et, d'autre part, la nécessité de son effectivité, qui passe par l'adéquation avec l'ordre juridique qu'elle a engendré.

Le juge constitutionnel est placé au cœur de cette tension, entendu qu'il lui appartient de sauvegarder la Constitution et d'assurer sa suprématie, sa perpétuité, son effectivité et sa contextualisation, en vue de l'adapter constamment aux situations qu'elle doit régir.

SECTION IV : MISE EN ŒUVRE DU CONTRÔLE

Le contrôle de constitutionnalité est systématique pour les Lois organiques et pour les Règlements des organes constitutionnels.

Une loi organique est une loi dont l'adoption est prévue par la Constitution à l'effet de préciser les modalités d'organisation et de fonctionnement des pouvoirs publics. Adoptée selon une procédure spécifique, elle est nécessairement soumise au contrôle de la Cour Constitutionnelle, obligatoirement avant sa promulgation.

L'Article 83 de la Constitution précise : *« les lois qualifiées d'organiques par la présente Constitution sont votées et modifiées à la majorité des deux tiers des membres composant l'Assemblée nationale. Elles ne peuvent être promulguées si la Cour Constitutionnelle, obligatoirement saisie par le Président de la République ne les a déclarées conformes à la Constitution. L'Assemblée nationale ne peut habiliter le Président de la République à prendre par voie d'Ordonnance des mesures qui relèvent de la loi organique »'.*

Pour les lois ordinaires, le contrôle est facultatif et s'opère, par voie d'action, sur saisine du Président de la République, du Président de l'Assemblée nationale, ou du dixième des députés.

Il peut, à la demande d'un plaideur, survenir par voie d'exception, sur saisine de la Juridiction devant laquelle l'inconstitutionnalité est soulevée.

SECTION V : CONSÉQUENCES DES DÉCISIONS DE LA COUR CONSTITUTIONNELLE

En cas de non-conformité, la disposition est censurée. Plusieurs situations sont alors possibles :

1.l'intégralité de la loi est censurée, cette censure interdit sa promulgation[120];

2.une partie de la loi est censurée[121] : si la Cour Constitutionnelle précise que la disposition visée est inséparable du reste du texte, celui-

[120] Loi organique L/0211/006/CNT du 10 Mars 2011, article 49

ci ne sera pas promulgué et sera donc soit abandonné, soit fera l'objet d'un nouveau dépôt intégrant les modifications susceptibles de le rendre conforme à la Constitution ;

3.si, en revanche, la disposition est séparable du reste du texte, le Président de la République promulguera la loi séparée de la disposition non constitutionnelle ou demandera une nouvelle délibération, conformément à l'article 10, alinéa 2 de la Constitution.

La Cour peut aussi assortir de conditions une déclaration de constitutionnalité en émettant des réserves d'interprétation. Celles-ci orienteront l'interprétation de la loi.

Les décisions de la Cour constitutionnelle s'imposent aux pouvoirs publics et à toutes les autorités administratives et juridictionnelles. Elles ne sont susceptibles d'aucun recours[122].

SECTION VI : CONTRÔLE DE LA COMPATIBILITÉ DES ACCORDS INTERNATIONAUX AVEC LA CONSTITUTION

La Cour constitutionnelle, saisie par les mêmes autorités que celles habilitées à le faire en matière de contrôle de constitutionnalité des lois, vérifie que les engagements internationaux prévus à l'article 149 de la Constitution ne comportent pas de clauses contraires au corpus constitutionnel.

S'il s'avère, selon l'article 97 de la Constitution, qu'une clause de ce type existe, la révision du texte constitutionnel doit alors précéder la ratification de l'accord.

Ce contrôle, comme il a été dit plus haut, est préventif et a lieu à un moment où l'acte soumis à l'examen par la Cour constitutionnelle n'est pas encore définitif, c'est à dire pendant qu'il n'a pas encore d'effet juridique, dans le but d'éviter qu'un acte inconstitutionnel ne rentre dans l'ordre juridique.

SECTION VII : CARACTÉRISTIQUES DU CONTRÔLE DE CONSTITUTIONNALITÉ

Le contrôle de constitutionnalité présente cinq caractéristiques, dont certaines sont déjà exposées supra :

1. Le contrôle de constitutionnalité est un contrôle juridictionnel, quoique sa procédure ne comprenne pas tous les traits d'une procédure

---

[121] Loi organique L/0211/006/CNT du 10 Mars 2011, article 50

[122] Articles 96 et 99, la Constitution

juridictionnelle, à savoir la présence de véritables « parties » et la publicité ; mais elle en a, tout de même, les traits les plus fondamentaux, précisément parce que :

- La Cour constitutionnelle statue en droit, sur la base d'un texte juridique qu'est la Constitution.
- La Cour constitutionnelle, du moins lorsqu'elle examine la constitutionnalité d'une loi ordinaire ou une violation des droits de l'Homme, résout un litige.
- Les décisions de la Cour constitutionnelle ont autorité de la chose jugée et l'effet erga omnes ;

2. Le contrôle de constitutionnalité est un contrôle objectif dans la mesure où il ne porte que sur la constitutionnalité de l'acte déféré à la Cour ; à l'exclusion de droits subjectifs éventuels ;
3. Le contrôle de constitutionnalité est un contrôle abstrait, parce qu'il porte sur l'acte déféré en tant que tel, nonobstant le contexte d'application de cet acte. En effet, l'acte déféré à la Cour ne peut être appliqué, aussi longtemps que la Cour n'en a pas constaté la conformité avec la Constitution.

4. Le contrôle de constitutionnalité est une sorte de contentieux réservé à la seule juridiction constitutionnelle. L'accès à la Cour constitutionnelle est, en cette matière, exclusivement réservé aux seuls organes habilités par la Constitution.

5. Le contrôle de constitutionnalité est un contrôle qui peut s'exercer au bénéfice de l'urgence, le délai pour statuer étant extrêmement court.

SECTIONVIII: OBJET DU CONTRÔLE *A POSTERIORI*

Dans le nouveau système constitutionnel guinéen, en plus du contrôle préventif, la Cour Constitutionnelle exerce le contrôle *a posteriori* qu'il accomplit sur la base du recours en annulation d'une loi promulguée ou d'une exception d'inconstitutionnalité soulevée à l'égard d'une telle loi.

Il convient de souligner qu'en réalité le contrôle préventif, objectif, abstrait ou *a priori* ne porte pas sur lois au sens strict, mais sur les projets ou de propositions de lois adoptées par l'Assemblée nationale, non encore promulguées.

Le contrôle *a posteriori,* concret ou subjectif a, en général, pour objet la loi formellement adoptée.

DES RÈGLES DE CONTRÔLE SPÉCIFIQUES

La spécificité des contrôles *a priori* et *a posteriori* se constate au regard des normes de référence utilisées par la Cour constitutionnelle. Certaines sont communes, à savoir les droits et libertés constitutionnels invocables en exception de constitutionnalité.

De nombreuses règles constitutionnelles sont uniquement invocables *a priori*, et tout particulièrement celles encadrant la procédure législative relative aux lois organiques.

Le but du contrôle *a priori* est de garantir la régularité et l'effectivité des normes relatives à l'organisation territoriale de l'État, son caractère unitaire[123] et décentralisé[124], ainsi que les modalités de consultation des électeurs d'une collectivité locale.

En second lieu, l'objet de contrôle est spécifique à l'office de la Cour constitutionnelle, selon qu'elle juge *a priori* ou *a posteriori* la constitutionnalité de la loi. Les autorités de saisine soumettent un texte, dont les phrases sont en cours de devenir de norme et s'en remettent à la sagesse de la juridiction de la Cour constitutionnelle pour en apprécier abstraitement la constitutionnalité, une fois pour toutes, en fonction d'un contexte constitutionnel.

Le contrôle *a posteriori* vise une loi déjà mise en vigueur par sa promulgation, confrontée aux incidences de son environnement factuel et juridique et envisagée dans l'optique de la portée que lui confère l'interprétation des juridictions judiciaires.

Entre le texte abstrait de la loi adopté par le parlement et la loi vivante promulguée qui s'applique à des cas concrets particuliers, des écarts de sens et de portée surgissent, produits par l'application combinée à d'autres textes en vigueur.

Fort de l'accès ouvert à tous les justiciables, quelle que soit la nature du contentieux ou la juridiction saisie, le contrôle *a posteriori* fait émerger des tares insoupçonnées d'inconstitutionnalité.

Sous de telles occurrences, le contrôle *a posteriori* ouvre de nombreuses perspectives de saisir la Cour constitutionnelle de dispositions antérieures à 2010 ou déférées au contrôle *a priori,* mais non spécialement examinées, ou de dispositions réexaminées en présence d'un changement de circonstances et déclarées contraires. Sans compter les décisions *a posteriori* sur des lois récentes et non

---

[123] Constitution : article 154

[124] Constitution, article 134 à 137

déférées au contrôle *a priori* qui sont susceptibles d'aboutir parfois à des abrogations ou au prononcé d'une réserve d'interprétation.

Le contrôle *a posteriori* crée une rupture en termes d'ouverture et de transparence du jugement constitutionnel de la loi. De plus, l'exception d'inconstitutionnalité permet aux justiciables et aux avocats, interlocuteurs absents du contrôle *a priori*, d'entrer dans le prétoire constitutionnel, avec la faculté de proposer des interprétations de la Constitution, de solliciter des inflexions de jurisprudence et de produire ainsi un nouvel espace de sécrétion de l'expression de la volonté générale.

Le contrôle *a posteriori* place, en effet, la Cour constitutionnelle devant la perpétuelle option entre la nécessité de préserver une application autonome et transversale des droits et libertés constitutionnels et l'adaptation de son office aux spécificités des branches du droit, qui l'oblige à dialoguer avec les différents acteurs.

Naturellement, les décisions adoptées *a posteriori* résultent de débats publics et ne donnent pas lieu à d'innombrables réactions partisanes.

Soumise au pouvoir du juge constitutionnel, détaché du débat parlementaire, la décision issue de l'exception d'inconstitutionnalité est imputée à un législateur perpétuel et impersonnel et non à un législateur actuel et politique.

Le contrôle *a posteriori* s'inscrit ainsi dans le contentieux constitutionnel comme l'ébauche d'un phénomène de dépersonnalisation politique du législateur.

La tension entre l'idée de monopole dans le contrôle *a priori* et la concurrence dans le contrôle *a posteriori* constitue la troisième caractéristique de la compétence de la Cour constitutionnelle. Par définition, la juridiction constitutionnelle agit seul dans le cadre du contrôle *a priori* et elle exerçait déjà un monopole du contrôle de constitutionnalité des lois avant le 17 mai 2010.

En ne consacrant pas le filtrage des exceptions d'inconstitutionnalité par la Cour suprême, les textes guinéens ont ouvert un espace concurrentiel, dont l'étendue est sans précédent en contentieux constitutionnel. En effet, une certaine mission d'interprète constitutionnel est implicitement confiée au juge ordinaire, grâce à l'examen du caractère sérieux ou répétitif de l'exception d'inconstitutionnalité soulevée.

SECTION IX : LE CONTRÔLE DE CONSTITUTIONNALITÉ DES RÈGLEMENTS INTÉRIEURS DE L'ASSEMBLÉE NATIONALE ET DES AUTRES INSTITUTIONS CONSTITUTIONNELLES

Les règlements intérieurs ne sont, comme leur nom l'indique, que des normes intérieures de l'Assemblée nationale et des autres Institutions créées par la Constitution. Ils sont destinés à affirmer et à assurer leur autonomie fonctionnelle. Pour cette raison, ils peuvent être un instrument redoutable aux mains de la majorité au sein des organisations politiques et associatives.

L'existence de ce risque justifie que ces règlements intérieurs soient soumis à un contrôle obligatoire de la Cour constitutionnelle. Celle-ci devra examiner :

1) si l'Assemblée nationale ou l'Institution concernée ne s'arroge pas de pouvoirs ou prérogatives que la Constitution ne lui octroie pas ;

2) et si elle respecte bien les droits constitutionnels de la minorité parlementaire représentant l'opposition ou les opinions divergentes.

La Constitution a créé les institutions d'appui à la démocratie que sont :

1. la Commission Electorale Nationale Indépendante (art.2 et 134) ;
2. la Haute autorité de la communication (art. 125),
3. l'Institution nationale Indépendante des Droits Humains (art. 146) ;
4. Le Médiateur de la République (127),
5. le Haut Conseil des Collectivités décentralisées (art. 138).

Ces institutions doivent veiller au respect de certains droits fondamentaux (droits électoraux, liberté d'opinion, d'expression, de circuler et de manifestation, tous les droits de l'Homme...).

La Constitution a également créé les institutions d'appui à la bonne gouvernance que sont :

1. la Cour Constitutionnelle (art. 93 à 106) ;
2. la Cour des Comptes ; (art. 116)
3. la Haute Cour de Justice (art.117& 122) ;
4. le Conseil économique et social (123 & 124) ;
5. le Conseil Supérieur de la Magistrature (article 111 & 112) ;
6. le Conseil Supérieur de défense nationale (art.47) ;

Les règlements intérieurs de ces institutions sont soumis à un contrôle obligatoire de la Cour constitutionnelle, qui se limite toutefois à un examen de la conformité à la Constitution.

L'organisation et le fonctionnement de ces institutions feront l'objet de lois organiques ou de texte ayant une égale valeur, il incombera à la Cour de vérifier aussi le respect des dispositions de ces lois ou de ces textes, sous l'aspect des conflits potentiels de compétences entre institutions.

SECTION X : CONTRÔLE DE CONFORMITÉ DES TRAITÉS ET ACCORDS INTERNATIONAUX

L'article 151 de la Constitution dispose : « *les traités ou accords régulièrement approuvés ou ratifiés ont, dès leur publication, une autorité supérieure à celle des lois, sous réserve de réciprocité* ».

Pour éviter les conflits entre un Traité ou un Accord et la Constitution, l'article 150 de la Constitution prévoit un contrôle préventif de la constitutionnalité de tous les traités ou accords internationaux, c'est-à-dire aussi bien ceux qui sont soumis à l'approbation parlementaire avant leur ratification, que sur ceux qui peuvent être ratifiés sans approbation parlementaire.

Les traités et engagements internationaux établissent des règles de droit négociées par plusieurs États, dans le but de s'obliger réciproquement, les uns envers les autres, dans les domaines qu'ils définissent : paix, défense, commerce, justice, adjonction de territoire, etc.

La Constitution de chaque pays définit quelles sont les autorités compétentes pour conduire la négociation et pour ratifier les traités.

À ce sujet, l'article 149 de la Constitution précise : « *Le Président de la République négocie et ratifie les engagements internationaux* ».

Les articles 150 et 151 de la constitution définissent également la portée des normes internationales vis-à-vis du droit interne et les modalités de leur intégration au sein de la hiérarchie des normes.

L'intervention du Parlement est prévue par l'article 150 de la Constitution, qui dispose que les engagements internationaux « *ne peuvent être ratifiés ou approuvés que par une loi ». Une loi autorisant la ratification ou l'approbation d'un engagement international ne peut être promulguée et entrer en vigueur lorsqu'elle a été déclarée non conforme à la Constitution ».*

Si donc l'Assemblée nationale refuse son autorisation, l'Exécutif ne peut ratifier le traité et il est contraint de reprendre la négociation.

En revanche, l'autorisation donnée par l'Assemblée nationale ne lie pas l'exécutif quant à la ratification ou à la conclusion définitive de la convention internationale.

La Cour constitutionnelle peut être saisie, pour ce contrôle, par les mêmes autorités politiques et les mêmes personnes qui peuvent lui déférer une loi, à savoir le Président de la République, le Président de l'Assemblée nationale, un dixième des députés et l'Institution nationale des droits humains.

La Cour peut prendre des décisions dans différents sens :

- déclarer l'acte déféré totalement ou partiellement contraire à la Constitution,
- déclarer l'acte déféré purement et simplement conforme à la Constitution (ou, du moins, déclarer qu'aucun motif d'inconstitutionnalité n'a pu être décelé,
- Enfin, déclarer l'acte déféré conforme à la Constitution, sous réserve d'une interprétation déterminée de cet acte.

CHAPITRE VII

LES EFFETS DES DÉCISIONS OU DE L'ABSENCE D'UNE DÉCISION DE LA COUR

Deux hypothèses sont à distinguer : celle où l'acte est déclaré inconstitutionnel, et celle où l'acte est déclaré ou réputé conforme à la Constitution.

L'impression, en considérant les articles 80 et 83 de la Constitution, est que si l'acte est *déclaré inconstitutionnel*, il est nul, de plein droit, comme on pourrait l'induire de l'article 2, alinéa 7 de la Constitution.

La règle des articles 2, al.7, 80 et 83 ne paraît toutefois pas écrite pour le contrôle préventif. Tout d'abord, cette règle ne saurait s'appliquer au contrôle préventif des lois, pour le simple motif qu'il n'y a véritablement pas, au moment du contrôle préventif, de « *loi* » qui puisse subir la sanction de la nullité.

1. LA DECLARATION DE NON CONFORMITE D'UN TRAITE OU D'UN ACCORD INTERNATIONAL

La déclaration de non-conformité a, ici, pour effet que le texte adopté par l'Assemblée Nationale ne peut encore être véritablement une loi. Il n'y a donc pas, en réalité, de nullité, on devrait plutôt parler d'une non-applicabilité.

Sous un autre angle, il va de soi que la nullité d'un traité ou d'un accord international ne peut découler d'une déclaration de non-conformité à la constitution d'un des États partis. L'article 150 de la Constitution prévoit, à juste titre, une autre sanction : le traité ou l'accord en question ne pourra être approuvé ou ratifié, aussi longtemps que la Constitution n'aura pas été révisée, puisqu'elle doit demeurer la norme supérieure, servant de référence.

Elle contient, à cet effet, les règles qui ouvrent la possibilité d'intégration des nouvelles normes que comportent les engagements internationaux ratifiés ou approuvés. La conséquence est que la sanction n'est pas la nullité. L'acte déclaré nul continue à exister, mais la déclaration d'inconstitutionnalité empêche que des effets juridiques puissent en découler pour le système de droit interne.

2. LA DÉCLARATION DE CONFORMITÉ A LA CONSTITUTION

Lorsque l'acte est *déclaré conforme à la Constitution*, le cas échéant, sous réserve d'une interprétation déterminée, ou si le délai est passé sans qu'une décision n'ait été rendue, l'acte est alors *réputé conforme*, l'effet immédiat est que certains obstacles sont levés :

- en ce qui concerne les lois, elles peuvent être promulguées (art. 80 et 83) ;
- en ce qui concerne les règlements intérieurs, ils peuvent être mis en application (art.94) ;
- en ce qui concerne les traités et les accords internationaux, ils peuvent être approuvés ou ratifiés.

SECTION I : DE L'AUTORITÉ DE LA CHOSE JUGÉE ET DE L'EFFET ERGA OMNES DES DÉCISIONS DE LA COUR

L'effet de chose jugée, rendant la décision de la Cour Constitutionnelle obligatoire et exécutoire à l'égard de tous, lui est attribué par les articles 96 et 99 de la Constitution, en ces termes :

Article 96, dernier alinéa : « *La jurisprudence de la Cour Constitutionnelle, en cette matière, a primauté sur celle des autres ordres juridictionnels* ».

Article 99 : « *Les Arrêts de la Cour Constitutionnelle sont sans recours et s'imposent aux pouvoirs publics et à toutes les autorités administratives, militaires et juridictionnelles, ainsi qu'à toute personne physique ou morale* ».

Il est à remarquer que l'autorité de la chose jugée et l'effet *erga omnes* s'attachent non seulement au dispositif de l'arrêt, mais aussi à ses motifs.

Cette autorité de chose jugée et cet effet *erga omnes,* qui sont inhérents à la décision de la Cour Constitutionnelle, sont particulièrement importants dans les cas où la Cour constitutionnelle déclare un acte « *conforme* », sous réserve d'une interprétation déterminée, parce que l'interprétation ainsi donnée s'impose alors à tous, en particulier aux organes juridictionnels et aux autorités législatives et exécutives.

SECTION II : DE LA LIMITATION A LA REVISION CONSTITUTIONNELLE.

Les articles 51, *153 et 154* de la Constitution et l'article 21 de la loi organique L/2011/006/CNT relative à la Cour constitutionnelle ont édicté des limitations à la révision constitutionnelle, dont l'objectif est de sauvegarder les fondements constitutionnels de l'État et, en même temps, de prévenir l'abus de pouvoir pouvant survenir d'une révision constitutionnelle, dans un but différent de celui en vue duquel ces pouvoirs ont été conférés par la Constitution, c'est-à-dire dans le but d'établir un régime fondamentalement différent de celui qu'elle a institué.

Le Constituant guinéen, dans la recherche des moyens efficaces pour assurer la limitation à la révision constitutionnelle a prévu, dans les dispositions susvisées, la possibilité d'invalider les projets de loi constitutionnelle *qui se placent en dehors des limites tenant :*

1.au *cas d'occupation d'une partie ou de la totalité du territoire national,*

2.*au cas d'état d'urgence ou d'état de siège »',*

3.à la « '*forme républicaine de l'État : le principe de l'exercice démocratique de la souveraineté, la laïcité, le principe de l'unicité et d'indivisibilité de l'État, le principe de la séparation et de l'équilibre des pouvoirs, le pluralisme politique et syndical, la limitation du nombre et de la durée des mandats du Président de la République »'.*

Si les articles 51 et 154 de la Constitution fixent, comme on le constate ci-dessus, les limites matérielles relatives à l'objet ou aux matières ne pouvant subir une révision constitutionnelle, l'article 153 de la constitution donne la limite temporelle consistant à exclure sa révision dans certaines circonstances. C'est le cas de l'*occupation d'une partie ou de la totalité du territoire national, de l'état d'urgence ou de l'état de siège*.

Il faut rappeler que lorsqu'il n'y a pas de juridiction compétente à exercer le contrôle de la constitutionnalité, le

contrôle de la constitutionnalité des lois constitutionnelles, qu'elle soit *formelle* ou *matérielle*, devient impossible.

Le contrôle de la constitutionnalité formelle d'une loi constitutionnelle consiste dans la vérification de la compétence des organes de proposition, d'adoption et d'amendement, et celle de respect des conditions de forme et de procédure prévue par la Constitution. En d'autres termes, le contrôle de *la constitutionnalité quant à la forme* est la sanction des conditions de forme de la révision constitutionnelle.

LES LIMITES DU CONTRÔLE DE LA CONSTITUTIONNALITÉ MATÉRIELLE

Le contrôle de la constitutionnalité formelle peut s'exercer sans examen du contenu du texte de la loi constitutionnelle contrôlée. C'est le cas en vérification du respect de la majorité requise pour l'adoption d'une loi constitutionnelle.

En effet, le problème de savoir si loi constitutionnelle a été adoptée à la majorité prévue par la Constitution doit être résolu, sans avoir à connaitre du contenu de cette loi.

Par contre, *le contrôle de la constitutionnalité matérielle* d'une loi constitutionnelle consiste dans la vérification de la conformité ou de la contrariété du contenu de cette loi constitutionnelle aux dispositions de la Constitution, qui définit son contenu. En d'autres termes, *le contrôle de la constitutionnalité, quant au fond,* est la sanction des limites matérielles dans lesquelles est enfermée la révision constitutionnelle.

Subséquemment, *le contrôle de la constitutionnalité matérielle* s'exerce pour établir que le contenu de la loi est conforme aux dispositions de la constitution qui spécifient les limites matérielles à la révision constitutionnelle. Par exemple, le contrôle de conformité de la loi constitutionnelle portant interdiction de réviser la forme républicaine de l'État nécessite un examen du fond de la loi en question.

Dans la réalité, c'est par le contenu de la loi constitutionnelle qu'il est possible de juger qu'elle porte atteinte à cette interdiction.

Il résulte de ce qui précède que le contrôle de la constitutionnalité des lois constitutionnelles suppose l'existence de règles de référence pour ce contrôle, c'est-à-dire les dispositions de la constitution, qui déterminent les conditions de la création des lois constitutionnelles et, parfois, celles qui fixent certaines limites relatives à l'objet de ces lois, en l'occurrence les articles 51, 153, 154 de la Constitution.

SECTION III : L'INITIATIVE DE LA REVISION

a) **Des détenteurs d'initiative**

L'initiative de la révision appartient au Président de la République et aux Députés. Dans le premier cas, il s'agit d'un projet de loi constitutionnelle, dans le second, d'une proposition de loi constitutionnelle.

b) **Limitations de la prérogative d'initiative**

La première limitation est celle de l'article 51 de la Constitution qui donne la liste des matières pour lesquelles le Président de la République peut recourir au référendum révisionnel.

La deuxième limitation est inscrite dans son article 154, qui énumère explicitement les matières qui ne peuvent faire l'objet d'une initiative de révision.

La troisième restriction prévoit également qu'aucune procédure de révision ne peut être engagée ou poursuivie lorsqu'il est porté atteint à l'intégrité du territoire.

En outre, l'article 43[125] de la Constitution écarte la possibilité de recourir à la procédure de révision prévue par l'article 51, en cas de vacance de la Présidence de la République.

Le droit d'initiative en matière de révision constitutionnelle est donc l'un des pouvoirs qu'un Président de la République par intérim ne peut exercer.

La disposition de l'article 43 est indicatrice des privilèges et droits exceptionnels du Président de la République que la Constitution ne permet pas de déléguer ou suppléer.

Il faut souligner que la Constitution, par cela qu'elle prescrit des limites de compétence aux organes de pouvoirs constitutionnels se présente comme la norme supérieure, qui encadre juridiquement l'État.

---

[125] **Article 43** : L'Intérim du Président de la République s'étend à toutes les fonctions de celui-ci, sauf le droit de recourir au référendum, de prononcer la dissolution de l'Assemblée Nationale, de prendre l'initiative d'une révision de la Constitution, d'exercer le droit de grâce.

Les révisions récentes, dans bien des pays africains, conduisent au constat que la plupart des initiatives de révision ont eu pour but soit de consolider ou de perpétuer le pouvoir de ses initiateurs, soit de leur permettre d'imposer leurs idées et leur ambition hégémonique ou monolithique.

Observée sous cet angle, la révision constitutionnelle se présente à la fois comme un processus et un résultat, par lesquels un ordre nouveau vise à asseoir l'État de droit ou la dictature ou le passage d'un régime autoritaire à un régime démocratique, qui accorde plus ou moins de garanties aux droits fondamentaux et libertés individuelles.

A contrario, la révision constitutionnelle peut aussi enfanter une succession d'événements heureux ou malheureux pour l'État de droit, qui peuvent entrainer la survenance de l'autoritarisme, le recul de la démocratie, l'absence de garantie pour les libertés fondamentales et pour la gouvernance transparente.

La Constitution guinéenne a érigé la Cour constitutionnelle en organe juridictionnel garant du respect de la Constitution et chargé de la régulation des activités des pouvoirs publics. Parmi ses fonctions figure notamment celle de faire respecter l'intangibilité des articles 43, 51, 153 et 154 de la Constitution.

Ces fonctions commandent à la Cour constitutionnelle d'honorer son statut de s'efforcer de ne s'incliner ni devant le Pouvoir exécutif, ni devant le Pouvoir législatif, qui émanent de l'expression de la souveraineté nationale.

La constitution, en ses articles 43, 51, 153 et 154, a fixé les limites implicites et explicites, c'est-à-dire les conditions de forme ou de fond que les organes de pouvoir institués par la Constitution sont tenus de respecter lorsqu'il doit être procédé à la révision de la Constitution.

Dans cette perspective, elle a créé la possibilité et la prérogative pour la Cour constitutionnelle de procéder au contrôle du projet ou de la proposition de loi constitutionnelle, avant le recours au référendum.

Lorsque les articles 93 de la Constitution et 35 de la loi organique L/2011/006/ CNT du 10 mars 2011 indiquent que la Cour Constitutionnelle « *est l'organe régulateur du fonctionnement et des activités des Pouvoirs législatif et exécutif et des autres organes de l'État*, afin qu'aucun de ces pouvoirs « *ne s'arroge des prérogatives non conférées par la Constitution,* ils amènent cette juridiction à élargir l'étendue de son contrôle, pour vérifier dans quel cas ou dans quelle circonstance le Président de la République ou l'Assemblée nationale a pu réviser les normes qui ne peuvent faire l'objet d'une révision.

Ces dispositions permettent encore à la Cour constitutionnelle de faire respecter, par les pouvoirs publics, les limites de leurs prérogatives et les procédures de leur exercice.

Alors se pose la problématique du rôle du juge constitutionnel face aux autres organes constitutionnels de pouvoirs, en termes d'exigence de compétence, de courage, de rectitude et d'éthique élevée.

Le juge constitutionnel doit-il réduire son statut et son intervention par une conception restrictive de son rôle et de sa place parmi les institutions, alors que comme organe constitué au même titre que les autres, il est chargé de la mission d'assurer et préserver l'équilibre général entre tous les organes constitutionnels dans un contexte de séparation et de nécessaires collaborations des pouvoirs ?

Ou bien, au contraire, doit-il concevoir que le pouvoir de révision est un pouvoir institué, c'est-à-dire s'exerçant dans le cadre d'une compétence attribuée par le pouvoir constituant originaire, qu'il substitue ?

La réponse à cette question ne peut être qu'affirmative pour signifier que l'exercice du pouvoir de révision constitutionnelle n'est ni libre, ni automatique. Il est, au contraire, conditionné et, en tant qu'organe régulateur de l'activité des pouvoirs publics, il revient au juge constitutionnel d'intervenir pour vérifier que les auteurs des lois constitutionnelles n'ont pas outrepassé les compétences que la Constitution leur a attribuées.

La constitution guinéenne, en ses articles 51, 153 et 154, dresse des limites au pouvoir de révision que le constituant institué ou dérivé, c'est-à-dire l'Exécutif et le Législatif, ne peut et ne doit pas franchir. Il incombe à la Cour constitutionnelle, exerçant sa fonction d'organe régulateur du fonctionnement des institutions d'y veiller avec vigilance et fermeté.

En répartissant l'initiative de la révision entre l'Exécutif et le législatif, par l'énoncé des règles enserrant l'exercice du pouvoir de révision dans un entrelacement de règles impératives et, en faisant du juge constitutionnel le garant de l'ordre constitutionnel, des libertés et droits fondamentaux, le Constituant guinéen de 2010 a entendu certainement faire sanctionner la violation de la Constitution advenue à l'issue d'une révision.

Ce droit d'infliger la sanction appartient à la Cour Constitutionnelle, chargée de garantir deux réalités internes antagoniques, l'intangibilité, d'une part, et la mutabilité de la Constitution, d'autre part.

Pour autant, le contrôle de la loi constitutionnelle doit s'opérer graduellement, en imposant le respect des dispositions constitutionnelles applicables en matière de révision constitutionnelle, avant d'envisager la question plus délicate de savoir sur la base de quelle norme faudrait-il apprécier les lois constitutionnelles.

En effet, contrairement au contentieux constitutionnel de la loi ordinaire, la question du fondement du contrôle des lois constitutionnelles est délicate et les réponses à y apporter sont loin d'être convaincantes.

En considérant le contexte africain et dans d'autres parties du monde, l'on se rend aisément compte que l'expérience de la révision constitutionnelle laisse apparaitre un véritable enjeu de pouvoir : souvent réélus pour un second et dernier mandat, certains chefs d'État ont une tendance possessive à réviser la Constitution, soit pour prolonger leur mandat, soit pour faire disparaître la règle de la limitation des mandats, donc faire obstacle à l'alternance démocratique corrélative à l'État de droit.

CHAPITRE VIII

EFFETS DES ARRÊTS D'ANNULATION

Dans le cadre d'un recours en annulation, lorsque celui-ci est fondé, la norme attaquée est annulée (totalement ou partiellement). L'arrêt d'annulation acquiert autorité absolue de la chose jugée, à partir de sa publication au Journal officiel, avec effet rétroactif et effet *erga omnes*. Toutefois, il est à propos de préciser que :

- la Cour peut atténuer l'effet rétroactif de l'annulation, en maintenant certains effets de la norme annulée et
- les actes administratifs et les actes règlementaires du Pouvoir exécutif ainsi que les décisions judiciaires qui étaient fondées sur les dispositions annulées continuent d'exister.

En l'état actuel, la législation guinéenne ne prévoit pas la possibilité de l'annulation ou de la rétractation de ces décisions.

SECTION I : LA GARANTIE DES LIBERTÉS FONDAMENTALES

Quand l'article 93 de la Constitution énonce que « *elle* [la loi] *garantit l'exercice des droits fondamentaux de la personne humaine et des libertés publiques* », on peut, de cette disposition, concevoir que le rôle principalement assuré par la Cour constitutionnelle réside dans la garantie des libertés fondamentales, à travers le contrôle de constitutionnalité des lois, tel que ce rôle figure dans l'article 36 de la loi organique relative à la Cour Constitutionnelle.

La nouvelle réforme constitutionnelle, issue des articles 93 et 94 de la Constitution, élargit le droit de saisine de Cour constitutionnelle, par voie d'action, à un dixième des députés, à l'Institution Nationale Indépendante des Droits Humains (INIDH) et par voie d'exception au citoyen.

Cette décision ouvre une large brèche permettant au juge constitutionnel de consacrer progressivement non seulement les Principes fondamentaux reconnus par les lois de la République, mais aussi les prescriptions proclamées par les instruments juridiques internationaux énoncés dans le préambule de la Constitution. Ceux-ci sont, de toute évidence, partie intégrante du bloc de constitutionnalité, allant bien au-delà des dispositions de la Constitution proprement dites.

En proclamant dans les articles 96 et 99 la primauté de la jurisprudence de la Cour Constitutionnelle sur celle des autres ordres juridictionnels, la Constitution guinéenne permet d'affirmer que la Cour constitutionnelle contribuera à l'émergence d'une véritable charte constitutionnelle des droits de l'homme.

L'originalité de la fonction de contrôle de constitutionnalité est ainsi fondée sur la nature spécifique des normes de référence. Un constat identique peut être opéré à l'égard de l'organisation de la Cour Constitutionnelle.

SECTION II : CONTRÔLE OBLIGATOIRE

Ce sont les articles 83, 95 et 150 de la Constitution qui revêtent le contrôle de constitutionnalité de son caractère obligatoire.

Article 83 : *Les lois qualifiées d'organiques par la présente Constitution sont votées et modifiées à la majorité des deux tiers des membres composant l'Assemblée nationale.*

Elles ne peuvent être promulguées si la Cour Constitutionnelle, obligatoirement saisie par le Président de la République ne les a déclarées conformes à la Constitution……………………………………

Article 95 *: les lois organiques sont obligatoirement soumises par le Président de la République à la Cour Constitutionnelle avant leur promulgation.*

Les lois ordinaires, avant leur promulgation, peuvent être déférées à la Cour Constitutionnelle soit par le Président de la République, soit par le Président de l'Assemblée nationale ou par un dixième des députés.

Les renvois que la constitution fait à la loi de certaines matières relatives à l'organisation, la composition et le fonctionnement des institutions montrent que l'objet des lois organiques est de prolonger et de compléter la Constitution. Leur adoption obéit à une procédure particulière, différente de celle requise pour l'établissement des lois ordinaires. Elles bénéficient donc d'une autorité supérieure à celle des lois ordinaires. Elles sont considérées comme faisant partie des normes de référence dans le cadre du contrôle de constitutionnalité des lois ordinaires.

LES LOIS ORGANIQUES

La place que la Constitution réserve aux lois organiques, dans la hiérarchie des normes, conduit à les soumettre à un contrôle obligatoire de constitutionnalité intervenant avant la promulgation par le décret du Président de la République.

Le décret de promulgation a pour objet d'attester la régularité de la procédure parlementaire d'adoption de la loi et d'ordonner, en conséquence, sa mise en exécution comme loi de l'État.

Les articles 78, 80, 83, 95, 97, 98 et 150 de la Constitution et les articles 40 à 84 de la loi organique du 10 mars 2011 incombent la saisine de la Cour Constitutionnelle au Président de la République ou au Président de l'Assemblée nationale ou à un dixième des Députés ou à l'Institution Nationale des Droits Humains (INIDH) ou à la Commission Electorale Nationale Indépendante (CENI) et fixent le délai de quinze jours à la Cour Constitutionnelle pour statuer ; ce délai pouvant être ramené à 8 jours en cas d'urgence ou à la demande du Président de la République.

1. LE RÈGLEMENT INTÉRIEUR DE L'ASSEMBLÉE NATIONALE

En ce qui concerne spécifiquement le règlement de l'Assemblée nationale, la Constitution impose un véritable contrôle de constitutionnalité, à la différence des règlements intérieurs des autres Institutions constitutionnelles, qui sont également soumis à la Cour Constitutionnelle pour contrôle obligatoire de leur conformité à la Constitution, mais à titre consultatif.

Le règlement intérieur de l'Assemblée nationale, établi sur le fondement de l'article 67 de la Constitution, complète la Constitution en ce qui concerne les règles d'organisation et de fonctionnement de l'institution parlementaire guinéenne. Dans le sillage de la Constitution, le règlement intérieur de l'Assemblée nationale gouverne la procédure législative, notamment en ce qui touche l'examen, la discussion et le vote des lois et des résolutions.

2. LES ENGAGEMENTS INTERNATIONAUX

Les engagements internationaux sont pourvus, par la Constitution, en ses articles 149 à 152, d'une autorité supérieure à celle des lois. Ce primat de l'engagement international sur la loi interne ne saurait, toutefois, le mettre en équivalence ou en égalité avec la Constitution. Il s'ensuit l'impératif de le soumettre à un contrôle obligatoire de conformité à la Constitution, avant qu'il soit incorporé dans l'ordre juridique de l'État. Mais, il faut préciser que la Constitution ne soumet pas tous les traités ou accords internationaux à un tel contrôle.

Seuls sont visés par l'article 149 de la Constitution, sept types d'engagements internationaux, à savoir : « *les traités de paix, les traités de commerce, les traités ou accords relatifs à l'organisation internationale, ceux qui engagent les finances de l'État, ceux qui modifient les dispositions de nature législative, ceux qui sont relatifs à l'état des personnes, ceux qui comportent cession, échange ou adjonction de territoire…* ».

Il s'agit là des traités dont la ratification ou l'approbation est subordonnée à une loi d'autorisation, entendu que l'alinéa 1er de l'article 149 ne confère qu'au seul Président de la République le privilège de négocier et de ratifier, assorti de l'obligation de soumettre préalablement ces Traités, Accords et Conventions internationaux au contrôle de conformité.

SECTION III : MOMENT DE LA SAISINE DE LA COUR

Lorsque la Constitution dispose : *« **Article 150** si la Cour Constitutionnelle saisie par le Président de la République ou un Député, a déclaré qu'un engagement international comporte une clause contraire à la Constitution, l'autorisation de le ratifier ou de l'approuver ne peut intervenir qu'après la révision de la Constitution »*, elle indique que la saisine de la Cour, ayant pour but de constater l'existence ou non d'*une clause contraire à la Constitution,* a lieu avant toute délibération sur la loi d'autorisation à ratifier ».

Ce contrôle doit intervenir, en vertu de l'alinéa 1er de l'article 150 de la Constitution, avant le processus parlementaire de ratification, c'est-à-dire avant l'adoption de la loi devant autoriser le Président de la République à ratifier. A cet effet, l'article 150, alinéa 1er de la Constitution, et l'article 41 de la loi organique du 11 mars 2011 relative à la Cour constitutionnelle, prévoient que la saisine de la Cour

Constitutionnelle doit intervenir par les soins du Président de la République, du Président de l'Assemblée nationale ou d'un dixième au moins des députés.

C'est dire que l'Arrêt de la Cour doit ouvrir la possibilité soit d'autoriser la ratification, soit de faire procéder à la révision de la Constitution. La saisine de la Cour doit donc précéder la procédure parlementaire d'adoption de la loi d'autorisation de la ratification ou d'approbation.

En conséquence, c'est le texte de l'engagement contrôlé, accompagné de l'avis de conformité ou de non-conformité qui vient sur la table de l'Assemblée nationale pour délibération, suivie du vote de la loi puisque les articles 97 et 150 sont sans équivoque, en affirmant que lorsque la Cour « *a déclaré qu'un engagement international comporte une clause contraire à la Constitution, l'autorisation de le ratifier ou de l'approuver ne peut intervenir qu'après la révision de la Constitution* ».

L'arrêt de la Cour sert alors de boussole à l'Assemblée nationale pour indiquer la direction à suivre, celle de la révision de la constitution, de la ratification ou celle de l'approbation, avec ou sans réserve.

Le contrôle de la Cour constitutionnelle doit donc, selon cette logique de la Constitution, précéder nécessairement la session parlementaire d'adoption de la loi d'autorisation de la ratification.

La Soumission d'un projet ou d'une proposition de la loi à l'Assemblée, avant que la Cour ait statué sur la conformité de l'engagement international, est une violation de la procédure constitutionnelle de ratification ou d'approbation.

Dans ce sens, l'article 97, en ses alinéas 2 & 3, précise : « *La Cour vérifie, dans un délai de trente jours, si ces engagements comportent des clauses contraires à la Constitution. Dans l'affirmative, la Constitution est modifiée avant la ratification desdits engagements* ».

SECTION IV : LE CONTRÔLE FACULTATIF

Régime applicable aux lois ordinaires, le contrôle facultatif peut intervenir de deux manières différentes : soit par voie d'action, soit par voie d'exception.

❖ **CONTRÔLE PAR VOIE D'ACTION**

Aux termes de l'article 95, alinéa 2 de la Constitution, les lois ordinaires peuvent être déférées à la Cour Constitutionnelle pour voir vérifier leur conformité à la Constitution.

La saisine de la Cour Constitutionnelle, à cette fin, doit intervenir avant la promulgation de la loi. Elle est laissée à la discrétion d'un certain nombre d'organes ou de personnes, précisément : le Président de la République, le Président de l'Assemblée nationale, un dixième (1/10ème) des membres de l'Assemblée nationale, l'Institution Nationale des droits humains (INIDH), la Commission Electorale Nationale Indépendante (CENI), auxquels la Constitution reconnaît la prérogative de soumettre n'importe quelle loi au contrôle de constitutionnalité par le Cour Constitutionnelle.

En ce qui concerne la saisine de la Cour par l'Institution Nationale des droits humains (INIDH) et de la Commission Electorale Nationale Indépendante (CENI), il faut noter qu'elle s'effectue sur la base de la décision de l'assemblée plénière de ces organes. Elles saisissent la Cour pour les seules matières relevant de leur compétence.

❖ **CONTRÔLE PAR VOIE D'EXCEPTION**

Comme on l'a vu dans les chapitres précédents, le contrôle, par voie d'exception, s'exerce *a posteriori,* après que la loi soit entrée en vigueur, c'est-à-dire après qu'elle ait été promulguée, naturellement, sans avoir été soumise au contrôle de constitutionnalité.

Dans ces conditions, elle ne peut plus faire l'objet de recours par voie d'action. Cependant, elle reste soumise à la forme de contrôle dénommée l'exception d'inconstitutionnalité.

L'alinéa 4 de l'article 96 mentionne que par ce procédé, citation : « *tout plaideur peut soulever l'exception d'inconstitutionnalité d'une loi devant toute juridiction* ».

Il prescrit que « *La juridiction saisie sursoie à statuer et renvoie l'exception devant la Cour Constitutionnelle. Dans ce cas, la Cour Constitutionnelle statue dans les quinze jours de sa saisine.* »

CHAPITRE IX

LES POUVOIRS DU JUGE CONSTITUTIONNEL

SECTION I : DU CONTENTIEUX CONSTITUTIONNEL

Le contentieux constitutionnel s'entend de tout litige portant sur la constitutionnalité des actes subordonnés à la constitution ainsi que la procédure suivie pour résoudre les contestations ou réclamations qui engendrent ce litige.

Il est l'application concrète du droit constitutionnel, en tant qu'ensemble des règles régissant les organes constitutionnels, qui organisent l'exercice, la répartition, la séparation, la collaboration, l'équilibre et la transmission des pouvoirs qui leur sont dévolus.

L'objet du contentieux constitutionnel est de sauvegarder la suprématie de la constitution par une procédure juridictionnelle dont la finalité est de garantir la primauté de la Constitution, en tant que norme juridique sur toutes les autres normes.

La lecture de la loi L/2011/006/CNT relative à l'organisation et le fonctionnement de la Cour constitutionnelle indique que les fonctions de cette juridiction proviennent de sa mission de régulateur du fonctionnement des organes constitutionnels, de juge de tout conflit entre ces organes et de juge de la constitutionnalité des lois, des traités et accords et des règlements intérieurs des institutions constitutionnelles.

On peut ainsi distinguer trois types de contentieux :

- les possibles conflits pouvant naitre entre les grandes institutions prévues par la Constitution, on parle de **contentieux institutionnel (article 18, 35 et 56 de la loi organique)** ;

• le **contentieux du contrôle de constitutionnalité (article 19 à 26 de la loi organique)**, qui vise à s'assurer de la conformité des lois, traités et accords internationaux à la Constitution avant leur promulgation, ratification ou approbation ;

• un **contentieux spécial** qui porte le respect des libertés et droits fondamentaux (article 27, al. 1er de la loi organique).

Le contentieux du contrôle de constitutionnalité comporte trois variantes principales, la première concerne la conformité de la loi à la Constitution, la deuxième concerne la conformité des traités et accords internationaux et la troisième est relative à la conformité des règlements intérieurs de l'Assemblée nationale et des autres organes constitutionnels. Il faut souligner que tous les contrôles de constitutionnalité précités sont des contrôles préventifs dans la mesure où ils ne peuvent être effectués qu'avant la promulgation ou la mise en application des textes sus mentionnés. On parle de contrôle *a priori*.

En ce qu'il s'agit constitutionnalité des lois, le contrôle consiste à vérifier qu'une loi en cours de débats parlementaires ou en attente de promulgation est conforme à la constitution. La Cour, saisie par les autorités habilitées par l'article 41 de la loi organique, sur le fondement des articles 93 et 96 de la constitution, peut contrôler l'intégralité de la loi si elle souhaite.

En ce qui concerne le contrôle de constitutionnalité des traités et accords internationaux, la Cour se prononce sur la saisine d'une des autorités habilitées par la constitution à faire contrôler la conformité du texte international.

C'est bien pour assurer cette suprématie de la constitution qu'un organe juridictionnel reçoit la mission de contrôler la conformité à cette norme suprême, d'un certain nombre d'actes, dont la loi, étant admis que la loi est l'expression de la volonté du peuple souverain.

L'expression de cette volonté est soumise par la constitution au contrôle d'une instance juridictionnelle, organe collégial non élu au suffrage universel qui, au nom de la suprématie de la constitution, détient le pouvoir de faire obstacle à l'entrée en vigueur la loi.

La loi votée, comme l'avait fait remarquer Robert Badinter en 1993 sur la loi relative au droit d'asile, est l'indication du chemin pour la constitutionnalisation d'une norme législative que les représentants élus du peuple souhaitent introduire dans le système juridique national.

Le rôle de la Justice constitutionnelle consiste à réaliser la conciliation entre la démocratie politique et la démocratie constitutionnelle par l'unification du système juridique autour de la Constitution, afin d'assurer l'effectivité de celle-ci, de ses principes d'organisation politiques et des libertés et droits fondamentaux qu'elle contient.

La cour constitutionnelle apparait ainsi dans l'architecture juridique comme la juridiction qui dispose d'une compétence spécialisée pour connaître du contentieux constitutionnel **qui** dépend du ressort exclusif de cette Cour constituée à cet effet.

La Cour constitutionnelle bénéficie d'un statut constitutionnel organisé dans le Titre VI, articles 93 à 106 de la constitution. C'est un véritable organe constitutionnel.

La constitution guinéenne a adopté une approche globale du contentieux constitutionnel qui couvre le contentieux constitutionnel, par voie d'action, devant la cour constitutionnelle et le contentieux constitutionnel, par voie d'exception, devant les juridictions de droit commun.

La Cour constitutionnelle, instituée formellement par la Constitution, a pour fonction d'être l'interprète de la Constitution[126], ce qui n'empêche pas d'autres autorités juridictionnelles d'interpréter aussi la Constitution.

L'interprétation de la loi met dans une certaine concurrence la Cour suprême et la Cour constitutionnelle, à laquelle la Constitution a ouvert le champ à des cas d'interprétations de la loi, sous l'angle de leur constitutionnalité, dans le but de permettre la promulgation de la loi et son application, y compris par les juges.

L'interprétation par la Cour suprême et les juges du fond a un objet différent : elle se place, d'abord, à un autre niveau, selon un contrôle que l'on peut qualifier, *lato sensu*, de contrôle de la légalité. Elles font, ensuite, partie de la fonction de juger, parce que juger c'est

---

[126] B. Mathieu, *Question prioritaire de constitutionnalité. Jurisprudence du 1er mars au 2 juillet 2010*, *JCP G*, 2010, n° 28, 801, § 14.

nécessairement interpréter. Mais cette interprétation n'a pas à être nécessairement l'objet de contestation de constitutionnalité, car ce contrôle n'est pas conçu comme un contrôle des décisions des cours suprêmes et des autres juges du fond, mais un contrôle de la seule loi.

Si la Cour constitutionnelle s'engage dans le contrôle des interprétations délivrées par la Cour suprême et les juridictions de droit commun, elle se transformerait alors elle-même en Cour suprême de second degré, allant à l'encontre de la lettre et de l'esprit du contrôle de constitutionnalité.

Le contrôle de constitutionnalité, conçu comme le mécanisme garantissant la conformité des règles de droit aux principes qui sont définis par la Constitution, s'exerce à partir d'un ensemble de normes et de principes substantiels, appelé **« bloc de constitutionnalité »**. L'article 2, alinéa 7 de la Constitution exigent que la loi lui soit conforme, à peine de nullité.

Le juge du respect de ce formalisme constitutionnel est aussi le garant de la régularité du processus électoral et de l'inviolabilité des droits fondamentaux. Cette fonction érige la Cour constitutionnelle en **contre-pouvoir** capable de servir de **frein à tous les excès législatifs possibles** de la majorité parlementaire.

Le rôle assigné à la Cour constitutionnelle n'est pas de faire prévaloir sa propre opinion sur la volonté du législateur, car la Constitution ne lui attribue pas un pouvoir général d'appréciation et de décision identique à celui du Parlement, mais lui donne seulement compétence pour se prononcer sur la conformité à la Constitution du contenu des lois déférées à son examen.

Des Arrêts récents de la Cour Constitutionnelle guinéenne, qui font l'objet de commentaire plus loin dans des chapitres spécifiques, ont procédé contrairement à cette pratique universelle des juridictions constitutionnelles.

Il faut admettre que la Constitution guinéenne remet en cause le dogme ancien de la souveraineté de la loi, en instituant un système de contrôle de constitutionnalité relativement complet, puisqu'il comporte à la fois :

❖ un contrôle *a priori,* objectif et abstrait exercé par voie d'action devant la Cour constitutionnelle, à l'initiative d'autorités limitativement déterminés ;

❖ un contrôle *a posteriori,* subjectif et concret exercé par voie d'exception devant les juridictions administratives et judiciaires, à l'initiative des citoyens.

Le développement du contrôle de conventionalité rend le débat sur l'extension aux citoyens du contrôle de constitutionnalité sans objet. Ce n'est pas un hasard si la révision constitutionnelle de 2010 a introduit l'exception d'inconstitutionnalité renvoyée, à titre préjudiciel, devant la Cour constitutionnelle.

Une fois réglée la question de la recevabilité de la requête en contrôle de constitutionnalité ou de conventionalité, plus précisément la qualité pour agir et le délai de saisine (articles 40 à 58 de la loi L/2011/006/CNT du 10 mars 2011), le juge constitutionnel se livre à une opération de confrontation par laquelle il met en rapport le texte soumis à son contrôle avec les normes de référence : le préambule, les dispositions de la Constitution, auxquels s'ajoute le corpus de règles que contient la loi organique L/2011/006/CNT relative à la Cour constitutionnelle.

La décision du juge peut constater que le texte contrôlé est conforme à la Constitution. Dans ce cas, le traité ou accord international peut être ratifié. C'est le cas de la quasi-totalité des Conventions internationales soumises à un contrôle obligatoire. Lorsque le texte contrôlé est une loi organique ou ordinaire, la promulgation, par le Président de la République, peut intervenir. Et quand c'est le règlement de l'Assemblée nationale qui est en cause, alors la voie s'en trouve ouverte à sa mise en application.

Le contrôle du juge peut, au contraire, conduire à décider que le texte qui lui est soumis est contraire à la Constitution. Lorsque c'est le traité ou accord international qui est reconnu contraire à la Constitution, « *l'autorisation de le ratifier ne peut intervenir qu'après la révision de la Constitution* »' (article 105).

C'est donc à la suite de la révision de la Constitution que l'Assemblée nationale pourra autoriser le Président de la République à ratifier le traité. La décision du juge s'oppose donc à la ratification du traité aussi longtemps que la Constitution, loi suprême de l'Etat, n'aura pas fait l'objet d'une révision.

3) Le contentieux spécial relatif aux libertés et droits fondamentaux

Pilier de tout système qui se dit démocratique ou de tout État qui se dit Etat de droit qui ambitionne de l'être, la protection des droits de l'homme demeure le socle de la démocratie constitutionnelle. Qui d'autre alors que le juge constitutionnel, gardien des promesses du constituant, peut exercer cette noble mission ? On comprend pourquoi celui-ci s'emploie à recourir aux techniques les plus sophistiquées destinées à permettre une protection plus réelle des droits.

Une première précision doit être faite sur les libertés publiques, définies comme des libertés protégées par la loi, parce que reconnues par elle, et sur les droits fondamentaux présentés comme des droits protégés contre le législateur. L'existence d'une telle garantie apparait dans l'article l'alinéa 2 de l'article 5[127] et l'article 24 de la constitution guinéenne, qui dispose : « *La loi garantit à tous l'exercice des libertés et des droits fondamentaux. Elle détermine les conditions dans lesquelles ils s'exercent. Elle ne peut fixer de limites à ces libertés et à ces droits que celles qui sont indispensables au maintien de l'ordre public et de la démocratie.* »

Le contentieux des droits et libertés est congruent des spécificités de la Cour constitutionnelle, par cela qu'il pose la question de l'équilibre entre les garanties accordées aux citoyens et la façon dont, en concourant à leur sauvegarde, cette Cour exerce ses fonctions.

La Constitution, au sens matériel et selon Marie-Anne COHENDET, rassemble « *les règles majeures relatives aux droits de l'homme et à l'organisation du pouvoir dans l'État*[128]». Si la cour assure la sauvegarde des droits et libertés, on pourrait se demander dans quelle mesure l'exercice de cette mission exerce-t-elle une influence sur l'architecture institutionnelle organisée par la Constitution ?

La protection des citoyens justifie-t-elle un bouleversement de la répartition des compétences entre le juge constitutionnel et les juges de droit commun, quand l'article préliminaire du Code de procédure pénale dispose : « *Toute personne privée de liberté a le droit de saisir le président de la juridiction compétente d'une requête en référé pour contester les motifs de sa détention et, le cas échéant, obtenir sa mise en liberté. Il doit être définitivement statué sur l'accusation dont cette personne fait l'objet dans un délai raisonnable.* » ?

---

[127] Les droits et les libertés énumérés ci-après sont inviolables, inaliénables et imprescriptibles.

[128] Marie-Anne Cohendet, *Droit constitutionnel*, Paris, Montchrestien, 3e éd., 2006, p. 95.

SECTION I : DU CONTRÔLE DE VALIDITÉ AU CONTRÔLE D'EFFECTIVITÉ

Lorsque la violation de la Constitution est le fait de la loi, il faut distinguer selon que le juge constitutionnel a été saisi par voie d'action ou par voie d'exception. La loi déclarée, en totalité, contraire à la Constitution par voie d'action, ne peut, pour cette raison, être promulguée.

Si, au contraire, quelques dispositions seulement ne sont pas conformes à la Constitution, alors, le juge distinguera selon que ces dispositions sont détachables ou non détachables de l'ensemble du texte.

Dans le cas où les dispositions déclarées contraires à la Constitution sont détachables, la promulgation de celles jugées conformes à la Constitution peut intervenir. Mais dans l'éventualité où les dispositions reconnues contraires à la Constitution ne sont pas détachables de l'ensemble du texte, la loi tout entière est paralysée. Elle ne peut conséquemment être promulguée telle quelle. L'Assemblée nationale saisie, ou de son propre chef, peut corriger l'inconstitutionnalité, rendant ainsi la loi conforme à la Constitution et ouvrant, par-là, la voie à sa promulgation et, partant, à son application.

De ce constat, il apparait que la question du contrôle de constitutionnalité de la loi n'est réglée qu'imparfaitement, en faisant simplement obstacle à la promulgation de la loi, c'est-à-dire en la dépouillant d'effet, transformant ainsi le contrôle de constitutionnalité, qui est un contrôle de validité, en un contrôle d'effectivité. La solution logique, conforme à la nature du contrôle par voie d'action, devrait être celle de l'annulation, à tout le moins, de l'abrogation de la loi contraire à la Constitution.

SECTION II : INCOHÉRENCE DE LA LOI DÉCLARÉE CONTRAIRE

Au contraire des effets de l'inconstitutionnalité de la loi, prononcée par voie d'action, qui sont clairement indiqués, quoique non satisfaisants, les conséquences de l'inconstitutionnalité de la loi querellée par voie d'exception n'apparaissent pas avec la clarté souhaitable.

La formule par laquelle l'article 150 de la Constitution énonce qu'« u*ne disposition d'une loi déclarée non conforme à la Constitution ne peut être promulguée ni appliquée.* » n'est guère applicable en l'espèce. En effet, dans le contrôle par voie d'exception, la loi a été promulguée, c'est-à-dire qu'elle est déjà mise en application.

Enfin, lorsque la Cour Constitutionnelle déclare inconstitutionnel le règlement de l'Assemblée nationale ou ses modifications, le texte ne peut être mis en application.

L'on retrouve ici l'incohérence qui s'attache au régime de la loi déclarée contraire à la Constitution par voie d'exception : le règlement reconnu contraire à la Constitution, au lieu d'être annulé, est simplement privé d'effet, en ce qu'il ne peut être mis en application.

CHAPITRE X

PORTÉE DES DÉCISIONS DE LA COUR CONSTITUTIONNELLE JUGE DE LA CONSTITUTIONNALITÉ DES LOIS ET DES TRAITÉS

SECTION I : AUTORITÉ S'ATTACHANT AUX DÉCISIONS DE LA COUR CONSTITUTIONNELLE

En vertu des articles 92, 96 et 99 de la Constitution la décision de la Cour constitutionnelle, ayant primauté sur celles des autres ordres juridictionnels, est « *sans recours et s'impose aux pouvoirs publics et à toutes les autorités administratives, militaires et juridictionnelles, ainsi qu'à toute personne physique ou morale*. Cette autorité s'attache au dispositif des décisions, ainsi qu'aux motifs qui en constituent le soutien nécessaire.

La décision de la Cour tranche-t-elle exhaustivement la conformité d'un texte à la Constitution ?

Pour répondre à cette question, il y a lieu de distinguer selon que les textes font l'objet ou non d'un examen exhaustif.

a) Les sept types de traités énoncés dans l'alinéa 2 de l'article 149 de la Constitution, toutes les lois organiques et la modification du règlement de l'assemblée parlementaire font l'objet d'un contrôle exhaustif de constitutionnalité.

Ainsi, lorsque la Cour se prononce au titre des articles 150 et 151, c'est-à-dire sur la conformité d'un traité à la Constitution, la Cour a le devoir d'explorer toutes les pistes comportant une possibilité de conflit entre le traité et la Constitution.

Pour éclairer le pouvoir constituant, la Cour constitutionnelle devrait précisément et explicitement désigner les dispositions qui feraient obstacle à la ratification.

Les différents éléments de cette analyse sont le soutien nécessaire du constat auquel parvient la Cour.

b) S'agissant des lois ordinaires, la Cour se prononce sur les dispositions contestées, sans n'être aucunement liée par les moyens soulevés, ainsi que sur les dispositions qu'il soulève d'office.

Quelles dispositions soulève-t-elle d'office ?

Il n'y a aucune règle en la matière, ou seulement des règles empiriques : le pouvoir d'évocation d'office de la Cour sera fonction de l'ampleur du texte, de ses difficultés techniques, de l'encombrement du rôle, de la gravité des questions éludées par les requérants ou de l'opportunité pédagogique, appréciée souverainement par la Cour, de relever d'office telle ou telle question.

Quelle est alors la portée de la décision de la Cour sur la conformité à la Constitution des dispositions d'une loi ordinaire non contestées et non soulevées d'office ?

En général, la règle en la matière confine la Cour à affirmer que les dispositions contestées ne sont pas contraires à la Constitution, sans préjuger la conformité de celles que les requérants n'ont pas explicitement querellées d'inconstitutionnalité.

Mais faire l'inverse ne serait-il pas une transgression du principe de réalité ?

Lorsque sont contestées, plusieurs années après leur édiction, des dispositions que les requérants n'avaient pas initialement critiquées et que la Cour n'avait pas examinées d'office, rien n'interdit que leur conformité à la Constitution soit à nouveau contrôlée à l'occasion de leur modification par une loi postérieure, puisque la Cour dispose du pouvoir d'apprécier la constitutionnalité d'une loi promulguée à l'occasion de dispositions législatives qui en affectent le domaine d'application.

S'agissant des dispositions effectivement examinées par la Cour, la décision de la Cour constitutionnelle a une double autorité :

- autorité morale que les articles 92, 96 et 99 de la Constitution attachent à sa jurisprudence, d'abord ;
- l'autorité juridique qui s'attache, en vertu des dispositions des mêmes articles de la Constitution, au dispositif des décisions de la Cour ainsi qu'aux motifs qui en sont le soutien nécessaire.

SECTION II : LES RÉSERVES D'INTERPRÉTATION

Les réserves d'interprétation sont une technique non prévue par les textes et purement prétorienne, par laquelle la Cour constitutionnelle agit directement sur la substance normative de la loi, afin de la mettre en harmonie avec les exigences constitutionnelles.

Confrontée à l'alternative « '***conforme/non-conforme*** »', la technique prétorienne des réserves d'interprétation permet au juge de se donner un large espace de manœuvre, en déclarant une disposition conforme à condition qu'elle soit interprétée ou appliquée de la façon indiquée par lui.

Le dispositif de chaque décision, dans laquelle la Cour formule des réserves, rappelle que les dispositions de la loi déclarées conformes à la Constitution ne le sont que « **sous les réserves ci-dessus indiquées** ». Cette mention souligne que les réserves bénéficient d'une autorité absolue et erga omnes.

Elles constituent, en effet, le soutien nécessaire d'une décision rendue dans le cadre d'un contrôle de constitutionnalité « abstrait », c'est-à-dire indépendant de tout litige concret né, entre particuliers, de l'application de la loi en cause.

Bien plus, les réserves n'ont de sens que pour autant qu'elles guident la solution des litiges nés ultérieurement de l'interprétation ou de l'application de la loi.

Le juge chargé de l'application de la loi doit avoir présent à l'esprit que, lorsque la Cour émet telle réserve sur une disposition législative, il ne permet pas sa promulgation. Dès lors, la réserve s'incorpore à la loi, entendu qu'une disposition législative, ayant fait l'objet d'une réserve d'interprétation, n'existe dans l'ordre juridique que pour autant que la réserve est suivie d'effets.

L'existence des réserves comporte des bénéfices pour toutes les parties au procès de constitutionnalité, ainsi que pour le juge lui-même ; quoique « *valider et interpréter ne vaut* ».

La loi étant un « *faisceau de possibles* », les réserves sont légitimes parce qu'elles permettent à la Cour de déceler, pour les interdire, ceux des *scenarii* d'application de la loi qui se heurtent à des exigences constitutionnelles. S'agissant du juge ordinaire, les réserves encadrent sa jurisprudence sans l'étouffer.

Elles apportent surtout un « plus » du point de vue de la sécurité juridique et de la bonne administration, en réglant en amont des questions d'application de la loi qui sont de nature constitutionnelle. Enfin, elles maintiennent l'unité de la jurisprudence.

CHAPITRE XI

LE CONTROLE DES ÉLECTIONS

La fonction contentieuse électorale de la Cour Constitutionnelle est la fonction majeure dans la mesure pertinente où elle lui assure une vie épisodique, au cours de laquelle elle polarise, le temps d'un processus électoral, l'attention de la communauté nationale internationale. Trois contentieux donnent consistance à cette fonction, à savoir :

a. le contentieux de l'élection présidentielle,
b. le contentieux des élections législatives,
c. le contentieux des consultations référendaires.

Le contentieux électoral, dont l'objet est de vérifier la régularité des actes et la validité des résultats des élections, peut se concevoir comme l'opération visant à régler les litiges qui mettent en cause la régularité des processus électoraux. Il s'entend de l'ensemble des litiges relatifs aux élections et susceptibles d'être soumis aux juridictions compétentes, en vue de s'assurer que les résultats reflètent bien le choix des électeurs, car une élection serait dépourvue de toute authenticité si sa régularité ne pouvait être contestée devant les juridictions compétentes.

L'adage juridique latin **Fraus omnia corrompit**, selon lequel « *la fraude corrompt tout.* » Comporte la vertu de garantir la loyauté des rapports juridiques et le principe de bonne foi, entendu que la **fraude implique la volonté de nuire (« *consilium fraudis* ») par des manœuvres perverses** qui vicient et entrainent la nullité de tout droit acquis par son fait et à tout moment.

La Cour a pour mission de veiller à la régularité et la sincérité desdites élections, intervenant aussi bien à la phase préélectorale que post électorale, elle veille sur l'ensemble des opérations électorales des élections nationales sans pour autant avoir une compétence contentieuse exclusive, notamment à la phase préélectorale.

La Constitution, le Code électoral et la loi organique L/2011/006/CNT ont confié à la Cour Constitutionnelle, qu'ils ont érigée en autorité incontestable, le contentieux électoral, qui met en scène les principaux acteurs de la vie politique pour la conquête pouvoir d'État et la gestion des affaires publiques.

Par contrôle des élections, il faut entendre, non pas l'intervention de la Cour Constitutionnelle dans les opérations de préparation et d'organisation des élections, mais plutôt la vérification de la conformité du déroulement du processus électoral aux règles constitutionnelles en vigueur. À ce titre, la Cour Constitutionnelle est compétente pour les catégories d'élections identifiées plus haut.

SECTION I : LA DÉTERMINATION DES ÉLECTIONS SOUMISES AU CONTRÔLE DE LA COUR CONSTITUTIONNELLE

En matière électorale, les textes sont clairs : les contentieux des opérations préparatoires, en vertu des articles 14, 15, 26, 27 du Code électoral et le contentieux des élections locales, articles 120, 122 du Code électoral, étant admis que ces élections ont un caractère administratif, relèvent, *ratione matriae,* des juridictions de première instance.

Il faut, toutefois, préciser qu'en ce qui concerne les élections régionales, il n'existe pas, au moment de mettre ce texte sous presse, de dispositions relatives aux contentieux naissant de leurs opérations.

Restent les élections nationales, élections à caractère politique. Leur contrôle est attribué à la Cour Constitutionnelle, tant en ce qui concerne l'élection du Président de la République que les élections législatives et la consultation référendaire.

La Cour exerce sa fonction contentieuse, tant en amont qu'en aval du scrutin. En amont, la Cour est juge de l'éligibilité ainsi que des contestations relatives au déroulement de la campagne, aux sigle, couleur et symbole adoptés par un candidat. Elle est également juge du contentieux de l'acceptation ou du rejet des candidatures.

Il s'ensuit que la cour ne connait pas du contentieux préélectoral, notamment celui relatif à l'établissement des listes électorales, des cartes électorales et leur distribution.

Sa compétence couvre d'autres contentieux préélectoraux, notamment ceux relatifs aux élections nationales.

Le contentieux de l'éligibilité porte sur l'ensemble des conditions à remplir par tout candidat en tant qu'individu et citoyen, article 29, 60, alinéa 3, 61 de la constitution et 129 du code électoral. L'inéligibilité peut être constatée par la Cour à tout moment du processus électoral, mais la logique commande de la situer après la publication de la liste des candidats retenus par la Cour. Il est alors partie intégrante du contentieux des candidatures, avec cette précision que le Code électoral n'a pas limité le contentieux propre de l'éligibilité dans le temps.

Sur ce principe, il est logique que la Cour ait reçu de la constitution compétence pour connaitre d'un recours en inéligibilité effectué post proclamation des résultats, même pendant le mandat d'un élu. Ce recours est d'autant plus possible qu'il est ouvert à toute personne intéressée.

L'on ne peut qu'espérer que la jurisprudence future de la Cour constitutionnelle nous situe à ce sujet.

Le contentieux du droit de vote est lié à la capacité électorale. Si l'article 1er du Code électoral, reprenant l'alinéa 3 de l'article 2 de la constitution guinéenne, dispose : « *le suffrage est universel, direct, égal et secret* », il convient de noter que la capacité électorale est attribuée par l'article 3 de la loi n° L/2017/039/AN du 24 février 2017 portant code électoral qui dispose que : « *Sont électeurs tous les Guinéens âgés de 18 ans révolus au jour de la clôture de la liste électorale, jouissant de leurs droits civils et politiques, nonobstant les dispositions du Code civil en la matière et n'étant dans aucun des cas d'incapacités prévus par la loi en vigueur* ».

Il ressort de cette disposition qu'excepté les restrictions établies par la loi, notamment celles des articles 4 et 5 du Code électoral, tout citoyen est électeur.

Ici, la capacité électorale s'analyse au regard de la jouissance d'un droit et pose aussi la question d'état de personne (situation juridique, existence) aspirant à la jouissance de ce droit. Le contentieux y relatif tombe dans le domaine du régime de droit commun de la capacité et de l'état des personnes. C'est un contentieux de droit civil et appartient au juge judiciaire et plus précisément au tribunal de première instance.

L'objet du contentieux des candidatures porte sur l'acceptation ou le rejet d'une candidature par la Commission électorale nationale indépendante (CENI), articles 112, 145 à 147 du code électoral. Les raisons de l'acceptation ou du rejet sont diverses : soit la candidature a été acceptée, mais contestée par un tiers, soit elle a été rejetée pour des raisons que l'on peut qualifier de fantaisistes. Dans tous les cas, les candidats qui s'estiment injustement écartés de la compétition peuvent contester cette décision devant les instances habilitées.

Les contestations dirigées contre les concurrents tirent leurs sources de plusieurs facteurs que nous analysons ci-dessous.

À propos de la limitation des emblèmes, symboles ou signes distinctifs, l'article 120 du Code électoral est, on ne peut plus, clair sur la question : « Un candidat ou une liste de candidats ne peut utiliser un titre, un emblème, un symbole ou un signe déjà utilisé par un autre candidat ou une liste de candidats ».

La distinction des signes répond à la nécessité de circonscrire et d'éviter toute confusion dans l'esprit des électeurs. La compétition électorale ressemble à plusieurs égards à une conquête de la clientèle que se livrent les entreprises commerciales. C'est pourquoi elle doit se faire dans la loyauté.

En effet, s'il advient qu'un candidat est concurrencé dans les signes distinctifs qu'il a choisis (la couleur du bulletin de vote, les sigles et abréviations, les symboles) il peut porter réclamation tendant à faire cesser cet acte déloyal susceptible de créer la confusion dans l'esprit des électeurs.

S'agissant de l'atteinte à l'honneur et à la considération d'un concurrent, la compétition électorale postule le libre choix des électeurs à la lumière des programmes politiques présentés par les différents candidats. Ce qui suppose que les efforts de communication de ceux-ci doivent tendre à faire connaître les motivations réelles de leur candidature. Cependant, on assiste pendant les campagnes électorales à plusieurs dérives.

La Cour saisie se prononce sur la décision de la CENI quant à la régularité du rejet ou de l'acceptation. Il s'ensuit deux conséquences. S'agissant de la première, le candidat, dont la candidature a été rejetée, ne peut soulever de contestation contre une candidature acceptée. La seconde confine à limiter la contestation sur la candidature rejetée. Du reste, l'objet de ce contentieux qui est l'éligibilité du candidat porte, en réalité, sur la conformité aux règles régissant la déclaration de candidature, la constitution du dossier de candidature et le dépôt de la candidature.

Les emblèmes, symboles ou signes jouent un rôle considérable dans la conquête de l'électorat. Dans les zones où le taux d'analphabétisme est élevé, ils constituent l'unique référence des électeurs. D'où la nécessité pour les candidats de les distinguer pour éviter tout amalgame. En la matière, la loyauté doit être de mise. Mais il peut advenir que plusieurs candidats adoptent les mêmes emblèmes, symboles ou signes distinctifs. Ce qui donne naturellement lieu à des contestations qui peuvent aller jusque devant le juge des élections.

Le contentieux assez particulier des sigles, couleur et symbole sont d'ordre éthique plutôt que politique, parce qu'il vise la sincérité et la clarté du vote des électeurs qui doivent attribuer leur voix au candidat de leur choix, sans risque d'erreur dans la personne. Ce contentieux s'ouvre seulement après la publication de la liste des candidatures, rendant ainsi impossible de saisir la Cour avant que la liste des candidats ait été définitivement arrêtée et publiée. Sera donc vaine, la saisine de la Cour sur la base d'une simple présomption qui pourrait émaner d'une lutte entre partis politiques issus d'un parti unique initial et revendiquant chacun l'héritage du parti mère et de ses symboles, comme ce fut le cas du litige au sein de l'UFDG, lors des élections communales de février 2018.

Bon nombre de candidats s'en prennent à l'honneur et à l'image de leurs concurrents au lieu de présenter la pertinence de leur projet de société ou de leur programme politique.

Dans un contexte où la plupart des électeurs s'identifient aux différents candidats sur la base de critères subjectifs (appartenance à la tribu, au clan, à la religion ou à la région), de tels dérapages sapent les bases mêmes de la démocratie qui prescrit le *vouloir-vivre ensemble* dans le respect de la diversité, de l'ipséité[129] et de l'isonomie[130].

Les atteintes à l'honneur et à la considération d'un concurrent, même si elles ne sont pas expressément réprimées par le Code électoral, peuvent donner lieu à des réclamations. Aussi, pour les prévenir, importe-t-il d'adopter un code de conduite dans lequel les candidats et, au-delà, les acteurs politiques conviennent de s'abstenir de tout propos de nature à perturber le bon déroulement des opérations électorales et à contester dans la loyauté les imperfections constatées.

Les contestations relatives à la campagne électorale peuvent aussi être dirigées contre l'administration électorale tenue d'assurer aux différents compétiteurs l'égalité ou l'équité de traitement.

Tout manquement de la part de l'administration, susceptible de léser un candidat au profit des autres, peut donner lieu à contestation.

---

[129] Ce qui constitue l'individualité d'un être en tant qu'il est lui-même et différent des autres

[130] Fait d'être soumis aux mêmes lois

Il en va ainsi de l'impartialité. Le plus souvent, les contestations contre l'administration électorale prennent source dans les entraves administratives faites aux réunions et manifestations, à la libre circulation des caravanes électorales et à l'accès aux médias publics.

Les entraves à la libre circulation des compétiteurs peuvent résulter des interdictions édictées par l'administration ou, du moins, par quelques administrateurs zélés : interdiction d'accéder à certains sites ou certaines zones, refus d'assurer l'ordre et la quiétude des manifestations, exigence d'une autorisation expresse de l'administration pour tenir des meetings, etc.

Toutes ces entraves peuvent être contestées devant l'autorité compétente en matière électorale.

En ce qui concerne l'accès aux médias publics[131], les entraves peuvent être la censure de communiqués de presse, le refus de couvrir les manifestations électorales d'un candidat, quel qu'il soit, un temps d'antenne moindre que celui des concurrents, etc. Tous ces faits sont contraires aux dispositions des articles 56 à 61 du Code électoral et fondent le candidat victime à saisir la Cour constitutionnelle aux fins de rétablir l'égalité.

La présentation aux élections est soumise à de nombreuses obligations destinées à assurer l'égalité des candidats, l'égalité et la liberté de choix des électeurs et la sincérité du scrutin.

La période de la campagne électorale permet aux candidats de présenter leur programme politique et de confronter leurs projets de société. Certains moyens et actes de communication sont précisément admis par le Code électoral, d'autres, en raison de l'évolution des nouvelles technologies, sont assimilés aux pratiques traditionnelles. Ils sont tous susceptibles de servir d'argument à une éventuelle contestation des résultats futurs.

L'un des éléments essentiels du déroulement des campagnes électorales réside dans **l'accès aux médias audiovisuels, qui** représentent un moyen de communication incontournable. Selon les articles 1er, 40 et 43 de la loi L/2010/003/CNT, 58, 59 et 61 du code électoral, la Haute Autorité de la Communication (HAC) doit assurer la possibilité aux différents partis et/ou candidats de délivrer leur message et de bénéficier d'une égalité de traitement, dans le respect du pluralisme électoral.

---

[131] Code électoral, articles 56 à 61

Durant la période qui s'étend de la date de publication au ***Journal officiel*** de la liste des candidats à la veille de l'ouverture de la campagne officielle, la règle d'égalité des temps de parole est renforcée par le principe d'équité, quant à l'animation du débat électoral. `

La campagne doit aussi être loyale. À ce sujet, la Cour constitutionnelle déclare[132] : « *considérant qu'aux termes de l'article 61 de la loi organique L/2010/001/CNT du 24 mai 2010 révisant la loi organique L/95/011/CTRN du 12 mai 1995, portant code électoral, « 'soit d'office, soit à la requête de la Haute Autorité de la Communication (HAC) après avis de la CENI, la Cour constitutionnelle peut suspendre la diffusion d'une émission de la campagne officielle dans les vingt-quatre heures à compter de la réalisation de cette émission, si des propos tenus relèvent d'un manquement grave aux obligations qui résultent pour les partis politiques de l'article 1er de la Constitution, notamment en ce qui concerne le respect :*

- *du caractère républicain, laïc et démocratique de l'État ;*
- *de l'égalité des citoyens sans distinction d'origine, de race, de religion ou d'opinion*
- *des institutions de la République ;*
- *de l'indépendance nationale, de l'intégrité du territoire et de l'unité de l'État ;*
- *de l'ordre public et des libertés...............*

« Considérant que cet élément audiovisuel contient des propos qui sont complètement dissociés et détournés du contexte de la campagne électorale de l'élection présidentielle du 11 octobre, ce en violation de l'article 4 de la loi L/2010/003/CNT du 27 juin 2010 ;

qu'il y a là un effet de manipulation qui vise à utiliser l'espace de la campagne électorale à des fins politiques inavouées et qui est de nature à créer un risque réel et sérieux de trouble à l'ordre public, ce en violation de l'article 61 du code électoral........ »

Par ailleurs, on peut rappeler que le traitement audiovisuel des campagnes électorales ne se limite pas au respect du seul principe du pluralisme politique ; en effet, les textes prévoient également d'autres dispositions telles que l'interdiction permanente des publicités à

[132] Arrêt № AE 03 du 23/09/2015 aux fins d'interdiction de la diffusion d'une émission de la campagne officielle

caractère politique, de faire état de tout sondage la veille et le jour du scrutin ou, encore, de communiquer tout résultat, partiel ou définitif, avant la fermeture du dernier bureau de vote.

Passés les contentieux préélectoraux, la Cour intervient en aval de l'élection pour juger des contestations afférentes au scrutin. C'est le contentieux post électoral.

Le contentieux post électoral des élections nationales est l'apanage exclusif de la Cour, il consiste pour cette juridiction de se prononcer sur la régularité de l'élection[133], qui peut aboutir à la reformation des résultats ou à une annulation totale ou partielle de l'élection. La Cour vérifie alors le déroulement du scrutin dans son ensemble dans une ou plusieurs localité(s) sur saisine d'un requérant habilité. Ces vérifications portent sur plusieurs éléments qui, non respectés, affectent plus ou moins considérablement la régularité de l'élection, qu'elle soit présidentielle ou même parlementaire d'ailleurs.

Le contentieux des élections législatives porte à la fois sur l'élection des députés et se compose d'un contentieux préélectoral et d'un contentieux post électoral. Cette fonction contentieuse de la Cour est très proche de celle mise en œuvre dans le contentieux de l'élection présidentielle. Il se décline en contentieux de l'éligibilité, contentieux des candidatures, contentieux des sigles, couleurs et symbole.

Cependant, elle présente une différence principale d'avec l'élection présidentielle, en ce qu'elle se fait, pour les deux tiers, au scrutin de liste à la proportionnelle, avec pour circonscription électorale le territoire national et, pour un tiers, au scrutin uninominal à un tour, avec pour circonscription électorale les préfectures[134]. C'est dans ces différences que résident ses spécificités par rapport au contentieux de l'élection présidentielle et l'originalité de la fonction contentieuse de la Cour.

L'analyse du contentieux préélectoral montre une certaine particularité relativement au contentieux de l'éligibilité. En effet, quatre données le démontrent. L'âge tout d'abord, qui est fixé à 25 ans[135] révolus au jour du scrutin et l'obligation pour les députés de rester éligible tout au long de leur mandat. La Cour statue sur

---

[133] Loi L/2010/006/CNT du 10 mars 20010, articles 28, 81 et 84 ; Constitution, article 33 alinéa 2, 62 et 93

[134] Loi L/2010/006/CNT du 10 mars 20010, article120

[135] Constitution, article 60, alinéa 3

l'éligibilité des députés dans les trois jours de sa saisine par toute personne intéressée.

Le contentieux des candidatures revêt, lui, une certaine spécificité dans la mesure où contrairement à l'élection présidentielle qui se fait au scrutin uninominal, celle des députés se fait au scrutin de liste à la proportionnelle, basée sur le plus fort reste. Ainsi, les déclarations de candidature ne sont pas individuelles, mais collectives[136].

Chaque parti doit, dans le cadre d'une circonscription électorale, produire une déclaration de candidature pour l'ensemble de ses candidats postulant à l'élection à venir. Tous les candidats doivent dont être en conformité avec les exigences de la loi, faute de quoi la liste et l'ensemble de ses candidatures seront rejetés. La Cour contrôle minutieusement la régularité de chaque candidat présent sur une liste déférée à son examen. Il contrôle tout particulièrement le respect des exigences relatives au genre et à la représentativité des composantes sociologiques.

Le contentieux des sigles, couleurs et symboles ne présente aucune particularité, il s'agit de s'assurer que chaque liste de candidat a son bulletin de vote et ses affiches frappés aux couleurs, sigles et symboles de son parti politique afin qu'il soit aisément identifiable par ses militants. Le requérant habilité doit saisir la Cour deux jours au plus suivant la publication des listes de candidature à l'élection législative.

Le contentieux post électoral de l'élection législative est parfaitement identique dans son objet et son but à celui de l'élection présidentielle. Il s'agit pour la Cour de vérifier la régularité des opérations électorales menées le jour du scrutin.

Aussi, c'est une fonction contentieuse de la Cour qui n'est pas des plus exubérantes, bien qu'elle ne soit pas inutile. Elle s'articulera, comme pour les autres élections, autour d'un contentieux préélectoral et d'un contentieux post électoral.

Dans tous les cas, ledit contentieux post électoral vise la vérification de la régularité des opérations électorales et peut conduire à une annulation totale de l'élection dans une circonscription électorale. Quid des consultations référendaires ?

3) Le contentieux des consultations référendaires

---

[136] Loi L/2010/006/CNT du 10 mars 2010 , article 142 à 147

Un référendum ne met pas en confrontation directe deux ou plusieurs partis visant un siège électif. La fonction contentieuse en matière référendaire va se déployer à la phase préréférendum et post référendum de la consultation.

La Constitution dispose : « ***Article 51 :*** *Le Président de la République peut, après avoir consulté le Président de l'Assemblée nationale, soumettre à référendum tout projet de loi portant sur l'organisation des pouvoirs publics, sur la promotion et la protection des libertés et des droits fondamentaux, ou l'action économique et sociale de l'État, ou tendant à autoriser la ratification d'un traité.*

Il doit, si l'Assemblée nationale le demande par une résolution adoptée à la majorité des deux tiers des membres qui la composent, soumettre au référendum toute proposition de loi portant sur l'organisation des pouvoirs publics ou concernant les libertés et les droits fondamentaux.

Avant de convoquer les électeurs par décret, le Président de la République recueille l'avis de la Cour Constitutionnelle sur la conformité du projet ou de la proposition à la Constitution.

En cas de non-conformité, il ne peut être procédé au référendum.

La Cour Constitutionnelle veille à la régularité des opérations de référendum. Lorsque le référendum a conclu à l'adoption du projet ou de la proposition, la loi ainsi adoptée est promulguée dans les conditions prévues à l'article 78".

Il découle de cette disposition qu'à sa phase précédant le scrutin, la Cour va connaitre de deux contrôles. Le premier portera sur l'examen de l'objet du référendum. En effet, aux termes de l'article 51, le Président de la République, tout comme l'Assemblée nationale, n'a compétence à soumettre à référendum qu'une loi portant sur les matières suivantes :

1. l'organisation des pouvoirs publics ;
2. la promotion et la protection des libertés et des droits fondamentaux ;
3. l'action économique et sociale de l'État ;
4. l'autorisation de ratification d'un traité ou accord international.

D'abord, la constitution ayant délimité le champ de compétence du Président de la République, ou de l'Assemblée nationale, le contrôle de la Cour va porter d'abord sur l'objet de la loi à soumettre au référendum. Au cas où la matière ne figure pas parmi celles pour lesquelles la Constitution a dévolu compétence au Président de la République, ou à l'Assemblée nationale pour recourir au référendum, bien évidemment la Cour en constatera la non-conformité.

Ensuite, la phase post-référendaire, qui ne connait que du contentieux de la régularité des opérations de vote, s'ouvre dès la clôture des opérations référendaire.

Seules certaines autorités, auxquelles la Constitution reconnait le droit d'initiative des lois, peuvent saisir la Cour en contestation de la régularité des opérations référendaires. Dans tous les cas, la fonction contentieuse de la Cour s'exerce à travers le respect de la procédure en vigueur.

En tout état de cause, le Président de la République recueille l'avis de la Cour Constitutionnelle sur la conformité du projet ou de la proposition à la Constitution. Comme on peut le lire dans la disposition constitutionnelle visée plus haut, en cas de non-conformité du projet, il ne peut être procédé au référendum.

1. CONTRÔLE DE L'ÉLECTION PRÉSIDENTIELLE

Les articles 33 et 93, alinéa 2 de la Constitution, 18, 28 à 31 et 82 de la loi L/2011/006/CNT relative à la Cour constitutionnelle, 156 du Code électoral (loi/L/2017/039/CNT du 24 février 201) confient à la Cour Constitutionnelle la connaissance du contentieux de l'éligibilité et de celui de l'élection présidentielle.

Au titre du contentieux de l'éligibilité, la saisine de la Cour Constitutionnelle relève des candidats ou des formations politiques qui détiennent le monopole de la présentation des candidatures aux élections nationales[137].

En ce qui concerne le contentieux de la présentation des candidatures, le droit de réclamation est ouvert par les articles 146 et 147 du code électoral à toute partie intéressée engagée dans ladite élection dans les 48 heures (le candidat ou son représentant).

La Cour Constitutionnelle statue dans les 48 heures.

Le décès ou l'empêchement définitif d'un candidat à l'élection présidentielle figurant sur la liste prévue à l'article 29 de la Constitution entraine la réouverture, en vertu de l'article 30 de la constitution, des délais pour de nouvelles candidatures à déposer,

[137] Constitution, article 3, 29 et 61

conformément à l'article 29 de la Constitution et 29, alinéa 4 de la loi L/2011/006/CNT.

L'article 184 du code électoral donne droit à tout candidat au scrutin, dans les conditions et délais fixés par l'article 33, alinéa 2 de la constitution, de contester la régularité des opérations électorales. La forme et toutes les conditions de recevabilité de la requête à adresser à la cour sont indiquées dans les articles 185 et 186. L'article 187 impose à la cour le délai de trois jours pour statuer.

Il doit être précisé que c'est ici que le terme de contrôle prend son sens véritable, car les articles 33 de la constitution, 153 du code électoral et 82 de la loi L/2011/006/CNT portent le rôle de la Cour Constitutionnelle au-delà de la connaissance du contentieux de l'élection. En effet, ces dispositions confient à la Cour Constitutionnelle le soin de proclamer les résultats définitifs de l'élection présidentielle. Ainsi, en dehors de tout contentieux, la Cour Constitutionnelle vérifie, contrôle la régularité et la sincérité du scrutin, et c'est sur cette base qu'elle proclame les résultats.

2. CONTRÔLE DES ÉLECTIONS LÉGISLATIVES

Conformément à l'article 62 de la Constitution, l'article 133 du Code électoral soumet les contestations liées aux candidatures aux élections législatives, prévues aux articles 153 à 157 du Code électoral, à la Cour Constitutionnelle.

Cette juridiction est compétente en matière :

- d'inéligibilité (article 131) ;
- de contestation des listes de candidature (article 147) ;
- de régularité des opérations électorales et de déclaration des Députés définitivement élus.

Les articles 81 et 82 de la loi L/2011/006/CNT relatives à la Cour constitutionnelle précisent sa compétence sur la régularité des élections législatives dont elle proclame les résultats définitifs.

Quant à l'article 83 de cette loi, il définit les attributions consultatives de la Cour sur toute initiative et sur l'organisation des opérations de référendum d'initiative parlementaire, pendant que l'article 84 pose le principe du maintien ou de l'annulation des élections par le juge électoral.

Les contentieux relatifs aux élections législatives sont examinés et tranchés par la Cour Constitutionnelle (articles 154 à 156).

SECTION II : LES MÉTHODES DU JUGE

Si la Cour Constitutionnelle, en matière de contrôle de constitutionnalité, confronte des actes juridiques, l'intervention du juge électoral devient plus complexe quand elle concerne le contentieux de l'éligibilité et celui de la déchéance à l'occasion desquels la Cour Constitutionnelle confronte la situation juridique de celui dont l'éligibilité est contestée à la règle de droit en vigueur.

Des raisons diverses peuvent conduire la Cour Constitutionnelle à décider de ne pas s'en tenir aux pièces produites par les requérants. Alors, une de ses sections diligente une enquête de terrain destinée à déterminer la matérialité et l'évidence des faits[138].

DÉSIGNATION DES REPRÉSENTANTS DE LA COUR

La Cour Constitutionnelle, face au contentieux de l'élection, met les faits à l'épreuve du droit pour mesurer le degré de conformité du déroulement des opérations électorales aux exigences de régularité et de sincérité énoncées par les textes en vigueur. Dans ce sens, la Cour combine la prise en compte des procès-verbaux qui lui sont transmis par la Commission électorale indépendante avec le recours aux témoignages ou aux rapports établis par ses délégués.

Parmi les moyens de contrôle de la régularité des élections, que la loi[139] octroie à la Cour, figure la désignation de ses délégués, en l'occurrence les Magistrats de l'ordre judiciaire « *pour suivre sur place les opérations électorales*[140] ».

Deux questions se posent. Ces délégués produisent-ils un rapport ? Dans le cas où la réponse serait affirmative, quelle serait la valeur pondéreuse de ce document, quant à l'analyse que la Cour ferait lorsqu'elle confronterait les divers éléments de preuve soumis à son examen ?

Ces délégués, qui auront suivi les élections sur place, seront-ils objectifs dans l'appréciation des Procès-verbaux des Bureaux de vote lorsqu'ils présideront les Commissions administratives de centralisation des votes ?

---

[138] LO N° L/2011/006/CNT du 10 mars 2011, article 72, 78 et 79

[139] Art. 28 al.2 LO N° L/2011/006/CNT du 10 mars 2011

[140] Art. 29 al. LO N° L/2011/006/CNT du 10 mars 2011

SECTION III : LES POUVOIRS DU JUGE CONSTITUTIONNEL

1. En matière électorale

La saisine de la Cour constitutionnelle se déroule conformément aux articles 69 à 74 de la Loi organique N° L/2011/006/CNT du 10 mars 2011 et la question de la recevabilité du recours une fois résolue, les pouvoirs de la Cour Constitutionnelle dépendent de l'objet du contentieux. Lorsque le contentieux porte sur l'éligibilité, les prérogatives de la Cour Constitutionnelle se limitent à déclarer le candidat éligible ou inéligible. Quand la demande est relative à la déchéance, pour laquelle la saisine peut être faite durant toute la législature, la Cour constitutionnelle soit prononce la déchéance, soit constaté qu'il n'y a pas lieu à déchoir l'élu de son mandat de député.

De très larges pouvoirs, se rapportant au contentieux de l'élection, sont attribués à la Cour Constitutionnelle, qui peut, en effet, confirmer ou annuler l'élection du Président de la République ou du député.

Cette faculté de la Cour laisse entrevoir deux hypothèses. Dans la première, les irrégularités alléguées ne sont pas établies. Dans la seconde hypothèse, les irrégularités constatées ayant donné lieu à des annulations partielles et à des redressements ne sont pas de nature à modifier les résultats d'ensemble.

La Cour Constitutionnelle dispose également de la faculté de réformer les résultats des élections législatives et proclamer le candidat qui a été régulièrement élu.

Enfin, les textes constitutionnels et légaux attribuent à la Cour Constitutionnelle la compétence pour annuler l'élection, lorsqu'il est établi que des irrégularités graves ont affecté de manière déterminante (théorie de l'influence décisive) le scrutin au sens de sa régularité et de sa sincérité.

2. En matière de séparation des Pouvoirs

La Constitution attribue à la Cour Constitutionnelle de veiller au respect, par les diverses institutions constitutionnelles, des fonctions spécifiques et activités spécialisées qu'elle leur a dévolues.

L'article 35[141], conformément à l'alinéa 4 de l'article 93 de la Constitution, alloue à la Cour la charge de veiller « *à la séparation et à l'équilibre des pouvoirs afin que ni l'Exécutif, ni le Législatif, ni*

[141] loi L/2011/006/CNT

aucune institution constitutionnelle ne s'arrogent des prérogatives non conférées par la Constitution ».

En cas de désaccord, survenu avant la troisième année de législature entre *l'Exécutif et le Législatif*, la Cour tranche le litige en vertu des 92 de la Constitution et 35 de la loi[142]

L'article 56[143] ouvre à la partie la plus diligente la faculté de saisir la Cour en raison de la survenance d'un conflit de compétence. Elle doit statuer dans les quinze (15) jours[144].

Lorsqu'une norme législative est contestée, pour conflit de compétences, la Cour constitutionnelle statue par la voie d'un arrêt, qui peut annuler la norme contestée en tout ou en partie.

3. **Fonction de constatation**

La Cour constitutionnelle est investie du rôle de constatation dans les cas suivants :

- Empêchement définitif du Président de la République pour cause de maladie grave et durable, la Cour réunie en assemblée plénière « *constate la réalité de cet empêchement et propose à l'Assemblée nationale de déclarer l'État d'empêchement »'*[145] *;*
- Vacance définitive de la Présidence de la République pour cause de santé, de décès ou de démission ou destitution.

Dans tous les deux cas, la Cour Constitutionnelle « *statue à la majorité absolue des membres la composant »'.*

4. **Fonction consultative**

En vertu de l'article 90 de la Constitution, l'article 33 de la loi L/2011/006/CNT énumère les cas dans lesquels la Cour est consultée par le Président de la République :

- ✓ Avant l'instauration de l'État d'urgence ou de l'État ;
- ✓ Avant la déclaration de guerre et la signature des Accords d'armistice et traités de paix ;
- ✓ Tout le long des situations exceptionnelles
- ✓ Révision constitutionnelle[146] ;
- ✓ Pour la mise en œuvre des articles 40 à 43 de la Constitution pendant la période de vacance de la Présidence de la République ;

[142142] loi L/2011/006/CNT

[143] La loi L/2011/006/CNT

[144] Art.64 de la loi L/2011/006/CNT

[145] Voir articles 40 et 41 de la Constitution,

[146] En application des articles 51 et 152 de la Constitution

- ✓ Sur les projets de Lois et d'Ordonnance qui lui sont soumis par l'Exécutif et les propositions de loi soumises par l'Assemblée nationale ;
- ✓ Sur les projets de lois à soumettre à référendum[147] ;

Les avis consultatifs ne lient pas le Président de la République, mais il connait l'avis de la Cour à l'avance, au cas où la matière pourrait être soumise ultérieurement au contrôle de celle-ci.

---

[147] Conformément à l'article 51

CHAPITRE XII

L'INDÉPENDANCE DE LA COUR CONSTITUTIONNELLE

La Cour constitutionnelle dispose d'un statut constitutionnel protecteur et jouit d'une autonomie plurielle qui est le complément indispensable de son indépendance. Celle-ci est, en outre, largement reconnue par les autres pouvoirs publics constitutionnels

SECTION I : UN STATUT PROTECTEUR DE L'INSTITUTION ET DE SES COMPÉTENCES

Le statut constitutionnel de la Cour constitutionnelle lui assure une réelle indépendance contre l'immixtion des autres pouvoirs constitués. Le Titre VI de la Constitution, qui comporte les articles 93 à 106, lui est entièrement consacré.

Il fixe des règles essentielles relatives à l'institution, telles que :

- sa compétence (article 93 et 94) ;
- le contrôle de constitutionnalité des lois (articles 93, alinéa 2 et 95) ;
- la régularité des élections nationales et des référendums (articles 93, alinéa 4) ;
- les délais de procédure (articles 96, alinéas 1er et 5 ; 97, alinéas 2 et 4 et article 98) ;
- l'effet de la déclaration d'inconstitutionnalité (article 96 alinéa 3) ;
- l'exception d'inconstitutionnalité d'une loi soulevée devant toute juridiction (article 96, alinéa 4) et le renvoi préjudiciel (article 96, alinéa 5) ;
- la Cour Constitutionnelle est juge des violations des droits fondamentaux et des libertés publiques (articles 93 96, alinéa 6) ;

- la primauté de la jurisprudence de la Cour en matière de droit de l'homme (article 96, alinéa 7) et l'effet de chose jugée (article 99) ;
- sa composition (article 100), la durée et le renouvellement du mandat de ses membres, leur inamovibilité et immunité (article 102) ;
- l'obligation de serment (article 103) ;
- le régime des incompatibilités entre les fonctions de membre de la Cour avec l'exercice de tout mandat électif, de tout emploi public, civil ou militaire, de toute activité professionnelle ainsi que de toute fonction de représentation nationale ;
- la vérification de la conformité à la constitution des engagements internationaux qu'elle prévoit à son article 149.

Ce Titre s'achève sur deux dispositions, l'une établissant le régime d'autonomie administrative, budgétaire et financière de la Cour constitutionnelle (article 105) et l'autre habilitant le Législatif et Exécutif à déterminer les règles d'organisation et de fonctionnement de la Cour, la procédure qui est suivie devant elle et notamment les délais ouverts pour sa saisine (article 106).

Il appert des dispositions du titre VI de la Constitution que le constituant a entendu garantir l'indépendance de la Cour constitutionnelle.

SECTION II : L'AUTONOMIE PLURIELLE AU SOUTIEN DE L'INDÉPENDANCE DE LA COUR CONSTITUTIONNELLE

L'autonomie d'une juridiction constitutionnelle s'entend de sa faculté d'auto-organiser sa procédure et les modalités de son fonctionnement. On distingue traditionnellement trois formes d'autonomie : l'autonomie administrative, financière et normative.

Ce triptyque permet de mesurer l'étendue de la maîtrise reconnue aux institutions constitutionnelles sur les règles de leur organisation et de leur fonctionnement. Ainsi que le soulignait le Doyen FAVOREU, l'autonomie administrative s'entend de la nécessité pour une institution juridictionnelle de disposer « *d'une administration interne autonome par rapport à celle qui dépend de l'exécutif ou du Législatif. Cela suppose donc l'existence d'un siège de l'institution distinct et séparé (...), d'un ensemble d'experts ou d'assistants et d'agents administratifs nommés et rémunérés directement par l'institution, de moyens techniques et bibliographiques adaptés aux missions de la juridiction* ». [148]

À cet égard, l'organisation interne de la Cour constitutionnelle[149] révèle l'autonomie de l'institution, ainsi qu'un mode de fonctionnement singulier. Les membres de la Cour sont épaulés dans leurs tâches de services communs que supervise le Secrétaire général, à savoir le service juridique, le service d'étude, de recherche et de documentation, le service des relations extérieures et le service administratif et financier.

De cette sorte, l'organisation administrative de l'institution ne dépend ni des services administratifs du Pouvoir exécutif, ni de ceux de l'Assemblée nationale.

De façon générale, le Président de la Cour constitutionnelle joue un rôle prépondérant dans l'organisation interne de l'institution. Il recrute librement le personnel nécessaire au fonctionnement de la Cour.

Le choix du Secrétaire général lui appartient même si celui-ci est formellement nommé par décret du Président de la République. En pratique, le Secrétaire général reçoit une délégation de compétences et accomplit de nombreuses formalités administratives à la place du Président, dont la gestion financière et comptable.

1. AUTONOMIE FINANCIÈRE DE LA COUR CONSTITUTIONNELLE

L'autonomie financière de la Cour constitutionnelle est particulièrement marquée au regard de ces deux aspects. En premier lieu, la Cour constitutionnelle élabore son budget en toute liberté par rapport aux autres pouvoirs constitutionnels. Concrètement, c'est le Président de la Cour constitutionnelle qui arrête annuellement un projet de budget.

Ce projet est transmis au ministère des Finances[150] qui l'inscrit, sans modification, dans une partie du projet de loi de finances. Ensuite, il est approuvé sans discussion par l'Assemblée nationale.

Le dernier alinéa de l'article 87 de la loi organique L/2011/006/CNT du 10 mars 2011 dispose : »'... ***En matière financière, le Président de la Cour constitutionnelle est***

[148] L. FAVOREU, « Théorie générale de la justice constitutionnelle », in L. Favoreu, P. Gaïa, R. Ghevontian et alii, Droit constitutionnel, Dalloz, coll. « Précis. Droit public. Science politique », 11e éd., 2008, p. 255.

[149] Loi L /2011/006/CNT du10 Lars 2011, article 87

[150] Constitution, article 105

l'ordonnateur… « et l'article 79 de la LOLF donne de l'ordonnateur la définition suivante : ***« Est ordonnateur, toute personne ayant qualité au nom de l'État de prescrire l'exécution des recettes et dépenses inscrites au budget de l'État. En matière de recettes, l'ordonnateur constate les droits de l'État, liquide et émet les titres de perception correspondants. En matière de dépenses, l'ordonnateur procède aux engagements, liquidations et ordonnancements. En matière de trésorerie et de financement, l'ordonnateur prend les décisions d'emprunt, d'émission de titre, de prêt, d'avance, de cession d'actifs et mouvement de fonds. En matière de patrimoine, l'ordonnateur émet les ordres de mouvement affectant les biens de l'État »'.***

Il ressort de cette disposition que la fonction financière du Président de la Cour constitutionnelle n'est pas soumise à la règle de collégialité que connaissent les fonctions juridictionnelles. Malheureusement, cette fonction du Président de la Cour constitutionnelle lui a été disputée par ses collègues, entrainant une crise paralysante et la soumission la comptabilité de la haute juridiction au contrôle de l'Inspection générale des services d'État, en violation de la loi organique relative aux lois de Finances.

En se comportant comme ils l'ont fait, le « ***sage »,*** si l'on doit les appeler ainsi, se sont substitués au législateur pour créer une norme de gestion, en sachant bien que les fonctions, les obligations et les modalités et de contrôle interne et externe de la gestion financière ou budgétaire sont définies par la Loi organique de 2012 relative aux lois de Finances. En particulier, l'article 93 dispose : ***« L'ordonnateur est personnellement responsable des actes financiers et contrôles internes qui lui incombent dans l'exercice de ses fonctions. Il engage une responsabilité qui peut être disciplinaire, pénale ou civile, sans préjudice des amendes et sanctions qui peuvent lui être infligées par la Cour des comptes en raison de ses fautes de gestion dans les conditions définies par la loi organique sur la Cour des comptes »'***.

L'organe régulateur du fonctionnement des plus hautes institutions de la république a été ainsi réduit à être régulé par un organe subalterne du Pouvoir exécutif, puisqu'il s'est vu imposer le contrôle par l'inspection générale du contrôle d'État, alors qu'il est placé hors des compétences des services de l'Exécutif.

Les pouvoirs d'ordonnateur du Président de la Cour constitutionnelle[151] de décider, en toute liberté, de l'engagement de ses dépenses et de leur affectation sont érodés et, en violation de toute légalité, les membres de sa juridiction lui imposent un comité de trésorerie. Or, la loi dit bien qu'au sein de la Cour, c'est le Président qui est ordonnateur des dépenses et qui les exécute.

À cette aberration, s'ajoute le fait qu'à la différence de nombreuses juridictions constitutionnelles, en Guinée, les finances ne sont pas confiées à un trésorier choisi et nommé par le Président, c'est plutôt une division des affaires administratives et financières qui exerce les fonctions de comptable.

2. AUTONOMIE NORMATIVE OU RÉGLEMENTAIRE

L'autonomie normative ou réglementaire d'une juridiction s'entend, au sens large, de l'emprise dont elle dispose sur la réglementation de son organisation et de son fonctionnement. Aux yeux du Doyen FAVOREU, une « *juridiction constitutionnelle doit pouvoir elle-même définir un minimum de règles de fonctionnement et de procédure. Certes, la Constitution et la loi établissent généralement les grandes lignes du système : mais les règles de procédure suivies par la juridiction constitutionnelle doivent avoir été assez largement élaborées par elle-même* »[152]. Cette exigence est conçue comme une garantie indispensable pour l'indépendance de la juridiction constitutionnelle. Pour la Cour constitutionnelle, l'autonomie normative répond à une habilitation posée par la Constitution et la loi organique relative à la Cour constitutionnelle.

En effet, la réglementation issue des textes constitutionnels[153] et organiques est singulièrement limitée et permet au Président de prendre les mesures régulatrices du fonctionnement de la Cour par ordonnance[154] .

En général, la maîtrise par la Cour constitutionnelle des règles de sa procédure se manifeste sous des formes diverses. Tout d'abord, l'article 14 de la loi organique L/2011/006/CNT du 10 mars 2011 prévoit que les modalités de son application pourront être déterminées par décret en Conseil des ministres, sur la proposition de la Cour constitutionnelle.

---

[151] Loi L /2011/006/CNT du 10 mars 2011, article 87

[152] L. FAVOREU, op. cit., pp. 254-255

[153] Constitution, article 106

[154] Loi L /2011/006/CNT du 10 mars 2011, article 87, al.1

De façon plus significative, la Cour constitutionnelle dispose d'un pouvoir d'initiative mentionné aux articles 14, 38, 87 et 88 de la loi organique L/2011/006/CNT.

Ces dispositions consacrent l'intervention obligatoire au titre d'une fonction de proposition pour, respectivement, l'élaboration du décret définissant les obligations imposées aux membres de la Cour, du décret déterminant l'organisation et le fonctionnement de l'administration de la Cour et du décret portant modalité d'application de la loi organique. Ce pouvoir d'initiative constitue la manifestation d'une prérogative qui est loin d'être négligeable.

En effet, il implique que le ou les décrets[155] peuvent être édictés ou modifiés à l'initiative de la Cour constitutionnelle. Son rôle est donc plus important que la simple faculté informelle qu'il possède pour proposer des réformes au Président de la République.

La maîtrise des règles de procédure par la Cour constitutionnelle atteint un palier supplémentaire, grâce à l'obligation posée par l'article 95, alinéa 1er, de la Constitution de lui soumettre toute loi organique avant sa promulgation.

Dans la mesure où, en dehors de ses règles de fonctionnement internes, seule une loi organique peut, en vertu de l'article 106 de la Constitution, déterminer « *l'organisation et le fonctionnement de la Cour constitutionnelle, la procédure qui est suivie devant lui et notamment les délais ouverts pour le saisir de contestations* », la Cour est en mesure d'exercer un contrôle systématique sur les modifications éventuelles de ces aspects.

Ainsi que le soulignait le Doyen Favoreu, cette délimitation de la possibilité de mutation des pouvoirs du juge constitutionnel est proche d'« *un droit de veto quant à l'adoption de la réglementation le concernant* »[156]. De cette manière, l'exigence d'autonomie propre de la Cour constitutionnelle est satisfaite.

Elle est en mesure de contrôler en permanence les lois qui s'intercalent entre la constitution et ses règles de procédure. Du moment où, le contrôle obligatoire valant pour toute loi organique, il lui est possible de veiller aux respects de ses prérogatives lorsqu'une loi organique, autre que celle qui lui est spécifiquement relative, intervient pour réglementer indirectement sa procédure.

---

[155] la loi organique L/2011/006/CNT, articles 14, 87 et 88

[156] L. FAVOREU, « La Cour constitutionnelle régulateur de l'activité normative des pouvoirs publics », RDP, 1967, pp. 5 et s., p. 72.

3. POUVOIR RÉGLEMENTAIRE DE LA COUR

La Cour constitutionnelle dispose également du pouvoir d'édicter des règles de fonctionnement par le biais de l'initiative d'élaboration de décrets prévus par les articles 14, 38, 87 et 88, qui lui permet de jouir, à ce titre, d'un véritable pouvoir réglementaire.

En cas de manquement d'un membre de la Cour constitutionnelle à l'une de ses obligations, seule la Cour est compétente pour le constater et sanctionner[157].

Mais il faut regretter l'inexistence d'un texte conforme à la Constitution et la loi 006/CNT du 10 mars 2011 qui définit les obligations imposées aux membres de la Cour, détermine les modalités d'application de la loi organique, l'organisation et le fonctionnement de l'administration de la Cour.

La Cour a pris sur elle de concevoir un Règlement intérieur dont ne parle ni la Constitution, ni la loi organique. Cet errement de la Cour a installé une crise profonde et durable en son sein.

SECTION III : L'INDÉPENDANCE DES MEMBRES DE LA COUR CONSTITUTIONNELLE

1. MANDAT, GARANTIE DE L'INDÉPENDANCE

L'article 101 de la constitution décide que « *La durée du mandat des membres de la Cour Constitutionnelle est de neuf ans, non renouvelables, sous réserve de l'alinéa 3 du présent article. Le Président de la Cour Constitutionnelle est élu par ses pairs pour une durée de neuf ans non renouvelables. Les membres de la Cour Constitutionnelle sont renouvelés par tiers tous les trois (3) ans sur tirage au sort.* »

Ce mandat, qui ne peut donc être reconduit, a été conçu par le constituant de 2010 comme un gage d'indépendance.

La Cour constitutionnelle est renouvelée par tiers tous les trois ans[158]. En cas de décès ou de démission, l'autorité de nomination désigne un nouveau conseiller pour la durée du mandat restant à courir.

Les dispositions de l'article 100 de la Constitution, reprises par celles de l'article 2 de la loi organique fixent des conditions

[157] Loi organique L/2011/006/CNT, article 11

[158] Constitution, article 101 et Loi organique L/2011/006/CNT, article 4

spécifiques d'âge et d'ancienneté dans le choix des membres de la Cour en ces termes : « *La Cour Constitutionnelle comprend neuf (9) membres âgés de quarante-cinq (45) ans au moins choisis pour leur bonne moralité* ».

C'est la raison pour laquelle ne peuvent faire l'objet d'une nomination tous les citoyens jouissant de leurs droits civiques et politiques. En pratique, il est fait appel à des personnalités dont la compétence est reconnue, notamment en matière juridique et politique.

On observe, cependant, que contrairement à la règle constitutionnelle, si la majorité des membres sont des personnes dotées d'une formation juridique et la condition d'âge n'a pas été respectée pour certains, celle-ci impliquait implicitement une longue expérience

Une fois nommés, l'article 103 de la constitution prévoit qu'avant de prendre leurs fonctions *les membres de la Cour Constitutionnelle prêtent serment en audience solennelle publique devant le Président de la République et le Président de l'Assemblée nationale en ces termes :* »***' Je jure de bien et fidèlement remplir mes fonctions, de les exercer en toute impartialité dans le respect de la Constitution et en toute indépendance, de garder le secret des délibérations et des votes et de ne prendre aucune position publique, de ne donner aucune consultation sur les questions relevant de la compétence de la Cour »***.

2. LE STATUT DES MEMBRES DE LA COUR CONSTITUTIONNELLE

Le statut des membres de la Cour constitutionnelle est défini par les articles 100 à 104 de la Constitution, et les articles 2, 4, 5, 6, 11 de la loi L/2011/006/CNT. Ils bénéficient de règles protectrices garantissant un privilège de juridiction ou bien des immunités pénales ou civiles et plusieurs attributs de leur statut contribuent à assurer leur indépendance.

Les membres de la Cour constitutionnelle sont assujettis à un régime strict d'incompatibilités[159]. En revanche, ils ne sont pas rééligibles.

[159] Constitution, article 104 et Loi organique L/2011/006/CNT, article 11 et 12

Il ressort de l'article 100 que, dans le but d'assurer l'application du *principe de la continuité* de l'institution, la Cour constitutionnelle est renouvelée par tiers, tous les trois ans.

Le caractère non renouvelable du mandat et l'inamovibilité de ses membres garantissent l'indépendance de la Cour constitutionnelle vis-à-vis des pouvoirs publics.

Il faut noter que ce tirage au sort, qui est une exception éphémère, non répétitive de l'alinéa 1er de de l'article 2 de la loi L/2011/066/CNT, n'a lieu qu'une seule fois dans la vie de la Cour.

C'est pour permettre le renouvellement automatique par tiers que deux groupes de cette toute première équipe, qui assure le démarrage de la Cour, ne feront pas les neuf années.

Le premier tiers, tiré au sort, ne fera que trois années, le second fera six années. Seul le dernier, y compris le Président, sur les neuf accomplira le mandat en entier.

À l'avenir, chaque membre accomplira les neuf années et la Cour comprendra trois tiers, dont les mandats n'expirent pas en même temps, permettant aux plus anciens de transmettre aux plus nouveaux les traditions et la jurisprudence de la Cour.

Tel est le sens dans lequel doivent s'interpréter l'alinéa 1er de l'article 100 de la Constitution et l'alinéa 1er de l'article 2 de la loi L/2011/066/CNT qui réalise le principe de continuité.

En tout cas, telles ont été les volontés réelles exprimées lors des délibérations et l'interprétation que les auteurs de la Constitution, au sein du CNT, ont donnée à cette disposition.

3. DES INCOMPATIBILITÉS

Des incompatibilités strictes avec d'autres fonctions, charges et occupations professionnelles sont prévues en ces termes : « *Les fonctions de membres de la Cour Constitutionnelle sont incompatibles avec l'exercice de tout mandat électif, de tout emploi public, civil ou militaire, de toute activité professionnelle ainsi que de toute fonction de représentation nationale.* »'[160]

Après avoir posé le principe de leur inamovibilité, l'article 102 fixe comme suit les immunités et le privilège de juridiction des membres de la Cour : « *les membres de la Cour Constitutionnelle sont inamovibles pendant la durée de leur mandat. Ils ne peuvent être poursuivis ou arrêtés sans l'autorisation de la Cour Constitutionnelle,*

[160] Article 104, Constitution

sauf cas de flagrant délit. Dans ce cas, le Président de la Cour Constitutionnelle est informé, au plus tard dans les 48 heures. En cas de crimes ou délits, les membres de la Cour Constitutionnelle sont justiciables de la Cour Suprême. »

De plus, l'incompatibilité de la fonction avec d'autres emplois publics renforce son autonomie.

Concernant les mandats électifs, les incompatibilités s'étendent aux mandats nationaux et aux mandats locaux (conseillers communaux et régionaux).

Les incompatibilités trouvent leur source, d'abord, dans la Constitution qui interdit le cumul de la fonction de membre de la Cour avec celle de membre du gouvernement ou de membre de l'Assemblée nationale. La Loi organique L/2011/006/CNT complète cette interdiction, en disposant que les fonctions de membre de la Cour constitutionnelle sont incompatibles avec celles de membre du Conseil économique et social.

Les membres de la Cour constitutionnelle ne peuvent plus acquérir de mandat électoral ou exercer une fonction dans l'une quelconque des institutions constitutionnelles, à l'exception de la Haute Cour de Justice[161]. En outre, les incompatibilités applicables aux membres de l'Assemblée nationale sont également applicables aux membres de la Cour.

[161] Constitution, article 117

CHAPITRE XIII

DE L'ORGANISATION DE LA COUR CONSTITUTIONNELLE

SECTION I : COMPOSITION

La Cour est composée de neuf (9) juges « *choisis pour leur bonne moralité* » que l'article 100 répartit comme suit :

• *deux (2) personnalités reconnues pour leur probité et leur sagesse, dont une (1) proposée par le Bureau de l'Assemblée nationale et une (1) proposée par le Président de la République ;*

• *trois (3) magistrats ayant au moins vingt 20 années de pratique, désignés par leurs pairs ;*

• *un (1) avocat ayant au moins vingt 20 années de pratique élu par ses pairs ;*

• *un (1) enseignant de la Faculté de droit titulaire au moins d'un doctorat en droit public et ayant une expérience d'au moins vingt 20 années, élu par ses pairs ;*

• *deux (2) représentants de l'Institution Nationale des Droits Humains reconnus pour leur longue expérience.*

Il faut admettre qu'en ce qui concerne particulièrement la désignation des magistrats, la règle de composition de la Cour, sur la base de la désignation par les pairs, posée par les articles 100 de la Constitution et 2 de la loi organique L/2011/006/CNT du 10 mars 2011 portant organisation et fonctionnement de la Cour constitutionnelle n'a pas été appliquée.

Les trois magistrats qui siègent au sein de la Cour constitutionnelle ont été cooptés par des membres du Conseil Supérieur alors que le corps des magistrats n'en a pas été informé. Il n'y a pas eu appel public à candidatures et l'élection n'a pas été organisation selon les règles de la Constitution et de la loi organique.

La date de la désignation des magistrats n'a pas été préalablement portée à la connaissance des magistrats.

Du moment qu'il s'agit d'une désignation par les pairs, signifiant que les candidats doivent être investis de la confiance de ceux qui sont régis par le même statut, qui sont leurs égaux en dignité, la procédure ou les modalités de sélection et d'établissement de la liste des candidats devraient observer les règles de transparence, d'égalité de traitement des candidats, de loyauté de la compétition, à l'effet de permettre aux magistrats, eux-mêmes, de procéder, dans leur universalité, à un choix délibéré et majoritaire de ceux qui, à leurs yeux peuvent faire honneur à une telle charge.

Il faut malheureusement regretter que l'idée de substituer le Conseil supérieur de la magistrature au corps des Magistrats ait pu prévaloir.

Le Conseil de l'Ordre des Avocats a procédé, selon les règles de la Constitution, ce que le Conseil supérieur de la Magistrature a manqué d'observer.

Aucune disposition de la Constitution, ni celle de la loi organique L/2011/006/CNT du 10 mars 2011 portant organisation et fonctionnement de la Cour constitutionnelle, ni celle de la loi L/2013/054/CNT du 17 mai 2013 portant Statut des Magistrats, ni celle de la loi organique L/2013/055/CNT du 17 mai 2013 portant organisation et fonctionnement du Conseil supérieur de la Magistrature n'autorise, même implicitement, le Conseil supérieur de la Magistrature à procéder à cette substitution qui viole ces textes appartenant tous au bloc de constitutionnalité.

L'argument selon lequel il aurait été difficile, mais pas impossible, de rassembler tout le corps des Magistrats à Conakry, pour que les magistrats, eux-mêmes, choisissent et investissent les plus méritants parmi eux, en termes de probité et d'aptitude intellectuelle, serait le justificatif de la subrogation du Conseil supérieur de la Magistrature à l'universalité des magistrats.

Le fonctionnement de l'institution est assuré par une administration permanente sous la supervision du Secrétaire général nommé par décret du Président de la République, sur proposition du Président de la Cour Constitutionnelle.

SECTION II : DE LA SAISINE DE LA COUR

A.NÉCESSITE D'UNE SAISINE

La saisine de la Cour est tantôt facultative, tantôt obligatoire.

L'auto-saisine d'un organe juridictionnel est, en principe, impossible, car contraire à la logique de sa fonction, qui est d'intervenir pour résoudre un contentieux sur la base du droit et à la demande d'une partie. Il ne sera pas abordé ici la question controversée de savoir si devant la Cour constitutionnelle il existe de véritables « parties ».

Des possibilités pour la Cour de statuer, sans avoir été saisie d'une requête, existent et se déduisent des dispositions de la Constitution relatives aux cas de décès ou d'empêchement de candidats à l'élection du Président[162].

Une possibilité d'auto saisine pour la Cour existe pour le cas où le Président de la République ne promulgue pas une loi dans les délais fixés. Celle-ci entre en vigueur par l'effet de l'Arrêt de la Cour constitutionnelle qui ordonne son enregistrement et sa publication au Journal officiel[163].

Cette disposition est une sorte de clause de diligence obligatoire interdisant au Président de la République de bloquer le processus législatif.

Un autre cas d'auto-saisine de la Cour résulte de son obligation de porter son contrôle sur l'ensemble du texte en ce qui concerne les lois organiques, les règlements de l'Assemblée nationale et des autres institutions constitutionnelles et son contrôle sur la constitutionnalité des accords, conventions et traités internationaux.

Une forme indirecte d'auto-saisine se retrouve, dans une situation un peu différente, lorsque la Cour s'autorise à examiner une loi déjà promulguée à l'occasion de la contestation d'une loi nouvelle qui modifie, complète ou affecte son domaine.

De toute évidence, il appert des dispositions de la Constitution et de la loi L/2011/006/CNT que la Cour constitutionnelle ne peut, sauf cas exposés ci-dessus, se saisir d'office.

La réforme constitutionnelle de 2010 a ouvert la saisine de la Cour au Président de la République, au Président de l'Assemblée, à une

---

[162] Article 30 et 34, constitution

[163] Article 81, Constitution

minorité parlementaire (un dixième au moins des Députés)[164] c'est-à-dire, en fait, à l'opposition, à l'Institution Nationale Indépendante des Droits Humains et à tout citoyen par l'exception d'inconstitutionnalité.

En reconnaissant à un groupe de citoyens le droit de pétition[165], la constitution n'ouvre-t-elle pas la voie à une pression citoyenne pouvant obliger l'INIDH à saisir la Cour en contrôle de constitutionnalité par voie d'action ?

Il convient de considérer la réforme constitutionnelle de mai 2010, concernant la saisine de la Cour, comme l'une des plus importantes innovations relativement à l'État de droit.

En tout état de cause, la Cour doit être saisie par des autorités constitutionnelles ou des personnes extérieures à la juridiction.

Cela va de soi pour les recours facultatifs relatifs aux lois ordinaires. Mais cette règle s'applique également aux cas où le contrôle est obligatoire.

En d'autres mots, quelqu'un doit prendre l'initiative de la saisine et accomplir les diligences prescrites par la loi[166].

Dans la requête est formulée la question relevant des compétences de la Cour sur laquelle celle-ci doit se prononcer.[167]

Le recours tendant à faire constater l'inconstitutionnalité d'une loi ou d'un engagement international est présenté sous la forme d'une requête[168] signée, contenant l'exposé des moyens et accompagnée de deux copies de la loi à contrôler. Elle est déposée au greffe de la Cour, contre récépissé[169].

La production d'observations par le requérant est facultative[170].

Tout document produit après le dépôt de la requête n'a pour la Cour que valeur de renseignement[171].

B.DÉLAI POUR SAISIR LA COUR

En ce qui concerne le contrôle préventif, tantôt il y a un délai pour saisir la Cour, tantôt il n'y a aucun délai. Cela dépend de la nature de l'acte déféré à la Cour et de l'autorité saisissante.

---

164 Article 80, Constitution
165 Article 10, al.2 Constitution
166 Article 40, al.2 Loi L/2011/006/CNT du 10 Mars 2011
167 Article 40, al.3 Loi L/2011/006/CNT du 10 Mars 2011
168 Article 44, L/2011/006/CNT du 10 Mars 2011
169 Article 45 L/2011/006/CNT du 10 Mars 2011
170 Article 44L/2011/006/CNT du 10 Mars 2011
171 Article 46 Loi L/2011/006/CNT du 10 Mars 2011

Pour les lois organiques, la saisine par le Président de la République doit avoir lieu dans les dix jours francs fixés pour la promulgation[172] .

Ce délai court huit (8) jours[173] après la transmission de la loi adoptée.

La saisine de la Cour par le Président de la République ou par l'Assemblée nationale n'est valable que si elle intervient pendant la période fixée pour la promulgation[174].

Pour les règlements intérieurs de l'Assemblée nationale et des institutions constitutionnelles d'appui à la démocratie et la bonne gouvernance, aucun délai n'est prévu.

Pour les traités et accords internationaux, aucun délai n'est prévu, si ce n'est que la Cour doit être saisie avant la ratification ou, dans les cas où une approbation parlementaire est requise, avant cette approbation.

Le retrait de la requête signifie que la Cour est dessaisie, avec la conséquence que la procédure est suspendue[175].

Le décès du requérant ou, en cas de pluralité, de l'un des requérants, exerçant des fonctions dans une institution constitutionnelle déterminée, ne suspend pas la procédure[176].

La même solution est valable en cas de saisine par voie d'exception.

Le décès du ou de tous les juges de la juridiction saisie ne suspend pas la procédure

C.EFFETS DE LA SAISINE

La Constitution situe les effets de la saisine à deux niveaux :

• **d'une part**, les effets sur la juridiction de la Cour constitutionnelle qu'il faut entendre sous le vocable : l'étendue de la saisine.

L'étendue de la saisine en contrôle obligatoire couvre l'ensemble du texte soumis à la Cour constitutionnelle.

La question, qui se pose à l'égard des lois ordinaires, en ce qu'il s'agit du contrôle facultatif, est de savoir si les requérants peuvent

---

[172] Article 78, al. 2 et 83 al.2 ; Constitution

[173] Article 78, al. 2 et 83 al.2 ; Constitution

[174] Article 78 et 80, Constitution

[175] Article 44, al.5, L/2011/006/CNT du 10 Mars 2011

[176]Article 44, al.6 L/2011/006/CNT du 10 Mars 2011

restreindre l'étendue de la saisine à des dispositions bien déterminées, ou si la Cour est saisie de l'ensemble du texte.

On peut déduire de l'esprit de la Constitution qu'une fois saisie, la Cour est et demeure saisie de l'ensemble de la loi attaquée. Les termes de la requête ne lient pas la Cour.

Subséquemment, elle peut exercer son contrôle sur toutes les dispositions, celles qui ne sont pas critiquées[177] comprises. Ce faisant, la Cour peut soulever d'office des moyens que les requérants n'ont pas invoqués, sans même prendre en compte un éventuel désistement.

Cependant, comme dans toute procédure juridictionnelle, il sera fait un usage prudent de la possibilité de soulever des moyens d'office, en raison du temps très court qui lui est imparti pour prendre une décision. Ce temps est limité à quinze (15) jours[178]

• **d'autre part**, la saisine de Cour constitutionnelle par des recours facultatifs, et aussi longtemps que court le délai pour son arrêt être rendu, produit un certain nombre d'effets suspensifs, à savoir :

▪ les lois, qu'elles soient organiques ou ordinaires, ne peuvent pas être promulguées, le délai de promulgation étant suspendu ;

▪ l'application des règlements intérieurs des institutions constitutionnelles est suspendue ;

▪ les traités et accords ne peuvent pas être approuvés ou ratifiés.

Il incombe à la Cour de motiver sa décision[179] qui devra conclure à la conformité ou à la non-conformité à la Constitution du texte soumis à l'examen de la Cour.

Du moment que la Constitution attribue aux décisions de la Cour l'autorité de la chose jugée et l'effet *erga omnes*[180], la décision prend la forme d'un arrêt.

D.LES TITULAIRES DU DROIT DE SAISINE

Les titulaires du droit de saisine de la Cour, cités par l'article 41 de la loi[181] diffèrent selon les domaines de compétence.

---

177 Article 43 loi organique L/2011/006/CNT du 10 mars 2011

178 Article 43 loi organique L/2011/006/CNT du 10 mars 2011

179 Article 54, loi organique L/2011/066/CNT du 10 Mars 2011

180 Articles 80 ; 91, al.7 ; 96 al.7 ; 99 Constitution

181 Article 41, Loi L/2011/006/CNT du 10 Mars 2011

A : CONTRE LES ACTES DU PRÉSIDENT DE LA RÉPUBLIQUE

Les actes du Président de la République, pris en application de la Constitution[182] et les ordonnances prises par le Président de la République, en vertu d'une autorisation spéciale accordée par le Pouvoir législatif sont justiciables de la Cour[183]. Comme il va de soi, vu la nature des choses, que les ordonnances du Président de la République produisent leurs effets dès leur signature, il ne saurait donc s'agir d'un contrôle préventif de constitutionnalité, mais d'un contrôle *a posteriori* obligatoire, surtout que l'ordonnance ne peut porter sur une matière relevant de la loi organique.

B : CONTRÔLE DES LOIS ET DES RÈGLEMENTS DES INSTITUTIONS

En matière de contrôle de constitutionnalité, la saisine de la Cour constitutionnelle est obligatoire concernant les lois organiques et les règlements des institutions, mais demeure facultative à l'égard des lois ordinaires.

Le juge constitutionnel peut être saisi conformément à l'article 94 de la Constitution et aux articles 44 à 46 de la loi[184].

La saisine de la Cour Constitutionnelle est élargie à l'ensemble des justiciables, en cas de contrôle de constitutionnalité par voie d'exception.

En matière de contrôle de conventionalité, c'est-à-dire de contrôle de conformité des lois aux Traités, Accords et Conventions, le mode de saisine est identique à celui de la loi ordinaire.

Le contrôle exercé par la Cour constitutionnelle sur les normes légales et internationales revêt un caractère préventif et abstrait.

La possibilité de saisir la Cour constitutionnelle est plus restreinte en cas violation du domaine réglementaire par la loi ; celui-ci relevant de la compétence exclusive du Pouvoir exécutif.

En matière de contrôle de constitutionnalité des lois, le juge est saisi de l'ensemble du contenu de la loi et la Constitution reconnait à la Cour Constitutionnelle le droit de statuer *ultra petita*.

La loi jugée intégralement ou partiellement contraire à la Constitution ne pourra être mise en œuvre qu'après sa refonte totale ou partielle par le législateur, compte pris des indications de la Cour.

---

[182] Articles 2, 45, 74 et 90, Constitution

[183] Articles 82 et 90, Constitution

[184] L/2011/006/CNT du 10 Mars 2011

En effet, dans le cas de conformité de la loi à la Constitution, il est reconnu à la Cour constitutionnelle la possibilité d'émettre des réserves d'interprétation obligeant les pouvoirs publics à appliquer la loi dans le sens de ses directives, afin d'écarter toute application de la loi contraire à la Constitution.

Dans tous les cas de figure, les décisions de la Cour constitutionnelle ont autorité de chose jugée et sont insusceptibles de recours. En outre, celles-ci ont un effet *erga omnes*, s'imposant aux Pouvoirs publics et à toutes les autorités administratives et juridictionnelles.

C : RECEVABILITÉ DE LA REQUÊTE

Pour saisir valablement la Cour, l'article 40 de la loi organique exige le dépôt d'une requête écrite, motivée et signée du ou des requérants, indiquant que l'objet de la saisine relève de la compétence de la Cour.

La loi n'impose pas de conditions formelles de présentation de la requête, ce qui domine, c'est l'absence de formalisme : il peut y avoir une seule lettre comportant plusieurs signatures ou bien plusieurs lettres séparées ; sauf à préciser que le requérant doit avoir qualité et intérêt.

Toutefois, l'article 44 de la loi L/2011/006/CNT apporte la précision que la requête, sous peine d'irrecevabilité, doit contenir l'exposé des moyens invoqués et être accompagnée de deux copies de la loi attaquée.

Lorsqu'il s'agit de l'inconstitutionnalité des actes émanant de l'Assemblée nationale ou du Président de la République, l'article 42 subordonne leur annulation à la décision de la Cour qui les déclare préalablement contraires à la Constitution.

L'article 43 attache à la saisine, comme il est dit plus haut, un effet suspensif du délai de prolongation et oblige la Cour à se prononcer dans les 15 jours de cette saisine.

L'examen de la Cour porte sur l'ensemble de la loi déférée, quand bien même la saisine ne concernerait seulement qu'une ou plusieurs dispositions.

La possibilité est offerte aux parties de produire des observations écrites subséquentes à la requête. Il s'agit d'une option, pas d'une obligation.

Le retrait de la requête, qui dessaisit la Cour et entraine l'arrêt de la procédure, appelle à souligner trois choses importantes.

La **première** découle de ce que l'article 43[185] lève tout obstacle à la saisine de la Cour par l'Assemblée nationale en raison de sa saisine par le Président de la République et inversement.

La **deuxième** tient au fait que la saisine par l'Assemblée nationale ou par le Président de la République n'est valable que pendant les délais de promulgation fixés par les articles 78 et 80 de la Constitution.

La **troisième** résulte de l'irrecevabilité opposée à un texte de loi, dont le projet ou la proposition est déféré à la Cour Constitutionnelle, qui entraine *ipso facto* la suspension du débat parlementaire en cours à son sujet.

Le dépôt du recours en inconstitutionnalité, fait au greffe de la Cour par celui, de l'Assemblée nationale ou du dixième des députés ou du Président de la République, qui est le plus diligent, oblige le greffier à en donner avis à l'autre, sans délai.

Un seul Député n'est pas recevable à déposer une saisine soulevant des griefs contre un texte de loi.

Pour clore cette partie, il convient de souligner qu'un contrôle étendu de la loi contribue à renforcer la légitimité et la force de celle-ci en la rendant irréprochable au regard du droit.

D. LIEU DE SESSION DE L'ASSEMBLÉE

Lorsque survient une situation ou un événement rendant nécessaire le changement du lieu où se déroulent ordinairement les sessions de l'Assemblée nationale, sur saisine du président de l'Assemblée nationale, la Cour décide, par Arrêt, du lieu où se dérouleront les débats parlementaires.

E. EN MATIÈRE ÉLECTORALE

À l'inverse du contrôle de Constitutionnalité, le contentieux électoral est plus ouvert et admet que les électeurs, les partis politiques et les candidats pour les élections législatives et présidentielles puissent saisir le juge électoral.

Dans les dix (10) jours, qui suivent la proclamation des résultats du scrutin des élections législatives, l'article 69 de la loi organique ouvre le droit de contester une élection, l'élection d'un député à toutes les personnes inscrites sur les listes de la circonscription.

---

[185] Loi organique L/2011/006/CNT 10 mars 2011

Tout candidat du tour concerné peut, dans les quarante-huit heures de la proclamation des résultats du premier ou du second tour, saisir la Cour en contestation de la validité de l'élection. Le droit de contestation des résultats de l'élection est reconnu à tout parti politique présentant des candidats[186].

La Cour peut être saisie de la contestation de l'élection d'un Député devant la Cour constitutionnelle. Ce droit de contestation appartient aux personnes ayant fait acte de candidature et à toutes les personnes inscrites sur les listes électorales de la circonscription dont le vote est contesté.

La saisine est adressée au Secrétaire général de la Cour ou au Président de la Commission Electorale Indépendante ou son démembrement de la CENI. Cette saisine, qui se fait par tout moyen de communication approprié, sera transmise au Secrétaire général de la Cour pour en aviser le Président de la Cour.

Les conditions de recevabilité de la requête sont énoncées par l'article 71 de la loi organique, dont l'indication des prénoms et noms, qualité et adresse du requérant, le nom des élus dont l'élection est attaquée, les moyens d'annulation évoqués auxquels sont annexées les pièces produites au soutien de ces moyens.

La transmission de la requête à la Cour se fait sans délai.

À peine de nullité, la requête doit contenir les noms, prénoms, adresse du requérant, le nom de celui dont l'élection est contestée, les moyens d'annulation.[187]

L'examen de la requête est confié à une section pour instruction, sur la base de la procédure conduite par un rapporteur, assisté éventuellement d'un rapporteur adjoint.

Avis est donné à celui dont l'élection est contestée, le cas échéant, ainsi qu'à son remplaçant, de la procédure et des délais impartis pour prendre connaissance de la requête et des pièces qui l'appuient.

Dès réception des observations ou à l'expiration des délais impartis, l'affaire est rapportée devant la Cour, qui rend une décision motivée, aussitôt notifiée à l'Assemblée nationale, à la CENI et au Ministère chargé de l'Administration du territoire.[188]

---

[186] Article 31 de la loi L/2011/006/CNT du 10 Mars 2011

[187] Article 71 de la loi L/2011/006/CNT du 10 Mars 2011

[188] Article 75, 76 à 82 de la loi L/2011/006/CNT du 10 Mars 2011

La Cour statue et rend ses décisions conformément aux règles et procédures édictées par le Code électoral et tous les textes en vigueur en matière électorale[189].

Sous réserve des cas d'inéligibilité du titulaire et du remplaçant qui se révèlerait ultérieurement, la Cour statue sur la régularité de l'élection tant du titulaire que du remplaçant et sur la régularité du déroulement du référendum et du processus électoral, aussi bien du Président de la République que des Députés à l'Assemblée nationale[190].

Enfin, la constitution[191] fait droit au Président de la République et à l'Assemblée nationale de consulter le Président de la Cour Constitutionnelle sur toute initiative relative à l'organisation des opérations du référendum[192].

« 'En cas de désaccord entre le Président de la République et l'Assemblée nationale avant la troisième année de législature, la Cour Constitutionnelle peut être saisie par le Président de la République ou par le Président de l'Assemblée nationale ou par un dixième des Députés »'[193].

DÉLICATESSE DE LA PROCÉDURE

La procédure devant la Cour constitutionnelle est délicate et les questions de formes y occupent, parfois, une place centrale, imposant aux plaideurs de connaître de quelle manière donner efficacité à la saisine de cette juridiction.

Les délais très courts qui sont impartis à la Cour ne lui donnent pas la latitude de s'encombrer de longues procédures d'information ou de mise en état comme celle laissée à la discrétion des cours et tribunaux de droit commun.

Les délais des procédures devant la Cour constitutionnelle sont des délais francs.

La moindre erreur ou omission est cause d'irrecevabilité, or les décisions de la Cour constitutionnelle sont sans recours.

Avocats et leaders politiques doivent s'engager à s'approprier les règles et procédures relatives aux matières relevant de la compétence dévolue à la Cour Constitutionnelle.

---

[189] Article 167 de la loi organique L/2010/001/CNT du 24 Mai 2010
[190] Article 80-82 de la loi L/2011/006/CNT du 10 Mars 2011
[191] Article 51 Constitution
[192] Article 83 de la loi L/2011/006/CNT du 10 Mars 2011
[193] Article 93 Constitution

Les débats en séance plénière ainsi que les votes, qui sont à l'origine des décisions de la Cour, ne sont ni publics, ni publiés.

Les opinions dissidentes ne sont pas divulguées : elles ne pourront, éventuellement, être connues du public qu'au terme du long délai protégeant le secret des délibérations de la Cour constitutionnelle.

En revanche, la décision, la saisine et les observations éventuelles du Gouvernement sont diffusées le jour même et publiées dans la semaine au Journal officiel.

La procédure qui sera mise en œuvre dans le cadre de la question préjudicielle de constitutionnalité reste largement à définir. Les parties devront être mises à même de présenter contradictoirement leurs observations.

CHAPITRE XIV

PROCÉDURE

La Procédure devant la Cour, selon la loi organique[194], n'est pas contradictoire en matière de contrôle de Constitutionnalité.

Tout document doit être déposé à la Cour concomitamment[195] à la requête, dans le cas contraire, il ne lui sera accordé qu'une valeur de simple renseignement. Cette prescription de la loi est dans la logique des exigences posées par les articles 40 et 44 pour le dépôt de la requête.

Il est impératif que l'institution qui exerce un recours devant la Cour constitutionnelle en avise aussitôt l'autre[196].

Le délai pour la Cour de statuer est de quinze (15) jours, qui peuvent être ramenés, à la demande du Président de la République, à huit (8) jours, sous réserve des trois (3) jours de l'article 77, alinéa 2 de la Constitution.

La Cour constitutionnelle ne siège et ne rend des décisions qu'en séance plénière. Les délibérations sont soumises à une règle de quorum, en vertu de laquelle la présence effective du nombre de conseillers fixé par la loi est requise[197]. La procédure est écrite.

Pour le contentieux électoral, l'instruction est confiée à une section composée de trois membres désignés par le sort[198]. Les décisions sont prises en séance plénière.

Sauf lorsqu'elle exerce son rôle consultatif ou pour les actes préparatoires aux élections, la Cour rend des Arrêts. Conformément aux articles 96 et 99 de la Constitution, ces arrêts ne sont susceptibles d'aucun recours et s'imposent à toutes les autorités administratives ou juridictionnelles. Ils sont publiés au Journal officiel.

---

194 article 45 de la loi organique L/2011/006/CNT

195 article 46 de la loi organique L/2011/006/CNT

196 article 64 de la loi organique L/2011/006/CNT

197 article 66 et 68 de la loi organique L/2011/006/CNT

198 article 72 de la loi organique L/2011/006/CNT

Les parties devront être mises à même de présenter leurs observations.

L'audience sera publique, écrite et contradictoire. Il en sera de même pour la procédure en matière de droits humains.

Il incombera au législateur de fixer les règles de procédure à suivre dont les étapes pourraient être les suivantes :

Première étape, préalable à la procédure proprement dite : suivi des travaux parlementaires. Il est probable que des questions éventuelles d'inconstitutionnalité soient soulevées déjà durant les travaux parlementaires ; notamment sur base de l'avis éventuel de la Cour elle-même.

Deuxième étape : la saisine qui ne devrait peut-être pas être soumise à des formes particulières, et pas obligatoirement motivée.

Troisième étape : l'instruction du dossier par un membre ou une formation collégiale de la Cour.

Quatrième étape : l'application du principe du contradictoire. Cela supposerait, dans le cas d'un recours facultatif, que la requête introductive soit communiquée au Gouvernement, et que celui-ci puisse déposer une note en réponse.

La phase contradictoire pourrait impliquer, en outre, dans tous les cas (recours facultatifs et recours obligatoires), une audience à laquelle prendraient part les représentants du Gouvernement (loi, traité), du bureau de l'assemblée ou de l'Institution d'appui à la démocratie (règlement intérieur), au cours de laquelle l'ensemble du texte pourrait être revu.

Cinquième étape : rédaction d'un rapport sur le texte soumis à l'examen, par un membre ou une formation collégiale de la Cour.

Sixième étape : réunion de la Cour, à laquelle le rapport est présenté par un membre de la Cour. Ce rapport, qui servira de base à la discussion du texte sous examen, est suivi des conclusions du Ministère public prévues par l'article 47, alinéa 2 de la loi organique relative à la Cour constitutionnelle.

Septième étape : la décision. Celle-ci devrait être motivée, et conclure à la conformité ou la non-conformité à la Constitution du texte soumis.

Le principe que la décision de la Cour, sitôt rendue, est revêtue de l'autorité de la chose, a pour conséquence qu'elle prend la forme d'un arrêt. La décision devra alors être envoyée au requérant (s'il y en a un), au Président de la République, au Premier ministre et aux Présidents de l'Assemblée nationale et des Institutions d'appui à la démocratie. Eu égard aux effets *erga omnes* de la décision, il faut aussi prévoir une large diffusion, notamment par le Journal officiel et l'internet.

En ce qui concerne le contrôle de la constitutionnalité des lois (organiques ou ordinaires) des règlements intérieurs et des traités, l'article 95 prévoit un délai d'un mois susceptible d'être ramené à huit jours en cas d'urgence.

Toutefois, l'article 98 de la constitution contient des dispositions spécifiques qui prévoient un délai différent, à savoir un délai de 15 jours. La conséquence de la fixation des délais est que lorsqu'ils sont passés, l'acte déféré à la Cour est réputé conforme à la Constitution.

Manifestement, s'agissant de la durée du délai, il y a une contradiction entre la disposition générale de l'article 95 et les dispositions spécifiques de l'article 98. Il incombe à la Cour constitutionnelle de déterminer par la voie de l'interprétation quel est le délai à respecter.

Le principe « *lex specialis derogat generali* » : priorité aux dispositions spécifiques, donc un délai de 15 jours pourrait prévaloir dans cette interprétation.

CHAPITRE XV

DÉSACCORD ENTRE LE GOUVERNEMENT ET L'ASSEMBLÉE NATIONALE

En matière législative, le droit d'initiative est susceptible de revêtir deux formes : le dépôt d'un texte complet (un projet de loi s'il émane du Gouvernement, une proposition de loi s'il émane d'un parlementaire) ou le dépôt d'un amendement, c'est-à-dire une proposition de modification d'une ou des dispositions d'un projet ou d'une proposition de loi.

Ces deux formes d'initiative sont partagées entre le Gouvernement et les membres des assemblées, mais l'initiative parlementaire est soumise à des restrictions spécifiques[199] prévues par la Constitution.

L'équilibre entre l'initiative gouvernementale et l'initiative parlementaire, en ce qui concerne le dépôt de textes, fait apparaître un déséquilibre au détriment de la seconde.

SECTION I : L'EXERCICE DU DROIT D'INITIATIVE PARLEMENTAIRE

1.Un exercice concurrent

Aux termes de l'article 84 de la Constitution, « *l'initiative des lois appartient concurremment au Président de la République et aux Députés à l'Assemblée nationale* ».

La Constitution part d'un principe d'égalité entre le droit d'initiative gouvernemental et le droit d'initiative parlementaire[200], même si d'autres dispositions constitutionnelles introduisent des restrictions s'appliquant aux textes d'origine parlementaire.

---

[199] Article 85, al.2 Constitution

[200] Article 84 et 85 Constitution

Ne font exception au principe de l'exercice concurrent du droit d'initiative que les textes pour lesquels le Pouvoir exécutif dispose, en droit ou en fait, d'un monopole de présentation.

C'est d'abord le cas des lois de finances[201], des lois de programme et de plan et des lois de financement de la sécurité sociale.

C'est enfin, par logique institutionnelle, celui des lois habilitant le Président de la République à prendre, dans des matières relevant du domaine de la loi, des ordonnances et celles autorisant la ratification ou l'approbation de traités ou accords internationaux visés à l'article 149 de la Constitution.

Sur tous ces textes, les Députés conservent la faculté de déposer des amendements, avec, pour les deux dernières catégories, certaines limites.

Corollaire du droit d'initiative, le droit de retrait est ouvert au Pouvoir exécutif et aux députés. Les modalités d'exercice de ce droit sont fixées par le Règlement de l'Assemblée nationale.

L'auteur ou, s'ils sont plusieurs, le premier signataire d'une proposition de loi peut la retirer à tout moment, mais seulement jusqu'à son adoption en première lecture.

2.Les modalités d'exercice de l'initiative parlementaire principale

a. La forme matérielle d'une proposition de loi

Une proposition de loi comprend deux parties principales. L'exposé des motifs, qui développe les arguments de l'auteur à l'appui de la modification législative ou des dispositions nouvelles qu'il propose.

La partie normative proprement dite, que l'on qualifie de dispositif, doit être rédigée sous la forme d'articles.

Quant au contenu des propositions, il correspond au domaine législatif c'est-à-dire au champ des matières juridiques qui exigent l'intervention d'une loi.

L'article 72 de la Constitution énumère les matières relevant de cette compétence ; mais plusieurs autres dispositions

---

[201] Article 74 Constitution

constitutionnelles prévoient l'intervention de la loi (notamment celles renvoyant à une loi organique) ou l'impliquent (en posant des principes de valeur constitutionnelle dont la mise en œuvre relève du législateur).

b. Les conditions d'exercice de l'initiative parlementaire

Si la recevabilité financière des propositions de loi est vérifiée au moment de leur dépôt, elles ne sont pas en principe soumises à la Cour comme le sont les projets de loi.

Par ailleurs, l'initiative parlementaire appartient individuellement à chacun des Députés. C'est une prérogative exercée de manière personnelle et indépendante, par chacun des députés.

Cependant, rien ne s'oppose à ce que plusieurs députés, voire l'ensemble des membres d'un groupe parlementaire ou de plusieurs groupes, se concertent pour déposer une seule proposition de loi.

Dans la pratique, un même sujet sera souvent abordé, dans des termes plus ou moins différents, par plusieurs propositions distinctes.

a. Cas particulier des propositions de résolution

Les résolutions, actes décisionnels non législatifs adoptés par l'Assemblée nationale se présentent sous sept types, les résolutions visant à :

- modifier le Règlement ;
- la création d'une commission d'enquête[202] ;
- la suspension des poursuites ou la suspension de détention d'un Député[203];
- à déférer le Président de la République devant la Haute Cour[204] ;
- les résolutions par lesquelles il est proposé que l'Assemblée émette un avis sur une question déterminée.

La procédure d'adoption des propositions de résolution est identique au sein de chaque assemblée à celle appliquée pour les propositions de loi.

Les propositions de résolution déposées en application des articles 88 et 89 de la Constitution relèvent également d'une procédure spécifique.

---

[202] Article 89, Constitution
[203] Article 65 Constitution
[204] Article 120 Constitution

b. Initiative parlementaire et initiative gouvernementale : quel équilibre ?

La procédure législative s'engage plus souvent sur l'initiative gouvernementale que sur l'initiative parlementaire.

Traditionnellement, 80 % des lois adoptées, hors conventions internationales, trouvent leur origine dans un projet de loi, reflétant ainsi la prépondérance de l'exécutif dans le processus législatif.

Quoique la majorité des lois reste d'origine gouvernementale, leur texte peut faire l'objet de modifications plus ou moins importantes par l'initiative parlementaire : le droit d'amendement rétablit ainsi un certain équilibre, entendu que la discussion des projets de loi porte, en règle générale, en séance, sur le texte adopté par la commission.

Une telle pratique accroît indéniablement l'influence de l'initiative parlementaire sur le contenu de la législation adoptée l'Assemblée nationale.

3.Le droit d'amendement ou l'initiative parlementaire dérivée

Le droit d'amendement, c'est-à-dire le droit de présenter des modifications au dispositif des projets et propositions de loi, est également reconnu à égalité Président de la République et Députés[205].

Ce droit comporte non seulement la faculté de proposer la suppression, totale ou partielle, ou la modification, globale ou ponctuelle, d'articles d'un projet ou d'une proposition, mais aussi celle d'en compléter le texte par des dispositions nouvelles sous la forme d'amendements portant articles additionnels : réécrits ou insérés.

La Constitution fixe les conditions dans lesquelles peut s'exercer le droit d'amendement. Les amendements doivent être présentés par écrit et être sommairement motivés.

Ils sont soumis à un délai de dépôt que fixe le règlement intérieur de l'Assemblée nationale.

La constitution ayant disposé que les amendements des députés « *ne sont pas recevables lorsque leur adoption aurait pour conséquence soit une diminution des ressources publiques, soit la création ou l'aggravation d'une charge publique, à moins que ne*

[205] Article 85 Constitution

soient prévues des recettes compensatrices »'[206], ils peuvent faire l'objet d'une évaluation préalable.

Les amendements sont recevables dès lors qu'ils présentent un lien, même indirect, avec le texte en discussion, l'existence de ce lien étant appréciée par la commission de fond ou la session plénière.

Après la première lecture, s'applique la règle de l'« *entonnoir* » selon laquelle les amendements doivent, sous peine d'irrecevabilité, être en relation directe avec une disposition restant en discussion.

Les seules exceptions à cette règle concernent les amendements destinés à assurer le respect de la Constitution, à opérer une coordination avec des textes en cours d'examen ou à corriger une erreur matérielle.

SECTION II : LES RESTRICTIONS DE PORTÉE GÉNÉRALE A L'INITIATIVE PARLEMENTAIRE

Les propositions et amendements formulés par les membres du Parlement sont soumis à deux restrictions de portée générale, l'irrecevabilité financière évoquée plus haut et l'irrecevabilité législative. Les conditions d'application de ces dispositions dans la procédure législative présentent d'importantes différences.

1. Les irrecevabilités financières

Les initiatives présentées par les députés donnent lieu, au moment de leur dépôt, à un contrôle d'office de la recevabilité financière, qui est exercé par différents organes de l'Assemblée nationale, en vertu de l'article 85 de la Constitution citée ci-dessus.

Il convient de distinguer les amendements déposés en commission de ceux déposés en séance.

Dans le premier cas, il revient au président de la commission et, en cas de doute, à son bureau, d'apprécier la recevabilité de l'amendement au regard de l'article 85 de la Constitution, au besoin après avis du président ou du rapporteur général de la commission des finances.

---

[206] Article 85 Constitution

Les amendements déclarés irrecevables ne sont pas examinés. Le Pouvoir exécutif ou un député peut également opposer à tout moment l'article 85 susmentionné à une modification apportée par une commission au texte d'un projet ou d'une proposition de loi, c'est-à-dire à un amendement adopté par une commission et intégré dans le texte qui servira de base à la discussion en séance publique.

L'irrecevabilité est appréciée par le président ou le rapporteur général de la commission des finances.

S'agissant des amendements déposés en vue de leur examen en séance, c'est le Président de l'Assemblée qui est chargé d'en apprécier la recevabilité financière.

Il est d'usage parlementaire constant que le Président de l'Assemblée suive quasiment toujours l'avis de la commission des finances.

Tous les amendements litigieux sont renvoyés, lors de l'enregistrement à la commission des finances, et son avis joue un rôle déterminant. Lorsque l'avis conclut à l'irrecevabilité, l'amendement est renvoyé à l'auteur. Il n'est pas mis en distribution et n'est pas appelé en discussion.

Cette procédure de contrôle *a priori* n'interdit pas d'opposer ultérieurement l'irrecevabilité financière aux propositions de loi et aux amendements.

L'irrecevabilité financière peut, cependant, être opposée aux amendements mis en distribution. Dans ce cas, l'appréciation de recevabilité est portée dans les mêmes conditions que lors du dépôt, c'est-à-dire sur décision du Bureau de l'Assemblée, après avis de la commission des finances.

Compte tenu de l'examen systématique de recevabilité des amendements au dépôt, il n'y a lieu de procéder à une nouvelle consultation que dans des cas exceptionnels : il en va ainsi, par exemple, lorsque la discussion fait apparaître un fait nouveau mettant en cause l'avis de recevabilité formulé au dépôt.

Il est à noter que la procédure de contrôle de la recevabilité financière organisée par le Règlement confie aux seules instances parlementaires le soin de statuer sur la question de recevabilité au cours de la procédure législative.

En cas de litige sur la recevabilité d'un amendement – en particulier lorsque le Gouvernement conteste la recevabilité affirmée par l'autorité parlementaire compétente –, c'est la décision de cette dernière qui prévaut, sans appel, à ce stade, comme c'est le cas en matière de recevabilité « législative ».

Les décisions prises par les instances parlementaires dans le domaine de la recevabilité financière ne peuvent être contestées que par la voie du recours devant la Cour constitutionnelle, et seulement après l'adoption de la loi.

La Cour constitutionnelle est, en effet, compétente pour apprécier s'il a été fait, dans le cours de la procédure législative, une application correcte de l'article 85 de la Constitution, qu'il s'agisse des décisions d'irrecevabilité ou de recevabilité financière. Dans ce dernier cas, cependant, la Cour constitutionnelle ne peut être saisie que si l'exception d'irrecevabilité financière a été soulevée devant l'Assemblée nationale.

2. L'irrecevabilité « législative »

L'article 74 de la Constitution prévoit : « '*lorsque des dispositions d'une loi sont intervenues dans ces autres matières, elles peuvent être modifiées par décret, après que la Cour Constitutionnelle en ait constaté le caractère réglementaire* »'.

S'il apparaît alors, au cours de la procédure législative qu'une proposition ou un amendement n'est pas du domaine de la loi, le Président de la République ou le Président de l'Assemblée nationale peut opposer l'irrecevabilité.

Au sujet de la survenance d'un désaccord, la constitution dispose, en son article 86 : « *en cas de désaccord entre l'Assemblée nationale et le Président de la République, représenté par un ministre, sur la recevabilité d'un amendement, la Cour Constitutionnelle se prononce dans le délai de huit jours, à la demande de l'une ou de l'autre* ».

Une différence majeure, qui oppose cette procédure à celle destinée à assurer le respect de l'article 74, résulte du fait que la recevabilité législative n'est pas systématiquement contrôlée au moment du dépôt des propositions et des amendements parlementaires : elle requiert l'intervention du Président de la République ou du Président de l'Assemblée ou de la Conférence des Présidents.

Cette disposition est conçue comme un dispositif destiné à protéger le champ du domaine réglementaire.

Si l'irrecevabilité est opposée par le Président de la République, il revient au Président de l'Assemblée de se prononcer.

Dès lors que le Président de l'Assemblée est en désaccord avec le Président de la République, il saisit la Cour constitutionnelle.

Dans l'hypothèse où l'irrecevabilité est opposée par le Président de l'Assemblée, il doit consulter le Pouvoir exécutif et, en cas de désaccord avec ce dernier, saisir la Cour constitutionnelle.

En cas de désaccord entre le Pouvoir exécutif et l'Assemblée nationale, la Cour constitutionnelle est amenée à trancher, à la demande de l'un ou de l'autre partie.

En dehors de la procédure législative, la Cour constitutionnelle peut être saisie par le Gouvernement, afin de se prononcer sur la nature réglementaire ou non d'un texte de loi déjà promulgué. Dans l'affirmative, le Gouvernement est autorisé à procéder à une délégalisation de la disposition par décret[207].

En pratique, cette fonction de préservation des compétences demeure importante, quoique l'empiétement de la loi sur le règlement ne constitue pas une inconstitutionnalité, en tant que telle, susceptible d'entraîner, sur le terrain de l'article 74 de la Constitution, l'annulation.

---

[207] article 74, constitution

CHAPITRE XVI

LA JURISPRUDENCE DE LA COUR CONSTITUTIONNELLE VIOLE LA LOI

SECTION I : DES PRINCIPES DE CONTRÔLE DE CONFORMITÉ DES ACCORDS ET TRAITÉS A LA CONSTITUTION

Un document écrit consigne les engagements internationaux, c'est-à-dire les accords et traités conclus entre des sujets régis par le droit international (droit des gens). Le contenu de ce document est négocié, selon l'article 149 de la constitution guinéenne, par le Président de la République. Toutefois, la pratique internationale, consacrée par la convention de Vienne sur le droit des Traités du 23 mai 1969, autorise des négociateurs[208] à agir en son nom, en vertu de *« 'pleins pouvoirs »'*, instrument juridique qui habilite celui qui en est porteur à conclure un engagement international.

L'article 11 de la convention de Vienne sur le droit des traités pose le principe que *« le consentement d'un État à être lié par un traité peut être exprimé par la signature, l'échange d'instruments constituant un traité, la ratification, l'acceptation, l'approbation ou l'adhésion, ou par tout autre moyen convenu. »'*

L'alinéa 2 de l'article 149 susvisé énumère les types d'engagements internationaux qui ne peuvent être ratifiés ou approuvés que par une loi, à savoir :

1.les traités de paix,
2.les traités de commerce,
3. les traités ou accords relatifs à l'organisation internationale,
4.ceux qui engagent les finances de l'État,

---

[208] Convention de Vienne sur le droit des traités du 23 mars 1969: article 7

5.ceux qui modifient les dispositions de nature législative,
6.ceux qui sont relatifs à l'état des personnes,
7.ceux qui comportent cession, échange ou adjonction de territoire.

L'alinéa 2 de l'article 150 de la constitution guinéenne précise qu'une « *loi autorisant la ratification ou l'approbation d'un engagement international ne peut être promulguée et entrer en vigueur lorsqu'elle a été déclarée non conforme à la Constitution* ».

Il est d'usage international, sur le fondement de l'article 14 de la convention de Vienne sur le droit des traités que « *le consentement d'un Etat à être lié par un traité s'exprime par la ratification :*

a) Lorsque le traité prévoit que ce consentement s'exprime par la ratification ;

b) Lorsqu'il est, par ailleurs, établi que les États ayant participé à la négociation étaient convenus que la ratification serait requise ;

c) Lorsque le représentant de cet État a signé le traité sous réserve de ratification ;

ou

d) Lorsque l'intention de cet Etat de signer le traité, sous réserve de ratification, ressort des pleins pouvoirs de son représentant ou a été exprimée au cours de la négociation.... »'

La pratique internationale a introduit, sur la base de l'article 11 de la convention de Vienne, la forme simplifiée de conclusion des Accords et Traités, consistant en une élaboration du texte sans clause de ratification, élaboration vouée à imprimer une certaine célérité à son entrée en vigueur, du moment qu'aucune autre formalité n'est requise après la signature.

Dans la logique des articles 11 et 14 de la convention de Vienne susmentionnée, l'énumération des instruments juridiques internationaux soumis obligatoirement à ratification faite par l'alinéa 2 de l'article 149 de la constitution, limite le nombre et la nature des Accords et Traités pour lesquels l'autorisation parlementaire de ratification est nécessaire.

De ce qui précède, un engagement international à forme simplifiée, qui ne comporte aucune des conditions de l'article 14 susvisé de la convention de Vienne de 1969 doit-il être soumis à la procédure parlementaire de ratification, étant entendu que l'alinéa 1er de l'article 149 de la constitution est claire sur le fait que la négociation et la ratification des engagements internationaux relèvent du privilège du Président de la République ?

Telles qu'elles sont conçues, les dispositions de l'alinéa 1 de l'article 149 et l'alinéa 2 de l'article 150 de la constitution signifient que la voie parlementaire n'est pas l'unique voie de ratification, puisque l'usage, par ledit article 150, des termes : « *une loi autorisant la ratification ou l'approbation d'un engagement international......* »' sous-entend qu'il existe la procédure de ratification sans autorisation parlementaire.

Tels sont les principes qui régissent le contrôle de conformité d'un engagement international (Accord, Traité ou Convention ou leurs protocoles).

Malheureusement, ni le Gouvernement, ni l'Assemblée nationale, ni même la Cour constitutionnelle ne distinguent les engagements soumis à la procédure parlementaire de ratification imposée par la constitution et l'article 14 de la convention du droit des traités.

A. DE LA CAPACITE JURIDIQUE DE NEGOCIER

La Cour constitutionnelle commence le contrôle de conformité par la constatation de la capacité juridique des signataires dudit protocole en ces termes : « *considérant qu'en vertu de la Loi organique relative aux Lois de Finances, le ministre d'État, ministre de l'Économie et des Finances a compétence pour négocier et signer les Accords de don et l'exonération fiscale, les Conventions d'emprunts et autres concours financiers en faveur de l'État guinéen* »'

Ce constat de la Cour constitutionnelle est d'autant nécessaire que l'alinéa 2 de l'article 7 de la convention du droit des traités précise : « *2. En vertu de leurs fonctions et sans avoir à produire de pleins pouvoirs, sont considérés comme représentant leur État :*

a) Les chefs d'État, les chefs de gouvernement et les ministres des Affaires étrangères, pour tous les actes relatifs à la conclusion d'un traité ;

b) Les chefs de mission diplomatique, pour l'adoption du texte d'un traité entre l'État accréditant et l'État accréditaire ;

c) Les représentants accrédités des États à une conférence internationale ou auprès d'une organisation internationale ou d'un de ses organes, pour l'adoption du texte d'un traité dans cette conférence, cette organisation ou cet organe. »

Comme on peut l'inférer de cette disposition conventionnelle, le ministre de l'Économie et des Finances ne figure pas parmi les fonctions gouvernementales pouvant être considérées comme représentant l'État et habiles à engager l'État, sans avoir à produire de pleins pouvoirs.

Or, la Cour souligne que ce ministre a délégué le pouvoir de négocier en ces termes : « *'considérant que.......... Monsieur Mohamed DIARE, ministre d'État, ministre de l'Économie et des Finances, a, au nom du Gouvernement, donné pouvoir à Madame Olga SIRADIN, Ambassadeur de la République de Guinée en Côte d'Ivoire à l'effet de signer l'Accord susvisé »'.*

Cette affirmation de la Cour pose problème. Le point *b)* de l'alinéa 2 de l'article 7 de la convention sur le Droit des Traités cite les chefs de mission diplomatique parmi les fonctions considérées représentant l'État. Ce n'est pas le cas du ministre en charge des Finances. La Cour fait référence à la loi organique relative aux Lois de finances comme base légale de la délégation de pouvoirs faite par ce ministre à l'Ambassadeur de Guinée en Côte d'Ivoire. Cette Loi organique (LOLF) ne contient aucune disposition explicite relative à cette délégation.

Généralement, une telle délégation de pouvoir existe dans les textes régissant les relations entre les États et les Institutions financières internationales. La Cour n'a pas eu la sagesse de chercher la véritable base juridique de cette délégation de pouvoir qui est une exception à la Convention de Vienne sur le droit des Traités de 1969.

Cette inexactitude est répétée dans les Arrêts N° 002, 003, 004, du 29/07/2015. Mais dans l'Arrêt N° 008 du 25/08/2015, ladite inexactitude est reprise à la page 2, en ces termes : *que dans l'exercice de cette prérogative, le Président de la République peut être représenté par tout membre de l'exécutif muni à cet effet des pleins pouvoirs et que s'agissant des Traités qui engagent les Finances de l'État ou ceux portant concours financiers en faveur de l'État, la Loi organique relative aux lois de Finances confère au ministre en charge de l'Économie et des Finances la compétence pour négocier et signer ses accords. »'*

La Cour constitutionnelle n'a visé dans aucun arrêt la disposition pertinente de la Loi organique relative aux lois de Finances qui confère un tel pouvoir au ministre des Finances, c'est à se demander pourquoi cette Cour, si stricte sur le principe de clarté, de lisibilité et d'intelligibilité s'est dispensée d'aller à la recherche de cette base légale qui est le socle de la motivation de ses arrêts ?

De deux choses, l'une. Soit il s'agit d'ignorance, puisque telle est la pratique, soit il s'agit de paresse dans la recherche de la base juridique de cette motivation de sa décision.

Cependant, une interprétation extensive de l'article 4 de la loi organique L/2012/012/CNT relative aux lois de finances permet d'admettre l'affirmation de la Cour constitutionnelle, selon laquelle « le *ministre de l'Économie et des Finances a compétence pour négocier et signer les Accords de don et l'exonération fiscale, les Conventions d'emprunts et autres concours financiers en faveur de l'Etat guinéen* »

En effet, la loi organique L/2012/012/CNT relative aux lois de finances dispose : *« **Article 4 :** Les bailleurs de fonds internationaux sont tenus d'informer le ministre chargé des finances de toute contribution financière apportée aux administrations publiques ou à la réalisation de projets et d'activités d'intérêt public. Aucun ministre ni autre agent public ne peut accepter ou recevoir un financement des bailleurs de fonds internationaux sans approbation préalable du ministre chargé des finances »'.*

Nonobstant, l'absence de l'indication précise par la cour constitutionnelle de la disposition qui fonde la capacité du ministre en charge des Finances d'engager l'État guinéen en matière financière, il faut admettre que le contrôle de la Cour constitutionnelle peut être un contrôle d'opportunité, *a priori*, car avant l'épuisement de la procédure de ratification ou d'approbation, le traité n'engage pas encore la République de Guinée. Le contrôle parlementaire et le contrôle juridictionnel répondent à la question : Est-il opportun politiquement d'accepter un traité pour la Guinée ?

Ce double contrôle d'opportunité ne peut être exercé que par les organes ayant l'autorité nécessaire : soit le peuple, soit les représentants du peuple au sein de l'Assemblée nationale.

C'est un contrôle de type préventif, qui a pour objet d'autoriser ou de refuser l'autorisation aux organes exécutifs de conclure le traité.

B. DE LA FORME DE L'ACCORD OU DU TRAITE

Le traité est une manifestation de volontés concordantes, imputable à deux ou à plusieurs sujets de droit international et destinée à produire des effets de droit, selon les règles du droit international ou droit des gens.

Lorsque la Cour Constitutionnelle déclare à la page 3 de son Arrêt N° 001 : « *'considérant que le Protocole d'Accord entre la République de Guinée, d'une part, la Banque Africaine de Développement et le Fonds Africain de Développement, d'autre part, est signé par les autorités compétentes s'agissant d'un accord en forme simplifiée"*, de quoi parle-t-elle, quand l'article 10 de la Convention de Vienne sur le Droit des traités pose comme principe que tous les engagements internationaux devraient être élaborés selon les modalités suivantes:

« 'Article 10 : AUTHENTICATION DU TEXTE

Le texte d'un traité est arrêté comme authentique et définitif :

a) Suivant la procédure établie dans ce texte ou convenue par les États participant à l'élaboration du traité ; ou,

b) À défaut d'une telle procédure, par la signature, la signature ad referendum ou le paraphe, par les représentants de ces États, du texte du traité ou de l'acte final d'une conférence dans lequel le texte est consigné »'.

Ainsi qu'il appert de cette disposition, la procédure décrite au point a) ci-dessus est relativement lourde et requiert un délai plus ou moins long, entre la signature de l'Accord ou Traité et son entrée en vigueur, celle-ci résultant de l'échange des instruments de ratification, d'approbation, d'adhésion.

Le point b) de l'article 10 susvisé a impulsé le développement d'une pratique internationale destinée à alléger la procédure fixée au point a) dudit article pour les accords qui ne figurent pas dans l'énumération de l'alinéa 2 de l'article 149 de la constitution. L'objet de tels accords est technique et est conclu, en général, sans clause de ratification.

Cet allègement trouve sa substance dans le consensualisme qui domine le droit des traités et dans le fait que c'est l'intention des parties qui commande complètement les modes de conclusion des traités, pourvu que cette intention ait une clarté suffisante au regard de la pratique habituelle.

Pour les accords à forme simplifiée, la signature vaut expression définitive du consentement à être lié. La signature pourrait, d'ailleurs, être remplacée par le paraphe, avec le même effet, si les États en conviennent ainsi[209]. Si la signature est apposée *ad referendum,* elle n'aura effet qu'après confirmation, mais cette dernière a normalement un effet rétroactif[210].

En ce qui concerne l'accord en forme simplifiée ou « *Exécutive Agreement* »', parce que la signature tient lieu de ratification et confère force juridique audit accord dès la signature, par conséquent, la procédure se trouve considérablement simplifiée et, simultanément, elle exclut la phase parlementaire de ratification, écartant, du coup, le Parlement de la négociation et de la ratification des engagements internationaux.

L'Accord, dont il est question dans l'arrêt N° 001, répond-il à la forme simplifiée qui permet à un État de s'engager définitivement par une expression simple du consentement à être lié, comme la signature, qui fait produire au Traité l'effet immédiat de ses clauses ?

La soumission de ce protocole à la procédure de l'article 150 de la Constitution conduit à la réponse négative. Dès lors, on est en droit de se demander pourquoi l'usage par la Cour constitutionnelle des termes : *« accord en forme simplifiée » ?*

---

[209] Convention de Vienne sur le droit des traités, article 12

[210] Ibidem

En tout état de cause, les articles 149 et 150 limitent les pouvoirs de l'Assemblée nationale qui ne peuvent s'étendre à d'autres objets que ceux qui sont spécialement attribués par la Constitution.

SECTION II : DU CONTRÔLE DE LA LOI AUTORISANT RATIFICATION D'UN TRAITE

Le traité, en tant que norme à valeur nationale et supranationale, vise à réguler les rapports que tissent les sujets du droit international entre eux. L'insertion de cette norme dans le droit interne suppose que sa signature et sa ratification aient été réalisées en conformité avec la Constitution. Dans le processus de cette insertion, la ratification apparait comme un acte spécifique à l'ordre juridique international.

En effet, la ratification est un acte qui concerne les rapports entre les sujets du Droit des gens. Son accomplissement ne peut donc être réalisé que par le Chef de l'État qui, en vertu de l'article 149 de la constitution engage internationalement l'État, en confirmant l'action de son représentant.

C'est à ce titre que la ratification est admise comme l'acte traditionnel conférant solennité aux traités. L'approbation a le même caractère d'insertion de la norme internationale dans le droit interne et le même objet.

Par ailleurs, l'entrée en vigueur d'un accord, comme le rappelle l'article 24 de la Convention de Vienne de 1969 est subordonnée aux stipulations contractuelles qu'il contient ;

La Constitution de la République de Guinée, contrairement à bien d'autres constitutions, a pris position, de façon expresse, dans la controverse entre monisme et dualisme, aussi bien quant au droit international général, que quant au droit international conventionnel. En effet, les termes de l'article 151 de la Constitution, en proclamant : *« les traités ou accords régulièrement approuvés ou ratifiés ont, dès leur publication, une autorité supérieure à celle des lois, sous réserve de réciprocité »* valent reconnaissance explicite du monisme avec primat de la règle internationale et de la nécessité de la transformation du droit international conventionnel en droit interne.

On peut déduire de cette disposition que si le pouvoir de conclure des traités compte traditionnellement parmi les prérogatives de l'Exécutif, il n'en est pas moins évident aujourd'hui qu'à la faveur de la démocratisation de la vie publique, nationale et internationale, ce pouvoir est tombé progressivement sous le contrôle parlementaire.

Dans ce domaine, on peut relever que l'évolution constitutionnelle tend, de plus en plus, à tempérer le principe de la séparation rigide des pouvoirs par celui de leur équilibre, impliquant une étroite collaboration des organes de l'État. Tel est le sens du dernier alinéa de l'article 2 de la constitution guinéenne[211].

On peut donc concevoir que le pouvoir de conclusion des traités est, en fait, l'expression d'un véritable pouvoir mixte.

Si l'alinéa 1 de l'article 149 de la constitution rend indispensable le concours du président de la République, l'alinéa 2 montre que ce concours ne suffit pas, car il impose que les traités les plus importants reçoivent l'approbation du pouvoir législatif. Cette exigence répond à une double nécessité : assurer la démocratisation des relations internationales en obligeant l'Exécutif à soumettre les traités au contrôle de l'Assemblée nationale qui, seule, autorise le président de la République à les ratifier ; à introduire les traités, par ce moyen, dans le droit interne en leur donnant une assise juridique, conforme à la conception moniste, avec suprématie de la norme internationale.

Seule donc une loi interne peut intégrer la norme de droit international conventionnel dans le droit interne. De là le double rôle de la loi de ratification ou d'approbation prévue par les articles 149 et 150.

Il convient de signaler, qu'en faisant l'énumération des traités qui ne peuvent être ratifiés ou approuvés que par une loi, la Constitution guinéenne ne soumet pas tout traité à la procédure parlementaire. Il est évident, que pour les accords de nature administrative ou technique, dont le nombre ne cesse d'augmenter, l'approbation parlementaire

---

211 Le principe de la séparation et de l'équilibre des Pouvoirs est consacré

n'est ni appropriée, ni indispensable. Sans parler des accords en forme simplifiée.

Les premiers se distinguent des seconds, précisément, en ce qu'ils n'ont pas besoin de ratification ou d'approbation parlementaire.

Malheureusement, l'on croit, en Guinée, que la ratification signifie automatiquement procédure parlementaire d'autorisation, sacrifiant ainsi la prérogative constitutionnelle attribuée au président de la République de ratifier, sous la seule réserve de l'alinéa 2 de l'article 149 de la loi suprême et de l'article 14 de la convention de Vienne du droit des traités.

Les Arrêts de la Cour constitutionnelle auraient dû faire œuvre pédagogique, en précisant dans leurs motifs que la nature ou les clauses de l'Accord ou du Traité imposent ou non la procédure parlementaire d'autorisation à ratifier et en tirer la conséquence que cette procédure est ou non de droit.

De toute apparence, la Cour constitutionnelle semble, en général, ne porter son regard que sur d'autres aspects que celui du contrôle de constitutionnalité et qu'elle se borne à constater : « *considérant qu'il résulte du préambule que le projet est jugé techniquement bien conçu, économiquement et socialement viable ;* » *Considérant, en outre, que cet Accord a été signé par des autorités compétentes en la matière".*

Ce constat revient dans les arrêts de la Cour constitutionnelle comme un « *leitmotiv* » agaçant. La question est de savoir si le fait qu'un projet soit « *jugé techniquement bien conçu, économiquement et socialement viable* » suffit pour en déduire sa conformité à la constitution ?

I. PRINCIPE DU DOUBLE CONTRÔLE

Dans l'Arrêt N° AC 005 du 25/08/2015, la Cour constitutionnelle pose un certain nombre de principes.

Premièrement, la Cour affirme le double contrôle qu'elle effectue à l'occasion de la procédure de ratification, à savoir :

- la vérification de la conformité du traité à la constitution,

▪ la vérification de la conformité de la loi autorisant la ratification à la constitution.

Elle exprime ce double contrôle en ces termes : « *mais considérant que dans la procédure de ratification d'un traité, la Cour peut intervenir non seulement pour vérifier la conformité dudit traité à la Constitution, mais aussi pour vérifier la conformité à la constitution de la loi d'autorisation de ratification* ».

Secondement, elle souligne l'antériorité du contrôle de la loi autorisant la ratification d'un traité à la promulgation de ladite loi. À ce sujet, la Cour déclare : « *considérant qu'en l'espèce l'article 150 de la constitution prescrit : « une loi autorisant la ratification ou l'approbation d'un engagement international ne peut être promulguée et entrer en vigueur lorsqu'elle a été déclarée non conforme à constitution" ; qu'il s'ensuit que le contrôle d'une loi de ratification ne peut intervenir, par la voie d'action sur saisine du président de la République après la promulgation*... »

La cour explique : « *considérant que c'est pour cette raison que la saisine de la Cour Constitutionnelle suspend le délai de promulgation et que la déclaration de conformité est, en vertu de l'article 25 de la Loi organique portant Organisation et fonctionnement de la Cour Constitutionnelle, antérieure à la ratification".*

Cette loi, que cite la Cour, autorise à ratifier ou à approuver, mais elle n'y oblige en aucune manière. La question qui se pose, ici, à propos de ce contrôle, est de savoir dans quel cas il est prévu ?

Dans la liste de l'article 149 de la constitution, on trouve, tout d'abord, des traités particulièrement importants qui, dans un régime représentatif, rendent inconcevable que le peuple ou ses représentants ne soient pas associés à la mise en vigueur d'un traité.

Ensuite, presque tous les traités énumérés interviennent dans une matière où le législateur guinéen a compétence de légiférer. Ces matières figurent dans les articles 149, 150 et 151 de la constitution. Il serait inadmissible, alors que le gouvernement ne peut pas intervenir dans le domaine interne, qu'il contourne la loi, afin de ratifier au niveau international. Par exemple, à propos des traités qui engagent les finances de l'État : c'est le législateur seul qui autorise les dépenses du gouvernement. Il faut donc une autorisation au niveau international.

Il est bien connu qu'on ne puisse ratifier ou approuver un traité que dans son ensemble. L'existence d'une contradiction ouvre une alternative.

Étant admis que la Constitution est la norme fondamentale de référence, supérieure à toute autre ; à partir du moment où un traité comporte une clause contraire à la Constitution, soit l'Etat renonce à conclure le traité, soit le traité est politiquement indispensable, alors il faut modifier la Constitution.

Le système guinéen, sur le fondement des articles 149, 150 et 151, réserve la nécessité d'une autorisation parlementaire aux traités les plus importants.

En effet, l'article 150 alinéa 2 veut que lorsque la cour constitutionnelle a déclaré qu'un engagement international comporte une clause contraire à la Constitution, l'autorisation de ratifier ou d'approuver l'engagement international en cause ne puisse intervenir qu'après révision de la Constitution. Il s'ensuit que si la Cour constitutionnelle, saisie sur ce fondement, a déclaré un traité contraire à la Constitution, l'État a donc le choix entre procéder à une révision de la Constitution ou abandonner le processus de ratification.

Il en va de même lorsque la Cour constitutionnelle, saisie d'une loi autorisant la ratification d'un traité préalablement à sa promulgation, juge ce dernier contraire à la Constitution. Dans la pratique, la saisine de la Cour constitutionnelle préalablement à la ratification ou à l'approbation d'une convention internationale est relativement rare ; si bien que les conflits de normes entre traités et Constitution ne sont pas tous purgés avant que les premiers n'entrent dans l'ordonnancement juridique interne.

Dans ces cas, il revient aux juridictions de se prononcer sur leur articulation. Dans ce sens, la constitution attribue compétence à la cour constitutionnelle de se prononcer sur la conformité d'un engagement international à la Constitution. À cette fin, elle est saisie par le Président de la République, le Président de l'Assemblée nationale et un dixième des députés.

Une loi autorisant la ratification d'un traité peut, comme toute autre loi, être déférée à la Cour constitutionnelle, soit avant sa promulgation, soit avant l'adoption de la loi autorisant la ratification.

Dans l'un comme dans l'autre cas, si la convention est déclarée non conforme à la Constitution, l'autorisation de la ratifier ou de l'approuver ne peut intervenir qu'après une révision constitutionnelle.

La conduite des négociations diplomatiques étant une prérogative de l'Exécutif, les textes législatifs d'autorisation de ratification ou d'approbation d'une convention internationale relèvent de l'initiative gouvernementale.

II. DU PRINCIPE D'ANTÉRIORITÉ DE LA SAISINE DE LA COUR SUR LE DÉCRET DE PROMULGATION (ARRÊT N° AC 11 du 01/12/2015 de la Cour Constitutionnelle)

Le dispositif de cet arrêt est conçu en ces termes :

- *Déclare, sur la base des moyens soulevés d'office, inexistants le décret N° 193/PRG/SGG du 06 octobre 2015 portant promulgation de la loi L/2015/029/AN du 1er octobre 2015 portant Ratification de la Convention d'Établissement d'une raffinerie de Pétrole ;*
- *Déclare contraire à la Constitution et par conséquent nulle et de nul effet, la loi 029/AN du 1er octobre 2015 ;*
- *Dit que la Convention d'Etablissement d'une raffinerie de Pétrole à Kamsar sera soumise au contrôle de la Cour après adoption d'une loi d'Autorisation de ratification par l'Assemblée nationale... »'*

Fin de citation.

La lecture de ce dispositif et de ses motifs soulève de nombreuses interrogations au relent de perplexité.

Il y a lieu de se demander, en dehors du mimétisme, ce que la Cour entend par : « *Déclare, sur la base des moyens soulevés d'office, inexistant le décret N° 193/PRG/SGG du 6 octobre 2015* ».

Comment la Cour peut-elle se prononcer sur cette inexistence, d'autant que de toute évidence, elle serait saisie du contrôle de constitutionnalité de la convention relative à une raffinerie à Kamsar.

Le motif, qui fonderait le dispositif cité supra, quant à la violation de la Constitution résulterait de la postérité de la saisine de la Cour par rapport au décret de promulgation.

En effet, cette règle, du reste impérative, est posée par l'alinéa 2 de l'article 150 de la Constitution, qui dispose : « *Une loi autorisant la ratification ou l'approbation d'un engagement international ne peut être promulguée et entrer en vigueur lorsqu'elle a été déclarée non conforme à la Constitution* ».

Il faut rappeler et admettre avec la Cour Constitutionnelle qu'effectivement le principe de constitutionnalité suppose que la constitution demeure le principe suprême du droit de l'Etat et que son respect obligatoire et nécessaire doit être assuré et préservé.

C'est pour faire valoir la supériorité des normes internationales que les articles 149 à 151 de la constitution guinéenne ont institué la procédure de leur ratification assortie d'un contrôle préalable de constitutionnalité des actes internationaux, tout en prévoyant la possibilité d'une révision constitutionnelle, en cas de conflit entre le traité et la constitution.

Donc, on aurait pu admettre que c'est à bon droit que la Cour a pu rappeler dans sa décision la règle de l'antériorité de sa saisine sur les décrets de promulgation des lois autorisant la ratification, si la constitution en son article 150 n'avait pas été d'une clarté cristalline. Elle dit, citation : « *... ne peut être promulguée et entrer en vigueur lorsqu'elle a été déclarée...* » et non « *ne peut être promulguée et entrer en vigueur* » **avant** qu'elle ait été déclarée.

La conjonction « *'lorsque »'* indique la concomitance dans le temps, parfois avec une valeur d'opposition. Elle fixe le moment ou l'époque. Si, premièrement, l'on part du principe que la loi d'autorisation est une loi ordinaire, alors, le contrôle préalable de sa constitutionnalité, c'est à dire avant la promulgation, est facultative, selon l'alinéa 2 de l'article 95 de la Constitution.

Deuxièmement, ce ne sont pas, comme il est dit et répété, ici, tous les Accords et Traités qui subissent la procédure parlementaire de ratification, donc de contrôle *a priori* préventif, entendu que l'article 12 de la Convention de Vienne sur le droit des traités a prévu l'entrée en vigueur des traités et accords à forme simplifiée par la seule signature ayant pour effet d'exprimer, d'accord parties, le consentement de l'État à être lié.

La Cour ne peut donc faire grief à l'Exécutif d'avoir promulgué la loi de ratification avant le contrôle de constitutionnalité de ladite loi ; étant admis que lorsque le contrôle de constitutionnalité de la loi ou le contrôle de conformité du traité, qu'il soit *a priori* ou a *posteriori*, révèle l'existence de dispositions ou clauses contraires à la constitution, celles-ci peuvent entrer en vigueur ou s'appliquer.

Mais, curieusement, pour justifier sa décision, la Cour vise plutôt les dispositions de l'alinéa 2 de l'article 95 de la Constitution qui énoncent, non pas une obligation, mais une faculté, en ces termes : *« les lois ordinaires, avant leur promulgation, peuvent être déférées à la Cour Constitutionnelle soit par le Président de la République, soit par le Président de l'Assemblée nationale ou par un dixième des députés.*

En conséquence, on peut affirmer qu'il y a un décalage sérieux entre la base juridique et la substance de la décision de la Cour. Celle-ci pourrait s'analyser comme une fausse interprétation de la constitution pour la raison évidente que la constitution se trouve justement être la loi à la base de la légitimité de toutes les normes inférieures, le traité y compris.

C'est, d'ailleurs, elle qui détermine la supériorité de la règle du droit international sur le droit national et construit la hiérarchie des normes sur le plan interne.

Or, la Cour, dès l'entrée de jeu, indique que c'est bien "'*le contrôle de la conformité de la Loi autorisant la ratification de la Convention d'une raffinerie de Pétrole à Kamsar…*"' qui lui est demandé par la lettre N° 241/PRG/SGG du 27 octobre 2015.

L'allusion explicite à la taxonomie juridique, établie par l'article 2, alinéa 7 de la Constitution, a conduit la Cour à se prononcer sur l'inexistence des décrets, alors que la déclaration par la Cour de la non-conformité de la loi promulguée, la rendant donc inapplicable, frappait automatiquement et par ricochet les décrets, dont s'agit, de caducité immédiate et absolue. Car en toute logique, la Cour est saisie d'un accord entre lesquels et le décret, la loi sert d'écran.

Il est bien évident que la promulgation est destinée à :

• attester de l'existence de la loi, de la régularité de la procédure législative,

• conférer au texte voté le caractère authentique,

• et à donner l'ordre aux autorités publiques d'observer la loi et de la faire observer.

À l'issue de la promulgation, le texte est rendu obligatoire et exécutoire.

L'annulation de la loi entrainait *ipso facto*, par l'effet du lien de causalité, l'obsolescence ou la caducité des décrets.

Par ailleurs, l'acte de ratification étant une opération dévolue par la Constitution[212] au pouvoir exécutif, donc un acte à fondement constitutionnel ; on aurait pu être de l'avis de la Cour que le contrôle de sa régularité est, en cela, un contrôle de constitutionnalité par lequel la Cour Constitutionnelle protège la Constitution, si celle-ci lui en avait expressément donné compétence, ce qui n'est pas le cas.

Ainsi que cela apparait dans la logique des dispositions constitutionnelles et légales relatives aux attributions de la Cour constitutionnelle, le contrôle sur la régularité procédurale de la conclusion des engagements internationaux n'est pas exercé à titre principal par la Cour constitutionnelle. En effet, comme il a été souligné plus haut, le juge constitutionnel ne dispose que de compétences d'attribution et aucun texte ne lui donne compétence à ce sujet.

La Cour constitutionnelle peut, tout au plus, connaître la question de façon incidente, à l'occasion de l'examen d'une saisine opérée sur le fondement des articles 149 à 151 de la Constitution.

Ce contrôle se heurte toutefois à une limite naturelle lorsque la ratification a été autorisée en vertu d'une loi : dans cette hypothèse, la loi de ratification fait écran au contrôle de constitutionnalité du décret de publication.

III. ARRÊT N° AC DU 01/12/2015CONTROLE DE CONFORMITÉ DE LA CONVENTION D'ÉTABLISSEMENT D'UNE RAFFINERIE DE PÉTROLE A KAMSAR

Le contrôle de conformité de cette convention est l'occasion pour la Cour constitutionnelle de soulever des questions préoccupantes.

1. DU CARACTÈRE FACULTATIF DE LA SAISINE DE LA COUR PAR LE CHEF DE L'ÉTAT

La Cour constitutionnelle écrit à la page 2 de cet arrêt ; "'*Considérant que, conformément aux dispositions de l'article 95*

[212] Article 149 à 151, Constitution

*alinéa 2 de la Constitution, le Président de la République peut déférer à la Cour constitutionnelle les lois ordinaires avant leur promulgation ; qu'il résulte donc ainsi des termes mêmes de cet article, que les décrets de promulgation de la loi de la loi d'autorisation de ratification et d'approbation de la convention elle-même doivent être postérieures à la saisine de la Cour et à la décision qui en découle ; qu'en l'espèce le décret de promulgation de la loi d'Autorisation de Ratification de la convention d'établissement et le décret de Ratification de cette convention sont intervenus antérieurement à la saisine de la Cour, qu'il s'agit là, d'une violation de la Constitution, qui préjuge de la Cour puisque, conformément aux dispositions de l'article 80 alinéa 4,"" **une disposition d'une loi déclarée non conforme à la Constitution ne peut être promulguée ni appliquée ; que cette violation fait également obstacle à l'exercice par la Cour de son contrôle**''''*

La Cour revient sur sa considération de l'existence d'une antériorité de la saisine de la Cour sur la promulgation d'une loi sur une base d'erreur. Puisque la Cour constitutionnelle elle-même, dans le texte cité plus haut, mentionne : ''''***conformément aux dispositions de l'article 95 alinéa 2 de la Constitution, le Président peut déférer à la Cour les lois ordinaires avant leur promulgation''''***.

A contrario, l'article 83 de la Constitution ne laisse aucune place à la "'faculté"' ou à la "'possibilité"' quand il proclame :"' ***Les lois qualifiées d'organiques par la présente Constitution sont votées et modifiées à la majorité des deux tiers des membres composant l'Assemblée nationale. Elles ne peuvent être promulguées si la Cour Constitutionnelle, obligatoirement saisie par le Président de la République ne les a déclarées conformes à la Constitution.*** »'

Cette disposition pose incontestablement la règle de l'antériorité de la saisine de la Cour sur la promulgation. Ce qui n'est le cas ni dans l'article 95, ni dans l'article 150.

Quand, en plus, la Constitution dit "'***le Président peut déférer"' ;*** l'emploi du verbe **"'*pouvoir*"'** implique que l'action de "'***déférer***"' dépend de sa volition. Il s'agit alors d'une faculté et non d'une obligation, ce qui induit que **"'le Président peut ne pas déférer"'** et si, condition il ya, elle est potestative.

Or, lorsque la Cour, poursuivant son raisonnement, déclare de façon péremptoire: "'*qu'il résulte donc ainsi des termes mêmes de cet article, que les décrets de promulgation de la loi d'autorisation de ratification et de d'approbation de la convention elle-même doivent être postérieures à la saisine de la Cour et à la décision qui en découle ; qu'en l'espèce le décret de promulgation de la loi d'Autorisation de Ratification de la convention d'établissement et le décret de Ratification de cette convention sont intervenus antérieurement à la saisine de la Cour"',* on ne devrait pas s'étonner du caractère insolite de l'hypothèse de la postériorité des décrets par rapport à la saisine de la Cour, mais en être effrayé, car la Cour affirme : '''' ***qu'il résulte donc ainsi des termes mêmes de cet article****".*

Quels termes de la loi posent cette antériorité qui conduit la Cour à relever une violation, qui s'entend de la transgression d'une règle ?

La Cour n'aurait-elle pas procédé par amalgame, en voulant appliquer à la loi ordinaire la règle spécifique ou le régime juridique propre à la loi organique, quand on sait que le contrôle de constitutionnalité par voie d'exception s'opère sur une loi déjà entrée en vigueur. Peut-on alors admettre la postérité de la promulgation à la saisine de la Cour comme principe directeur ?

La référence à l'alinéa 7 de l'article 2 de la Constitution est simplement la manifestation d'une irréductible obsession à vouloir contrôler une loi ordinaire avant sa promulgation, surtout que le contrôle de conformité concerne la convention, dont aucune clause ne doit être contraire à la Constitution, car alors se pose le choix entre la rejeter ou porter des réserves, réviser la constitution ou rejeter la convention.

2. DE LA CONCOMITANCE DU CONTRÔLE D'UNE LOI D'AUTORISATION DE RATIFICATION AVEC CELUI DE LA CONVENTION DONT ELLE AUTORISE LA RATIFICATION

Il est surprenant que la Cour constitutionnelle ait pu affirmer : *« Considérant que le contrôle de constitutionnalité d'une loi d'Autorisation de Ratification porte aussi bien sur cette loi qu'éventuellement sur la Convention dont elle autorise la ratification »',* alors que l'article 151 de la constitution dispose :

« ***'Les traités ou accords régulièrement approuvés ou ratifiés ont, dès leur publication, une autorité supérieure à celle des lois, sous réserve de réciprocité »'***. C'est la constitutionnalité de la convention qui justifie et entraine le contrôle de la loi d'autorisation à ratifier et non l'inverse.

La Cour constitutionnelle guinéenne ignore-t-elle que le contrôle de constitutionnalité est un contrôle « objectif », lequel ne porte que sur la constitutionnalité de l'acte déféré à la Cour en tant que telle, en dehors du contexte dans lequel il est fait application de cet acte. C'est d'autant plus évident que l'acte déféré à la Cour ne peut pas encore, les articles 95 et 150 de la Constitution sont sans équivoque là-dessus, être appliqué, aussi longtemps que la Cour n'en a pas constaté la conformité avec la Constitution.

Il y a tout lieu de croire, à la lecture de ses décisions, que la Cour constitutionnelle guinéenne s'inspire indistinctement du système français. Or, en France, il n'y a que le contrôle préventif de la loi, pendant qu'en Guinée, il existe aussi le contrôle *a posteriori*, c'est-à-dire le contrôle sur la base d'un recours contre une loi promulguée ou d'une exception d'inconstitutionnalité soulevée à l'égard d'une telle loi. La Constitution guinéenne a combiné ainsi le contrôle constitutionnel à la française et le contrôle constitutionnel à la belge.

Il va de soi que la coexistence d'un contrôle préventif et abstrait avec un contrôle *a posteriori*, abstrait ou concret, pose des problèmes particuliers, dont la nature et, peut-être aussi, les effets échappent à la Cour guinéenne.

Le Titre XVII de la Constitution guinéenne, ayant conféré aux traités et accords internationaux une autorité supérieure à celle des lois, a posé à l'article 150 la règle pour trancher les conflits entre un traité ou un accord et la Constitution, à travers un contrôle préventif de la constitutionnalité. Ce contrôle porte sur tous les traités ou accords internationaux, c'est-à-dire aussi bien sur ceux qui sont soumis à la ratification ou l'approbation parlementaire avant leur ratification que sur ceux qui peuvent être ratifiés sans approbation parlementaire.

Il s'agit donc d'un contrôle préventif et facultatif, en ce que, d'un côté et à titre préventif, la Cour constitutionnelle peut être consultée à tout moment, avant l'approbation ou la ratification parlementaire, lorsqu'elle est nécessaire. De l'autre, d'où le caractère facultatif, il n'y a aucune obligation de soumettre le traité ou l'accord à la Cour constitutionnelle.

Le contrôle de la régularité procédurale de la conclusion des engagements internationaux n'est pas exercé, à titre principal, par la Cour constitutionnelle. En effet, le juge constitutionnel ne dispose que de compétences d'attribution et aucun texte ne lui donne compétence à ce sujet. La Cour constitutionnelle peut, tout au plus, connaître la question de façon incidente, à l'occasion de l'examen d'une saisine opérée sur le fondement des articles 149 à 151 de la Constitution.

Au sujet de l'expression « '*traités* »' ou « '*accords »'* « *modifiant des dispositions de nature législative* », il convient de préciser qu'il n'est pas nécessaire que l'engagement modifie une loi existante, il suffit que certaines de ces dispositions portent sur des matières de nature législative, telles qu'elles sont énumérées à l'article 72 de la Constitution.

S'agissant des traités et accords relatifs à une organisation internationale, l'adoption d'une loi d'autorisation est nécessaire.

Quant à la portée de l'exigence de réciprocité énoncée à l'article 151, celle-ci est réputée remplie, s'agissant d'un traité multilatéral, dès lors que le dernier État signataire du nombre requis a déposé son instrument de ratification.

La règle de réciprocité, faut-il le souligner, n'est pas une condition de la conformité des lois à la Constitution, elle est seulement susceptible d'affecter la supériorité des traités ou accords sur les lois.

Dans la pratique de la justice constitutionnelle, il est largement admis que les normes internationales ne font pas partie du bloc de constitutionnalité, car une loi contraire à un traité n'est pas pour autant considérée contraire à la Constitution et, dans ces conditions, il n'appartient pas à la juridiction constitutionnelle, lorsqu'elle est saisie, en application de l'article 83 de la Constitution, d'examiner la conformité d'une loi aux stipulations d'un traité ou d'un accord international.

L'exercice de ce contrôle de conventionalité est susceptible de créer des interférences avec le contrôle de constitutionnalité relevant de la compétence de la Cour constitutionnelle. Ces interférences résultent de ce que le juge administratif et le juge judiciaire peuvent être saisis de la question de la conventionalité d'une loi déclarée conforme à la Constitution. Elles sont essentiellement susceptibles de se poser lorsque sont en cause des conventions internationales reconnaissant des droits et libertés fondamentaux consacrés dans des termes très proches des droits et libertés reconnus par la Constitution ou d'autres textes de valeur constitutionnelle.

La coexistence d'une protection constitutionnelle et d'une garantie internationale de certains droits fondamentaux pose directement la question de l'articulation, voire de la concurrence, entre contrôle de constitutionnalité et contrôle de conventionalité.

C'est le cas en ce qui concerne la mise en application du traité de la CEDEAO sur la libre circulation des personnes et des biens et les exigences de sécurité frontalière ou de droit de Douane.

L'existence d'une procédure de prévention des conflits entre les traités et la Constitution impose aux juridictions de droit commun à ne pas exercer un tel contrôle, la Cour constitutionnelle demeurant la seule juridiction nationale à pouvoir procéder au contrôle de la compatibilité avec la Constitution d'un traité ou d'un accord.

Bien évidemment, il faut rappeler que ce contrôle a la particularité d'intervenir uniquement avant la ratification ou l'approbation de l'engagement, puisque dès lors que le traité ou l'accord est entré en vigueur, il peut servir de norme de référence pour juger de la compatibilité de la loi, mais il échappe lui-même à tout contrôle de compatibilité avec la Constitution.

Il serait inexact de supposer ou déduire de tout ce qui précède que le droit international n'exerce d'influence sur la Cour constitutionnelle qu'à l'occasion du contrôle de la constitutionnalité des engagements internationaux. Le droit international exerce une influence certaine sur les normes de référence que la Cour utilise à l'occasion du contrôle de constitutionnalité des lois. Parmi ces normes figurent, en effet, des dispositions de valeur constitutionnelle intéressant le droit international ou influencées par lui.[213]

---

[213] , *M. Bamba Dieng et autres*, p. 72, pour un accord international modifiant des dispositions de nature législative au sens des dispositions de l'article 53

Il existe, en effet, une réelle complémentarité que la Cour constitutionnelle devrait s'attacher à développer entre elle et les autres juridictions nationales dans la prise en compte du droit international, car si la Cour constitutionnelle assure la primauté de la Constitution sur les traités, de manière préventive, il revient aux juridictions ordinaires d'assurer *a posteriori* la primauté des traités sur les lois, surtout que l'article 62 de la L/2011/006/CNT du 10 mars 2011, en son alinéa 4, dispose : « *la Cour constitutionnelle n'a pas compétence de donner des interprétations contraignantes des lois, elle procède à des interprétations contraignantes de la Constitution.*

En conclusion, la Cour constitutionnelle devrait admettre que le contrôle de constitutionnalité concerne des engagements internationaux que l'on envisage de ratifier et non pas ceux qui ont déjà été entérinés. Donc, elle devrait s'abstenir de l'aventureuse appréciation de l'existence ou de l'inexistence des décrets de promulgation avant sa saisine. Elle devrait se refuser ainsi, par principe, à tout contrôle de constitutionnalité à l'égard des traités déjà introduits dans l'ordre juridique interne, à plus forte raison de celui des décrets de promulgation auxquels la loi de ratification sert d'écran.

3. DE L'INCOMPÉTENCE SUPPOSÉE DE LA COMMISSION DES DÉLÉGATIONS DE L'ASSEMBLÉE NATIONALE

Dans ses motifs, la Cour a également considéré que la Commission des délégations n'avait ni compétence ni vocation pour voter et adopter une loi.

Elle vise les articles 40 à 45 du règlement intérieur[214] et, sous la forme d'un *obliter dictum,* fonde son raisonnement sur l'article 42 dudit règlement intérieur pour refuser le transfert du pouvoir de voter les lois à la Commission, en prenant appui sur les articles 51 et 72 selon lesquels « ''*... l'Assemblée nationale vote seule la loi et.......* »'

La Cour considère « '*qu'en tout état de cause, attribuer une compétence législative à une commission de l'Assemblée nationale est contraire aux dispositions de l'article 161 de la Constitution qui n'autorise l'application d'une législation ancienne, comme c'est le cas du règlement intérieur de 1991, que si elle n'a rien de contraire à*

[214] loi L/91/015/CTRN du 23 décembre 1991

la Constitution en vigueur dont l'article 72 confère à l'Assemblée nationale seul le pouvoir de voter la loi »'.

La Cour reproche ainsi à la loi d'avoir été adoptée par la Commission des délégations et, sur le fondement de l'alinéa 7 de l'article 2 de la constitution, décide de la déclarer nulle et de nul effet. Or, la Cour ne peut ignorer qu'une **commission parlementaire** est un groupe de députés chargés, notamment, d'accomplir les missions dévolues à l'organe législatif par la Constitution.

De quoi s'agit-il ?

À suivre le raisonnement de la Cour, on peut inférer, d'une part, qu'il s'agisse d'un contrôle *a priori* comme d'un contrôle *a posteriori*, que le contrôle de constitutionnalité des traités met en avant la constitution.

Contrôle exprime, par là même, la prise en compte juridictionnelle du principe constitutionnel de la hiérarchie des normes et vise à sanctionner toute norme contraire à la constitution.

De toute évidence, la Cour ne reconnait pas à l'Assemblée le pouvoir de déléguer ses pouvoirs de législation à la Commission des délégations. Elle va plus loin dans la négation de la faculté de transfert partiel de l'exercice du pouvoir de l'Assemblée à la Commission des délégations, elle querelle la validité de la délégation faite à la Commission des délégations, et refuse de porter son analyse sur les conditions suivantes de la délégation de pouvoir, à savoir :

1. Le délégant doit être détenteur du privilège de transférer tout ou partie de ses pouvoirs ;
2. Le Délégataire doit disposer de la compétence, des moyens et de l'autorité nécessaires pour exercer le pouvoir à transférer ;
3. La délégation doit résulter d'éléments clairs et précis qui peuvent être juridiques ou factuels ou tirés d'un contexte ;
4. La délégation doit être limitée dans son champ et dans le temps.

La première condition de la délégation de pouvoirs est la compétence du délégant et du délégataire, c'est-à-dire le droit d'agir, l'habileté à décider, à remplir une fonction, prendre et assumer des responsabilités.

De ce qui précède, la compétence suppose que celle du délégant, c'est-à-dire l'Assemblée nationale, dans le présent cas, est juridiquement consubstantielle à celle du délégataire qu'est la *commission des délégations,* puisque résultante d'un texte à valeur constitutionnelle, le règlement intérieur[215].

En se prononçant dans le sens de la négation du droit de l'Assemblée nationale de déléguer à une de ses commissions des pouvoirs, la Cour constitutionnelle s'arroge des pouvoirs qu'elle n'a pas, puisque le pouvoir de régulateur du fonctionnement des institutions est très limité par la loi organique qui régit son fonctionnement.

En effet, d'une part l'article 35 de la L/2011/006/CNT portant organisation et fonctionnement de la Cour constitutionnelle dispose : *« la Cour constitutionnelle veille à la séparation et l'équilibre des pouvoirs afin que ni l'exécutif, ni le Législatif, ni aucune institution constitutionnelle ne s'arrogent des prérogatives non conférées par la Constitution...... ».*

Dans la logique de cet article, la même loi dispose « '*En cas de conflit de compétence entre des institutions constitutionnelles, la Cour constitutionnelle est saisie par la plus diligente des institutions concernées »'.*

Il résulte de ces deux dispositions de la Loi organique susvisée que conformément à l'article 94 de la Constitution, la Cour constitutionnelle statue sur *« **les conflits d'attributions entre les organes constitutionnels.*** »' pour assurer leur séparation et l'équilibre de leurs pouvoirs.

Or, dans ce curieux arrêt, la Cour outrepasse les prérogatives qui lui sont reconnues, en allant jusqu'à dénier à l'Assemblée nationale représentative du peuple, la prérogative que la Constitution lui attribue à l'article 67, à savoir qu'au moyen du règlement intérieur l'institution parlementaire guinéenne ***« 'détermine. le nombre, le mode de désignation, la composition et la compétence des commissions permanentes ; d'une façon générale, toute règle ayant pour objet le fonctionnement de l'Assemblée nationale dans le cadre des compétences que lui attribue la Constitution »'.***

En quoi et avec qui l'Assemblée nationale serait-elle en conflit à cause ou à travers cette délégation de ses pouvoirs ? Est-ce avec un organe qui lui est interne et qui est justement prévu pour son fonctionnement autonome ?

Il est dans la pratique de nombreux États que l'institution parlementaire procède par délégation de pouvoirs à ses commissions

---

[215] Article 67, Constitution

pour accomplir des missions spécifiques qui relèvent de sa compétence.

Si en Guinée, c'est en vertu de l'article 41 du règlement intérieur (loi organique L/1191//015 du 23 décembre 1991 portant règlement intérieur de l'Assemblée nationale), sur le fondement de l'article 67 de la Constitution, que ***« la commission des délégations délibère et vote sur les affaires qui lui sont renvoyées par l'Assemblée, dans les limites de la délégation qui lui est donnée »***, au Sénégal, la constitution en son article 65 règle cette délégation de pouvoir en ces termes : ***« L'Assemblée nationale peut déléguer à sa commission des délégations le pouvoir de prendre des mesures qui sont du domaine de la loi. Cette délégation s'effectue par une résolution de l'Assemblée nationale dont le Président de la République est immédiatement informé. Dans les limites de temps et de compétence fixées par la résolution prévue ci-dessus, la commission des délégations prend des délibérations qui sont promulguées comme des lois. Ces délibérations sont déposées sur le bureau de l'Assemblée nationale. Faute d'avoir été modifiées par l'Assemblée nationale dans les quinze jours de la session, elles deviennent définitives »***.

La délégation de pouvoirs faite par l'Assemblée n'a rien d'inconstitutionnel. C'est plutôt l'Arrêt de la Cour, qui a débordé les frontières de ses attributions et s'est attribué des prérogatives qui ne lui sont pas dévolues, qui est contraire à la Constitution en ce qu'elle s'ingère dans le fonctionnement des institutions qui échappe à sa juridiction.

C'est ce paradoxe que l'on lit dans l'Arrêt de la cour constitutionnelle qui, s'inscrivant en contre-courant des principes de la délégation de pouvoirs, déclare, citation : « *considérant que, dans le cadre du travail législatif au sein de l'Assemblée nationale, il existe des Commissions au nombre desquelles figure la Commission des délégations ; que selon les articles 40 à 45 du Règlement intérieur de l'Assemblée nationale, celle-ci peut, renvoyer certaines affaires à la Commission des Délégations pour étude ; que si l'article 42 de ce règlement intérieur utilise les mots "vote et adopte", il ne s'agit aucunement d'un transfert à la Commission des Délégations du pouvoir de voter les Lois ; qu'il en résulte que la Commission des Délégations n'a pas compétence de voter les lois, surtout s'agissant de ratifier une Convention qui modifie des dispositions de nature législative et engage les finances de l'État pour une durée de quatre-vingt-neuf (99) ans ».* Fin de citation.

On peut légitimement faire grief à cet arrêt de la Cour Constitutionnelle, dans son motif cité ci-haut, à cause de son infidélité flagrante au texte de la loi organique L/91/015/CNT du 23 décembre 1991, qui n'était pas encore modifiée.

Cet arrêt vise l'article 42 et déclare qu'il « '*utilise les mots « vote et adopte »".* Ce qui n'est pas conforme à la réalité, puisque la loi organique L/91/015 du 23 décembre 1991dispose : « '***Article 42** : La commission des délégations se réunit chaque fois que l'Assemblée nationale lui donne délégation, sur convocation de son Président »'.* Fin de citation.

Les mots *« vote et adopte »* ne figurent pas dans cette disposition. Par contre, l'article 41 de ladite loi dispose : « ' *la commission des délégations délibère et vote sur les affaires qui lui sont renvoyées par l'Assemblée, dans les limites de la délégation qui lui est donnée »'.* La loi utilise plutôt les mots « *délibère* » et « *vote* ». Cette délégation, faite par le règlement intérieur, respecte, comme on peut le constater, le principe de la délimitation du champ et du temps de la délégation.

L'article 72 de la Constitution sur les attributions de l'Assemblée nationale dispose, citation : *« 'sous réserve des dispositions de l'article 51, l'Assemblée nationale vote seule la loi et contrôle l'action gouvernementale »'.*

Le mot *« vote »* est un élément essentiel de la compétence exclusive dévolue à l'Assemblée nationale. Il figure également dans les articles 70, 73, 75, 76, 83 de la Constitution, pour indiquer que les députés à l'Assemblée discutent, donnent leur opinion ou leur suffrage dans une délibération, qui est forte de l'indépendance individuelle des parlementaires ; d'autant que voter c'est également décider par la voie du suffrage exprimé.

Quant au mot « délibère », il ne figure pas dans la Constitution, il est employé, à l'article 41, par la loi organique portant règlement intérieur, pour signifier que la formation collégiale des députes, qu'est l'Assemblée nationale, se réunit en des séances pour examiner une matière ou une affaire qui lui est soumise et, après débats, adopte une décision qui est soit une loi, soit une résolution.

En considérant les conditions de la délégation de pouvoir exposé plus haut, on est en droit de s'étonner que la Cour Constitutionnelle ait eu l'idée stupéfiante d'affirmer : « *il ne s'agit aucunement d'un transfert à la Commission des Délégations du pouvoir de voter les lois ; qu'il en résulte que la Commission des Délégations n'a pas compétence de voter les Lois.* »

Il se trouve que, contrairement à cette ahurissante interprétation de la Cour Constitutionnelle, c'est la Constitution elle-même qui a prévu la possibilité de cette délégation que rejette ladite Cour.

En effet, l'article 67[216] fait du règlement intérieur l'élément primordial de l'autonomie de l'Assemblée au regard du principe de séparation des pouvoirs édicté dans le dernier alinéa de l'article 2 de la Constitution.

L'Assemblée nationale, maîtresse de son règlement intérieur, précise dans les dispositions de ce texte, de façon rationnelle, l'organisation du travail parlementaire et de ses organes.

L'établissement du règlement intérieur, qui constitue un cadre de référence, s'opère en conformité avec la constitution et tient compte du régime politique préconisé par la Constitution, précisément le principe d'*une République unitaire, indivisible, laïque, démocratique et sociale* (art. 1er), de l'exercice de la souveraineté nationale par des représentants élus et par référendum, de la séparation des pouvoirs (art.2).

Dans ce contexte constitutionnel, le règlement intérieur de l'Assemblée nationale apparait comme le rempart faisant obstacle à des procédures devant conduire à l'adoption d'un acte du pouvoir législatif contraire à la Constitution.

Le règlement intérieur empêche donc les organes parlementaires de se démarquer des exigences constitutionnelles et de la loi.

Ainsi, l'Assemblée nationale est obligée de modifier profondément ses règlements intérieurs chaque fois qu'il y a des points d'ombres avec les lois du pays, notamment la Constitution.

On peut noter que la Constitution dispose en son article 67 : *Le Règlement intérieur de l'Assemblée nationale est fixé par une loi organique qui détermine :*

— la composition et les règles de fonctionnement du Bureau de l'Assemblée ;

— le nombre, le mode de désignation, la composition et la compétence des commissions permanentes ;

[216] Constitution

— les modalités de création de commissions spéciales temporaires ;

— l'organisation des services administratifs placés sous l'autorité du Président de l'Assemblée nationale ;

— les règles de déroulement des débats, de prises de parole, de vote et le régime disciplinaire des Députés ;

— d'une façon générale, toute règle ayant pour objet le fonctionnement de l'Assemblée nationale dans le cadre des compétences que lui attribue la Constitution.

Deux dispositions de cet article sont intéressantes :

a. « le nombre, le mode de désignation, la composition et la compétence des commissions permanentes » ;

Cette première disposition[217] dit que le règlement intérieur « '*est fixé par une loi organique qui détermine……… La composition et la compétence des commissions permanentes »'*.

b. *« 'D'une façon générale, toute règle ayant pour objet le fonctionnement de l'Assemblée nationale dans le cadre des compétences que lui attribue la Constitution »'*.

L'Assemblée nationale tient donc de la Constitution son pouvoir de déléguer, quand elle le juge utile ou nécessaire, tout ou partie de ses attributions à un organe qui lui est interne, en l'occurrence une commission composée, conformément à l'article 59 de la Constitution, de députés, élus du peuple.

En vertu l'article 67 de la Constitution, qui précise que l'Assemblée [218] fixe « *— les modalités de création de commissions spéciales temporaires* » dans le règlement intérieur[219], qui dispose à **l'article 40** : « *'L'Assemblée nationale élit en son sein, au début de chaque législature ainsi qu'à chaque session budgétaire, une commission des délégations, composée de cinq membres* » et indique à l'a**rticle 41** que « *'la commission des délégations délibère et vote sur les affaires qui lui sont renvoyées par l'Assemblée, dans les limites de la délégation qui lui est donnée* ».

La loi organique L/91/015 du 23 décembre 1991conjugue au présent de l'indicatif les verbes « *délibérer* » et « *voter »*. Or, si l'indicatif est le mode des actions certaines, le présent exprime, en légistique, une vérité générale, une règle impérative ou prohibitive.

---

[217] alinéa 1er de l'article 67 la constitution

[218] Loi organique L/91/015 du 23 décembre 1991

[219] Loi organique L/91/015 du 23 décembre 1991

Le mode indicatif et le présent étant le véhicule du langage de la loi, il est aisé de comprendre que la loi de décembre 1991 a délégué explicitement à une commission, dénommée « *commission des délégations* » les deux prérogatives les plus importantes de la fonction législative, à savoir « *délibérer* » et « *voter* » « *sur les affaires qui lui sont renvoyées par l'Assemblée, dans les limites de la délégation qui lui est donnée* ».

Le deuxième grief que l'on peut relever contre cet arrêt de la Cour Constitutionnelle est l'allusion à l'article 161 de la Constitution servant de base juridique à son affirmation de l'inaptitude de l'Assemblée nationale à déléguer « *une compétence législative à une commission...* »

La question est de savoir qui a délégué ?

Il faut admettre avec la Cour Constitutionnelle que la délégation, dont il s'agit, a sa source dans le règlement intérieur du 23 décembre 1991. Mais quand la Cour Constitutionnelle affirme : « *'attribuer une compétence législative à une commission de l'Assemblée nationale est contraire aux dispositions de l'article 161 de la Constitution qui n'autorise l'application d'une législation ancienne, comme c'est les cas du règlement intérieur de 1991, que si celle-ci n'a rien de contraire à la Constitution en vigueur, dont l'article 72 confère à l'Assemblée nationale seule le pouvoir de voter les lois »',* on est en droit de se demander ce que cette cour entend par « *'contraire à la Constitution en vigueur »',* dès lors que cette même constitution en son article 67 renvoie au règlement intérieur de l'Assemblée nationale la fixation du « *'nombre, le mode désignation, la composition et la compétence des commissions permanentes »'.*

Or, on peut noter que l'article 161 de la Constitution dispose, citation : « *la législation en vigueur jusqu'à l'installation des nouvelles Institutions reste applicable, sauf intervention de nouveaux textes, lorsqu'elle n'a rien de contraire à la présente Constitution* ».

La lecture de cette disposition constitutionnelle, en ayant à l'esprit cette affirmation de la Cour, conduit à poser deux questions simples. D'une part, qu'est-ce qui, dans le règlement intérieur est contraire à l'article 67 de la Constitution ? De l'autre, est-ce le fait que la loi organique soit ancienne, ancienneté que l'on déduirait du membre de phrase de cet article : « *'sauf intervention de nouveaux textes »' ?*

Enfin, un nouveau texte était-il intervenu qui modifierait, de quelque manière que ce soit, ce règlement intérieur ?

Depuis son installation en 2013, l'Assemblée nationale n'a pas adopté une loi organique portant règlement intérieur, qui modifie celle de décembre 1991. Aucun texte n'a abrogé ni expressément ni tacitement ce règlement intérieur que querelle la Cour.

Ou bien, la contrariété de la loi organique proviendrait-elle, à suivre le cheminement de la Cour Constitutionnelle, du membre de phrase de l'article 72 de la constitution « ... *l'Assemblée nationale vote seule la loi* »'

En effet, on peut inférer de cette disposition une compétence exclusive de l'Assemblée nationale, sauf à se demander qui d'autre peut exercer cette fonction que la Constitution n'a dévolue qu'aux seuls députés exerçant au sein d'une institution collégiale.

Cette compétence exclusive, qui découle du principe de la séparation des pouvoirs posé par l'article 2 de la Constitution, doit s'interpréter sous l'éclairage des articles 84 et 85 de la Constitution qui attribuent l'initiative des lois et le droit d'amendement au Président de la République et aux Députés à l'Assemblée nationale.

En effet, la constitution dispose, citation : « *'**<u>Article 84 :</u>** L'initiative des lois appartient concurremment au Président de la République et aux Députés à l'Assemblée nationale. **<u>Article 85 :</u>** Le Président de la République et les Députés à l'Assemblée nationale ont le droit d'amendement. Les amendements du Président de la République sont présentés par le Premier ministre ou un ministre...* »'

La compétence exclusive posée par l'article 72 s'opposerait-elle à l'initiative concurrente des Députés et du Président de la République qui détiennent la prérogative d'initier des lois ou de les amender, l'Assemblée conservant le monopole du vote, c'est-à-dire la délibération et l'adoption des lois ?

En partant du principe que la source des pouvoirs de chaque Institution de l'Etat est la Constitution ; celle-ci ayant attribué au règlement intérieur la prérogative de créer les commissions de l'Assemblée et de définir leurs attributions, on peut en déduire que, par lien de causalité, c'est la Constitution qui, à travers le règlement intérieur, a dévolu à la Commission des délégations la compétence que la Cour constitutionnelle lui retire. Il n'y a donc point d'inconstitutionnalité.

La querelle d'inconstitutionnalité que la Cour constitutionnelle fait à la loi de ratification ne semble pas concerner son contenu, c'est-à-dire l'hypothèse où une ou plusieurs dispositions de la loi ne seraient pas conformes à la Constitution.

La position prise par la Cour tient à l'incompétence de l'organe qui a adopté la loi, puisqu'elle déclare « *en tout état de cause, attribuer une compétence législative à une commission de l'Assemblée est contraire aux dispositions de l'article 161 de la Constitution...* »

Trois observations, au regard de cette position prise par la Cour Constitutionnelle, sont à formuler :

1 – l'Attribution de la compétence législative à une Commission de l'Assemblée nationale est la résultante de la permission que l'article 67 de la constitution a octroyée à l'institution parlementaire de fixer, par le règlement intérieur, deux choses, citation :

- *''.la composition et la compétence des commissions permanentes ;*
- *« 'd'une façon générale, toute règle ayant pour objet le fonctionnement de l'Assemblée nationale dans le cadre des compétences que lui attribue la Constitution »'.*

2 – la Commission des délégations a siégé conformément aux articles 40 à 45 de la loi organique L/91/015 du 23 décembre 1991, qui n'était pas modifiée. L'article 41 de cette loi donne compétence à cette commission en ces termes : « *la commission des délégations délibère et vote sur les affaires qui lui sont renvoyées par l'Assemblée, dans les limites de la délégation qui lui est donnée* ».

3 – Ce n'est pas, par ailleurs, la loi organique L/91/015 du 23 décembre 1991 portant règlement intérieur qui est soumise au contrôle de constitutionnalité, mais bien la loi 029/AN du 1er octobre 2015 autorisant la ratification de la Convention d'établissement d'une raffinerie de pétrole à Kamsar signée le 04/06/2015.

Dans son dernier motif, la cour considère : « *que la loi 029 du 1er octobre 2015 autorisant la ratification de la Convention a été votée par la Commission des délégations ; qu'il y a lieu de déclarer cette loi contraire à la Constitution, parce que n'ayant pas été adoptée par l'Assemblée nationale, conformément à la Constitution, de la déclarer nulle et de nul effet conformément aux dispositions de l'article 2 alinéa 7 de la Constitution...* »

Il s'agit là d'une fausse interprétation résultant de la méconnaissance grave de la Constitution, car, en fait, ce n'est pas la loi de ratification qui devait être en examen, puisqu'à l'évidence et intrinsèquement, elle ne contient aucune disposition contraire à la Constitution, mais l'engagement international transcrit dans la convention. La Cour a fait erreur sur l'objet de son contrôle.

En effet, l'article 150 de la Constitution précise : « *si la Cour Constitutionnelle saisie par le Président de la République ou un Député, a déclaré qu'un engagement international comporte une clause contraire à la Constitution, l'autorisation de le ratifier ou de l'approuver ne peut intervenir qu'après la révision de la Constitution.*

Une loi autorisant la ratification ou l'approbation d'un engagement international ne peut être promulguée et entrer en vigueur lorsqu'elle a été déclarée non conforme à la Constitution »'.

C'est donc en raison de la non-conformité de l'engagement international à la Constitution que la loi autorisant ratification ne pourrait être faire l'objet de promulgation.

L'erreur de la Cour a consisté à n'avoir pas admis qu'en matière de contrôle de conformité des conventions à la Constitution, sa mission réside dans la recherche de la « '*clause contraire à la Constitution* » qui justifierait « ' *la révision de la Constitution* ». Telle est la raison pour laquelle « '*une loi autorisant la ratification ou l'approbation d'un engagement international ne peut être promulguée et entrer en vigueur lorsqu'elle a été déclarée non conforme à la Constitution*.

Enfin, il n'est pas superflu de faire le rappel itératif qu'en principe, ce sont toutes les dispositions de la Constitution qui constituent les « ***normes de référence*** » pour la Cour constitutionnelle. Il s'agit donc des règles de compétence, des règles de procédure, en particulier celles relatives à l'adoption des lois et des règles de fond, en particulier, celles inhérentes aux libertés et droits fondamentaux.

L'effet du contrôle préventif est de faire jouer à la Cour constitutionnelle, comme cela a été développé plus haut, un rôle stabilisateur dans les affaires politiques sensibles. Surtout, quand il s'agit d'un recours contre une loi ordinaire, juste après le vote de cette loi.

La lecture des dispositions constitutionnelles relatives à ce contrôle préventif fait apparaître que beaucoup de questions restent encore ouvertes.

Les juges constitutionnels n'ont donc pour unique devoir que de vérifier que les engagements internationaux respectent la constitution et, non plus, pas que les lois respectent toutes les dispositions des traités internationaux ; puisque la conséquence principale du contrôle de constitutionnalité des engagements internationaux est le bouleversement de la hiérarchie des normes, car dans le régime constitutionnel guinéen, les engagements internationaux se situent en seconde place sur la pyramide des normes, juste en dessous de la Constitution.

Néanmoins, mais de façon plus exceptionnelle, le contrôle de constitutionnalité des engagements internationaux peut également être effectué par le biais de l'article 55 de la loi organique régissant la Cour Constitutionnelle, dans la logique de l'article 96 de la Constitution.

Pour ce contrôle de constitutionnalité des engagements internationaux, la Cour constitutionnelle a pour rôle de vérifier la constitutionnalité des engagements internationaux de la Guinée, c'est-à-dire de s'assurer qu'ils sont en accord, ou du moins, qu'ils ne violent pas explicitement l'une des dispositions de la constitution.

N'est pas non plus superfétatoire, le rappel que le contrôle de la conformité des engagements internationaux à la Constitution ne concerne qu'une partie des conventions internationales engageant internationalement l'État guinéen. Seuls, en effet sont susceptibles de faire l'objet d'un tel contrôle les engagements internationaux qui nécessitent, avant leur ratification ou leur approbation, une autorisation du Parlement, c'est-à-dire ceux visés par l'article 149, alinéa 2 de la Constitution. Telle est, du moins, l'interprétation doctrinale dominante, à ce jour jamais démentie.

Les limites du contrôle de la conformité à la Constitution des engagements internationaux tiennent à ce que, comme le contrôle de constitutionnalité des lois, ce contrôle est hypothétique et dépend d'une initiative discrétionnaire des autorités énumérées par la Constitution. Elles tiennent également à ce que ce contrôle ne soit exercé qu'*a priori* : une fois un engagement international introduit en droit interne, sa conformité avec la Constitution ne peut plus être examinée, quand bien même la Cour constitutionnelle n'aurait pas été saisie en amont de la question de la conformité à la Constitution de cet engagement.

Il est utile et même impérieux d'insister sur fait que, sur un plan plus technique, un certain nombre de différences existe entre le contrôle de constitutionnalité des lois et le contrôle exercé sur les engagements internationaux.

En premier lieu, il faut noter que la technique de divisibilité des dispositions utilisée dans le cadre du contrôle de constitutionnalité des lois, à laquelle la Cour constitutionnelle a recouru dans plusieurs de ses arrêts, n'est pas transposable au contrôle des engagements internationaux. En effet, l'engagement international est un tout et une ratification ou une approbation partielle ne serait pas conforme avec les principes du droit international gouvernant l'élaboration et l'entrée en vigueur des traités et accords internationaux.

En deuxième lieu, la technique des réserves d'interprétation ne peut trouver à s'appliquer lorsque la Cour statue sur un traité, compte tenu de l'accord de volontés, qui est à la base des engagements internationaux et des règles spécifiques de leur interprétation.

Les réserves ne sont admissibles, en vertu des principes du droit international codifiés par la convention de Vienne, que lors de la signature, en aucune façon lors du dépôt des instruments de ratification. Le sens d'un engagement international échappe donc à la compétence de la Cour constitutionnelle.

Toutefois, il est d'usage que l'institution juridictionnelle assortisse une décision relative à la constitutionnalité d'une loi de ratification ou d'approbation de réserves d'interprétation susceptibles de réagir sur l'interprétation du traité ou de l'accord par les organes de l'État

En troisième lieu, la constitutionnalité d'un traité ne peut plus être remise en cause, même au travers du contrôle de constitutionnalité d'un traité modificatif. L'article 151 de la Constitution énonce, en posant le principe de la suprématie des engagements internationaux sur les lois internes, les trois conditions de l'introduction des engagements internationaux en droit interne :

- les traités ou accords doivent avoir été régulièrement ratifiés ou approuvés ;
- ils doivent avoir été publiés ;
- enfin ils doivent être appliqués de manière réciproque.

CHAPITRE XVII

ARRÊTS DE CONTRÔLE DE CONSTITUTIONNALITÉ

SECTION I : ARRÊT N° 010 DU 16 OCTOBRE 2015

La Cour Constitutionnelle, statuant en matière constitutionnelle sur le contrôle de constitutionnalité de la Loi organique portant attributions Organisation et Fonctionnement de la Cour Suprême adoptée par l'Assemblée nationale à sa plénière du 08/09/2015 et déférée à la Cour par lettre N° 229/SGG/2015 de Monsieur le Président de la République, a déclaré contraires à la Constitution les articles 6, 7 al.2, 9, 10, 13, 34 al.4, 40, 43 al.6, 49, 52, 54, al.4, 60, 62, 64, 65, 115, et 126 de la loi.

S'appuyant sur le caractère d'inséparabilité de ces dispositions du reste de la loi, la Cour décide : « ' *la loi organique en l'état ne peut être promulguée* »'.

Cette décision de la Cour appelle les observations suivantes dans l'ordre numérique des dispositions déclarées contraires à la Constitution.

Articles 6 et 7 de la loi organique : La Cour affirme : « '*Considérant que le Directeur chargé des études, de la recherche et de la documentation et les assistants assurent le service administratif de la Cour et ne sont des pas magistrats et conclut que l'intervention du Conseil supérieur de la magistrature n'est pas nécessaire »'*.

Cette remarque, en apparence juste et pertinente, dans l'optique de l'intervention du Conseil de la magistrature, est dans la réalité une énorme erreur d'interprétation. Cette disposition de la loi organique ne viole en aucune manière l'article 107 de la constitution qui pose le principe de l'indépendance du pouvoir judiciaire.

Au contraire, elle vise à conforter cette indépendance de la Cour suprême, puisqu'elle fournit à la Cour les services administratifs et financiers nécessaires à l'autonomie de son fonctionnement de la Cour suprême, étant admis que l'autonomie administrative et financière est comprise parmi les conditions de l'indépendance de la juridiction suprême.

Ces services sont chargés, sous l'autorité du Premier Président et sous la responsabilité du Secrétaire général, d'effectuer des recherches et études en sciences du droit et en toutes matières et d'accomplir les tâches de nature administrative, financière et technique entrant dans le fonctionnement de la Cour suprême.

L'erreur d'interprétation est si spécieuse que rien dans la constitution, ni dans la loi déférée n'indique, ni n'interdit que le personnel de ces services soit ou ne soit pas des magistrats.

La Cour constitutionnelle, en affirmant dans cet Arrêt : « '*qu'à l'exception du Secrétaire général les deux dernières catégories de membres de la Cour Suprême ne sont pas des magistrats... »'* dénie à la Cour suprême la liberté de choix du profil professionnel du personnel de ses services, alors que les travaux de recherche et d'analyse que peuvent et doivent accomplir ces services d'assistance portent généralement sur les sciences du droit de l'économie, des finances et de sociologie.

Les caractères spécieux ditree cette interprétation consiste à considérer que les assistants, qui assurent le service administratif de la Cour suprême appartiennent, selon la Cour constitutionnelle, aux « ***catégories de membres de la Cour suprême*** ». Comment, pour peu que l'on ait une connaissance, ne serait-ce que rudimentaire, du fonctionnement d'une haute juridiction, peut-on en arriver à l'idée que le personnel d'un service d'assistance d'une juridiction puisse en être membre, c'est-à-dire entrer dans sa composition organique ?

Aucune disposition de la loi déférée n'ayant cité ce personnel parmi les membres de la Cour suprême, il devient curieux, sinon inquiétant que la Cour constitutionnelle ait pu déclarer : ***« 'considérant qu'aux termes de l'article 107 de la Constitution, le pouvoir, le pouvoir judiciaire est indépendant du pouvoir du pouvoir exécutif ; qu'en procédant à un amalgame entre les magistrats et les autres membres chargés du service administratif ou n'ayant pas la qualité de magistrat, l'article viole les dispositions de l'article 107 de la loi. »***

L'article 107 de la constitution dispose : ***« Le pouvoir judiciaire est indépendant du pouvoir exécutif et du pouvoir législatif ».***

La question que soulève la déclaration de la Cour est de savoir qu'est-ce qui altère ou corrompt l'indépendance du pouvoir. Est-ce le fait que la Cour suprême doive disposer d'un service administratif, entendu que ni ce service, ni son personnel n'entrent dans la composition de la Cour ou celle de ses formations, ce service administratif ayant pour fonction d'assister la Cour une certaine expertise par l'accomplissement de tâches non juridictionnelles.

L'usage du substantif « *administratif* » serait-il à l'origine de l'erreur d'interprétation faite par la Cour constitutionnelle qui aurait vu, dans la présence des services administratifs au sein de la Cour suprême, un amalgame ?

Il est à souligner que, si sémantiquement, amalgame signifie combinaison d'éléments hétéroclites différents, il est normal que dans l'intérêt du fonctionnement administratif de la Cour suprême, dans le respect de son indépendance, cette juridiction réunisse des magistrats et d'autres professionnels. Ce faisant, serait-ce là, comme le suppose la Cour constitutionnelle, une atteinte à l'indépendance du pouvoir judiciaire par rapport à l'Exécutif, du moment que ce ne sont pas les services de ce dernier qui sont intégrés dans la Cour suprême ? Où est l'intervention de l'Exécutif quand la loi organique donne pouvoir au Premier Président de recruter et de gérer ce personnel, magistrat ou non ?

Peut-on vraiment parler, au sein du même organisme et dans le cadre de son fonctionnement autonome, de séparation des pouvoirs ?

Quels pouvoirs ?

Un service d'administration au sein d'un organe, pour assister le chef dudit organe peut-il constituer un pouvoir séparé de cet organe qui lui attribue ses compétences ?

Cette interprétation de la loi par la Cour constitutionnelle viole l'article 62 de la loi organique L/2011/006/CNT relative à la Cour constitutionnelle, quant à sa compétence de donner des interprétations.

Par ailleurs, lorsque le personnel de ces services relève de la fonction publique, il est mis en détachement, sinon il est contractuel et payé sur le budget de la Cour. Il est alors normal que la loi prévoie ce personnel, afin que ses relations de tous ordres avec la cour se déploient dans un cadre légal spécifique.

Quand bien même il y aurait erreur de rédaction de la disposition critiquée, cette erreur ne serait pas constitutive de violation de l'article 107 de la constitution. La disposition critiquée aurait dû, il est vrai, se limiter à indiquer que la Cour comprend un siège, un parquet, un greffe et un secrétariat général et fixer les règles de leurs compositions, organisation et fonctionnement, en évitant l'amalgame dénoncé par la Cour.

Le Sénégal et le Bénin, dans la même loi organique relative à leurs juridictions constitutionnelles respectives, prévoient, en les séparant, l'organisation juridictionnelle de l'organisation administrative de la Cour.

Article 7 al.2 de la loi déférée : La Cour réfère à l'article 89 de la Loi organique L/2013/054/CNT relatif à l'ordre de préséance pour reprocher à la loi d'avoir omis le Procureur général sur la liste des personnes parmi lesquelles le Premier Président est choisi.

Si la Cour avait observé la règle d'unicité et d'inséparabilité qui fonde la logique des dispositions d'un même article, elle aurait perçu dans l'alinéa 3 de cet article le souci de traiter spécifiquement la règle *mutatis mutandis* de passage d'une personne, de l'une à l'autre de ces deux fonctions.

Article9 al.2 et al.3 de la loi déférée : La Cour constitutionnelle affirme : « '***qu'en imposant au Premier Président de prêter de à nouveau serment tel que défini ci-dessus la loi organique viole le principe de la séparation des pouvoirs consacrés par les dispositions des articles 2, alinéa 8, 107, 108, 109 et 154 de la Constitution ;***

Qu'en outre, en dispensant les autres magistrats de cette obligation, la loi organique déférée introduit la discrimination contraire à l'article 8 de la Constitution »'.

Peut-on dire que cette assertion de la Cour constitutionnelle ne peut pas ne pas plonger dans une perplexité désespérante.

Premièrement, la Cour constitutionnelle allègue que « '***prêter à nouveau serment viole le principe de la séparation des pouvoirs consacrés la Constitution ;***

Quel est le lien entre la prestation de serment, ou plus exactement le renouvellement de serment et la séparation des pouvoirs ?

Est-ce parce qu'il est dit que le Premier Président prête serment devant le Président de la République et le Président de l'Assemblée de nationale que serait réalisée la violation de la séparation des pouvoirs ?

Admettre cela traduit soit l'ignorance, soit la méconnaissance de trois choses importantes :

- la Cour suprême rend la justice au nom du Peuple de Guinée ;
- le Président de la République et l'Assemblée nationale représentative du peuple représentée par son Président émanent du suffrage universel ;
- le Peuple exerce la souveraineté par ses représentants élus.

La prestation de serment devant les représentants élus du Peuple, au nom duquel la justice est rendue, ne peut, en aucune manière, violer la Constitution.

Il se trouve justement que les membres de la Cour constitutionnelle, en vertu de l'article 103 de la Constitution et de l'article 6 de la loi organique relative à cette juridiction, prêtent, eux, serment devant ces élus du peuple.

La position prise par les juges constitutionnels est d'autant curieuse que les magistrats et les avocats membres de la Cour constitutionnelle ont prêté serment devant ces deux élus du peuple

Dès lors, on peut se demander d'où viendrait l'inconstitutionnalité de la prestation de serment querellée ?

Du moment que la Cour Constitutionnelle énonce : ''''***qu'en imposant au Premier Président de prêter à nouveau serment... »'*** on peut en conclure que c'est le renouvellement du serment, selon la Cour constitutionnelle, qui violerait la Constitution.

En relevant que la Cour constitutionnelle n'a pas indiqué qu'elle est la disposition de la constitution qui formule explicitement ou implicitement la proscription ou la prohibition ou la limitation du renouvellement du serment, en dehors de la seule volonté de ladite Cour de se substituer à la Constitution ou au législateur, on peut constater la tendance de cette juridiction à se doter de la compétence que la loi organique, qui la régit, lui refuse, à savoir ***« 'les interprétations contraignantes des lois »'***.

Au fond, qu'est-ce que le serment ?

Dans l'acception qui concerne la question en examen, le « serment », déclaration et promesse solennelles, est prêté lors de la prise de leurs fonctions par les professionnels de justice (magistrats, avocats, huissiers, notaires et par certains fonctionnaires) au cours d'une cérémonie publique destinée à officialiser leur installation et sacraliser le respect des obligations attachées à la nouvelle fonction.

La formule du serment est fixée par une loi ou par un décret.

Le port de la robe et l'exercice du noble métier d'homme de droit seraient dénués de toute signification symbolique sans le serment qui est le lien du magistrat et des avocats avec la Justice. C'est le gage de l'impartialité et de l'indépendance d'esprit qui permettent de maintenir des règles faisant de la confiance, de l'esprit de responsabilité, de la probité, de l'honneur et de l'humanité les fils qui tissent la trame des devoirs sacrés du magistrat.

La Cour a également ignoré que la prestation de serment du Premier Président de la Cour suprême est, non pas le serment statutaire de l'entrée dans le corps de magistrat, mais le serment particulier de prise d'une fonction importante à la tête ou au sein de l'Institution juridictionnelle placée au sommet du Pouvoir judiciaire, avec les fonctions spécifiques aux institutions constitutionnelles dotées d'attributions que les magistrats ne peuvent exercées qu'à ce seul niveau juridictionnel.

La Cour constitutionnelle pousse l'aberration au paroxysme, en soutenant : « '***qu'en dispensant les autres magistrats de la Cour suprême de cette obligation la loi organique déférée introduit la discrimination contraire à l'article 8 de la constitution.***

L'allusion à la discrimination résulte d'un dangereux errement de la Cour constitutionnelle, car les fonctions et les responsabilités du Président, par la diversité et l'ampleur de leur nature, sont fondamentalement différentes de celles des autres magistrats de la Cour suprême.

Le serment prêté au moment d'entrer le corps des magistrats et différent de celui lié à l'installation dans la chaire de Premier président de la juridiction placée au sommet du Pouvoir judiciaire, avec des responsabilités, comme celle représentant d'une institution constitutionnelle, de responsable de la discipline des magistrats de la Cour suprême, président de la formation disciplinaire du Conseil supérieur de la Magistrature.

Par ailleurs, la Cour suprême est investie de prérogatives et compétences qui lui sont spécifiques et qui fournissent plusieurs raisons pour que les membres de la Cour Suprême prêtent, à nouveau, le serment de prise de fonction. Entre autres raisons, on peut énumérer, sans prétention d'exhaustivité les fonctions ou missions suivantes :

1.Elle est juge, en premier et dernier ressorts, de la légalité des textes réglementaires et des actes des autorités exécutives (Décrets, Arrêtés, Décisions, etc.).

2.Elle désigne le magistrat qui doit siéger à la Haute Cour de Justice (article 117 de la Constitution) ;

3.Elle est consultée par les Pouvoirs exécutif et Législatif sur toutes les matières administratives et juridictionnelles (article 114 de la constitutionnelle) ;

4.Elle est juge de l'excès de pouvoir des autorités exécutives et judiciaires.

5.Elle se prononce sur les poursuites dirigées contre les magistrats de la Cour suprême, de la Cour constitutionnelle, de la Cour des comptes et des Cours d'Appel ;

6.Le Premier président de la Cour suprême fixe chaque année la période des vacances judiciaires et la date de la rentrée des Cours et Tribunaux (article 44 du Statut des magistrats)

7.Lorsqu'il siège en formation disciplinaire, le Conseil supérieur de la magistrature est présidé par le Premier président de la Cour suprême....... (Article 6 de la loi organique L/2013/055/CNT relative au Conseil supérieur de la Magistrature) ;

8.Le Premier Président constate l'empêchement définitif ou procède à la révocation du Médiateur de la République pour faute grave, à la demande du Président de la République, du Président de l'Assemblée nationale ou d'un dixième des membres de l'Assemblée nationale, conformément au c) de l'article 4 de la Loi organique L/2010/004/CNT du 20 décembre 2010 relative au Médiateur de la république.

9.L'Assemblée générale des magistrats [pour l'élection des membres du Conseil supérieur de la Magistrature] a lieu à la date fixée par l'ordonnance du Premier président de la Cour suprême (article 7 de la loi organique L/2013/055/CNT relative au Conseil supérieur de la Magistrature) ;

10.La Cour suprême se prononce sur les pourvois en cassation pour incompétence, violation de la loi, dirigés contre :

Les arrêts et jugements rendus en dernier ressort par toutes les juridictions

- . Les décisions rendues en dernier ressort par les organismes administratifs à caractère juridictionnel
- Les décisions du Conseil d'arbitrage des conflits collectifs du travail ;

11.La Cour Suprême se prononce, en outre, sur :

- Les demandes de renvoi d'une juridiction à une autre pour cause de suspicion légitime ou de sûreté publique
- Les règlements de juges entre juridictions n'ayant au-dessus d'elles aucune juridiction supérieure commune autre que la Cour Suprême
- Les demandes de prise à partie contre une Cour d'Appel, une Cour d'Assises ou une juridiction entière
- Les contrariétés des jugements ou arrêts rendus en dernier ressort entre les mêmes parties et sur les mêmes moyens entre différentes juridictions
- Les poursuites dirigées contre les magistrats par application des dispositions de la présente Loi organique.

12. Le Premier Président, le bureau entendu, affecte les membres de la Cour Suprême n'appartenant pas au Ministère public, entre les formations juridictionnelles. Il assure la bonne marche de la juridiction et peut affecter un même membre de la Cour à plusieurs formations.

Quel magistrat assume autant de fonctions aussi élevées et spécifiques que le Premier Président de la Cour suprême. Qu'est-ce la discrimination vient chercher ici ?

Comment, face à ses charges, la Cour constitutionnelle a pu prendre la décision de priver le Premier Président de la Cour suprême de renouveler son serment au moment de son installation dans ses fonctions, car ce serment n'est pas lié à la carrière de magistrat, mais à l'exercice d'une fonction tout éminente et particulière ?

La cour au nom de l'indépendance, a-t 'elle été égarée par le fait que le serment est reçu par le Président de la République et le Président de l'Assemblée Nationale ? On peut en douter, puisque le Président de la cour constitutionnelle prête serment devant ces deux autorités constitutionnelles

Malheureusement, la Cour constitutionnelle a procédé de la méthode procustéenne, celle-ci la conduisant à violer l'article 62 de la loi L/2011/006/CNT.

Article 10 de la loi déférée : La Cour constitutionnelle relève une contradiction entre cette disposition et celle de l'article 92 de la loi organique L/2013/054/CNT portant Statut des Magistrats sur l'âge de la traite et argue de ce que le Statut, loi organique, fait partie du bloc de constitutionnalité, en ces termes : « ***considérant que l'article 10 de***

la loi organique déférée dispose : « »" les membres de la Cour sont admis à faire valoir leur droit de retraite à l'âge de 70 ans, sauf prorogation spéciale accordée par le Président de la République, après avis favorable du Conseil supérieur de la Magistrature ;

« 'Considérant que la loi organique N° 54 déférée en son article 92 dispose : « 'A titre transitoire, l'âge limite prévu pour la retraite des magistrats est fixée à 70 ans pour une durée qui sera déterminée par voie réglementaire, sur avis du Conseil Supérieur de la Magistrature, que l'âge de la retraite des magistrats ne saurait en aucun cas excéder 70 ans. Que les dispositions de l'article 10 de la loi déférée sont contraires au Statut de la Magistrature qui fait partie du bloc de constitutionnalité »'

La Cour a oublié que sur cette question particulière de l'âge de la retraite, il faut rappeler que la loi querellée est, elle aussi, une loi organique appartenant également au bloc de constitutionnalité et si le Statut concerne tous les magistrats, la loi déférée, elle, ne concerne que les seuls magistrats de la Cour suprême. On est alors en face d'une loi générale (le Statut des Magistrats) et d'une loi spéciale (la loi déférée). Dès lors, le principe général de droit, selon lequel la loi spéciale ou spécifique déroge à la loi générale s'applique, donc il ne saurait être question de violation de la Constitution. Sauf bien entendu, dans le seul esprit des conseillers, qui composent la cour constitutionnelle

Sur cette question également, les dispositions de l'article 62 de la loi organique sur les compétences d'interprétation de la Cour constitutionnelle sont violées.

Article 13 de la loi déférée : La Cour constitutionnelle constate : « ***Considérant que l'article 13 de la loi déférée étend l'immunité conférée par l'article 115 de la Constitution au flagrant délit ; qu'en outre il attribue compétence à la chambre pénale de la Cour suprême, retirant ainsi à l'Assemblée générale le pouvoir qui lui est dévolu par la Constitution pour déterminer la juridiction compétente ; qu'il suit que l'article 13 de la loi déférée est contraire à la Constitution. »***

En effet, la Constitution dispose à l'alinéa 2 de l'article 115 : « '*Sauf cas de flagrant délit, les Magistrats de la Cour Suprême ne peuvent être poursuivis, arrêtés, détenus ou jugés en matière pénale qu'avec l'autorisation préalable de l'assemblée générale de la Cour Suprême. Celle-ci attribue compétence à la juridiction qu'elle détermine.* »

Il faut admettre, avec la Cour constitutionnelle, que cette disposition de la loi déférée viole effectivement l'alinéa 2 de l'article 115 de la constitution.

Article 34 al.4 de la loi déférée : En disposant que « *le Premier Président peut réunir tous les membres de la Suprême en Assemblée intérieure pour délibérer sur toutes les questions intéressant l'ensemble de la Cour en particulier sur la qualité professionnelle et déontologique de ses magistrats* » contrairement à l'avis de la Cour constitutionnelle, cette loi ne viole nullement l'article 112 de la Constitution.

La raison en est que, d'un point de vue procédural, avant que le Conseil supérieur de la Magistrature soit saisi, un manquement grave ou une insuffisance professionnelle doit avoir été commis et constaté. C'est ce constat qui peut justifier, en considération de la nature et de la gravité du manquement, que le Conseil Supérieur de la Magistrature soit saisi en matière disciplinaire. A l'exemple des pouvoirs du Ministre de Justice, prévus à l'article 39 de la loi. L/2013/055/CNT

Ce constat et la saisine de l'organe disciplinaire sont de la compétence du Premier Président, l'Assemblée générale consultée.

Par ailleurs, des sanctions disciplinaires sont prévues par la loi L/2013/055/CNT qui doivent être prises par les Chefs de juridictions. Il ne s'agit donc pas du seul constat de la faute disciplinaire, mais également de l'application par la Cour de toutes mesures légales spécifiques au manquement commis.

Sur un autre plan, il faut voir dans la Cour suprême un organe collégial, au sein duquel le travail en équipe exige, qu'en plus de la loi, des règles d'éthique convenues ou imposées soient conçues, élaborées, adaptées, contextualisées. L'Assemblée de la Cour en est le cadre de délibération appropriée.

À l'évidence, la Cour suprême doit être un espace agréable de travail où le talent, la sociabilité, l'enthousiasme, la coexistence, la rapidité des uns doivent s'accommoder de la timidité, de la lenteur et du manque d'énergie des autres.

L'Assemblée apparait comme le cadre de dialogue et de partage permettant de valoriser chacun des membres de la Cour et d'améliorer les conditions collectives et individuelles de travail, ainsi que les relations de la Cour avec le public et l'environnement social.

Cette délibération de l'Assemblée de hauts magistrats ne peut alors violer, en aucune manière, la constitution, ni empiéter sur le fonctionnement du Conseil Supérieur de la Magistrature.

Par ailleurs, le dernier alinéa de l'article 115[220] renvoie expressément à la loi organique sur la Cour suprême : *« le statut, les incompatibilités et les garanties d'indépendance de ses membres »*, donc l'Assemblée de la Cour a un droit constitutionnel de délibérer sur les qualités professionnelles et la déontologie de ses membres.

Article 43 al.1er de la loi déférée : la Cour écrit : « '***Considérant que la consignation prévue est fixée par l'alinéa 1er de l'article 43 de la loi organique ; qu'en l'espèce, la disposition législative ne peut modifiée par un règlement ; qu'en conférant au Président de la République le pouvoir de modifier une disposition législative, l'alinéa 6 de l'article 43 de la loi organique déférée viole les dispositions des articles 2, 72 et 74 de la Constitution »'.***

Il est de pratique universelle qu'une norme supérieure renvoie à une norme inférieure les matières concernant ses modalités d'application, c'est ainsi qu'on part de la Constitution à la loi, de la loi au Décret, du Décret à l'Arrêté.

Dans les cas d'espèce, la loi renvoie au décret la modification du montant de la consignation. La fixation ou la modification d'un tel montant est une matière qui ne figure pas dans l'article 72 de la constitution qui, soit « *fixe les règles* », soit « *détermine les principes fondamentaux...* ».

Doit-on, pour réduire ou accroître un montant, qui n'est pas celui d'une amende, et qui est susceptible de changement, en fonction de chaque mutation de la vie, modifier une loi organique, dont l'adoption connait une procédure stricte et longue ?

Il n'est pas, il ne peut nullement être question de modification de la loi par le décret, mais de modalités d'application de la loi sur une matière déterminée qui, par sa nature même, relève du domaine règlementaire.

L'allusion à la séparation des pouvoirs, dans le cas d'espèce également, est simplement inopportune, puis qu'il ne s'agit pas de modification, mais de renvoi à des modalités d'application de la loi. Une pareille interprétation relève vraiment d'une conception procustéenne du rôle de la Cour constitutionnelle.

---

[220] Constitution

Les articles 51, 75 al.3 et 5, 76 al.3 et 82 de la constitution indiquent que le système constitutionnel guinéen n'est pas bâti sur une séparation rigide des pouvoirs, mais une séparation souple pour permettre la collaboration de l'Exécutif et du Législatif et garantir l'équilibre de l'exercice de leurs pouvoirs respectifs.

Article 52 de la loi déférée La Cour constitutionnelle constate : « ***Considérant que la loi déférée dispose : « les mémoires des parties devront être déposées au greffe qui les communique sans dessaisissement, ainsi que toutes les pièces de la procédure, aux avocats constitués et ce, dans les délais prévus aux articles 49 et 50 ; »***

« Considérant que dans sa forme de rédaction, cet article pourrait être interprété comme mettant à la charge des parties de produire des mémoires, alors que le mémoire est facultatif et que c'est son dépôt au greffe, au cas où il aurait été produit, qui devra s'effectuer dans les délais prévus aux articles 49 et 50 et qu'il serait susceptible de porter atteinte à l'alinéa 4 de l'article 9 de la Constitution et à l'objectif de valeur constitutionnelle d'intelligibilité et d'accessibilité de la loi ».

À propos de l'intelligibilité si chère à la juridiction constitutionnelle guinéenne, la loi déférée dispose : « ***les mémoires des parties devront être déposées au greffe...*** » mais paradoxalement, cette juridiction affirme : « ... ***alors que le mémoire est facultatif et que c'est son dépôt au greffe... ».*** On peut s'interroger : le membre de phrase : « ... ***devront être déposées au greffe... »*** concerne-t-il l'obligation de dépôt des « ***mémoires des parties »*** ou impose-t-il, comme le soutient la Cour constitutionnelle, « ***à la charge des parties de produire des mémoires*** ».

De toute évidence, nulle part dans l'article cité par la Cour, il n'est question de l'obligation de produire des mémoires. Il est dit, sans équivoque, dans cet article que « ***les mémoires des parties devront être déposées au greffe »*** et l'on peut emprunter à la Cour constitutionnelle ses propres termes pour dire « ***devront être déposées »'*** signifie qu'il s'agit de l'obligation de dépôt du mémoire, « ***au cas où il aurait été produit, qui devra s'effectuer dans les délais prévus aux articles 49 et 50 ».***

En écrivant « c***onsidérant que dans sa forme de rédaction, cet article pourrait être interprété comme »*** on peut relever deux choses :

1. la Cour procède à une interprétation de la loi ;

2. la Cour conjugue le verbe pouvoir au conditionnel ; or, l'usage du mode conditionnel est destiné à formuler des hypothèses, à exprimer une éventualité. Ce que la Cour ne devrait pas faire, puisque sa fonction n'est de formuler des hypothèses mais d'interpréter la constitution

L'alinéa 4 de l'article 62 refuse à la Cour constitutionnelle de procéder comme elle l'a fait, c'est-à-dire « '***donner des interprétations contraignantes des lois »'.***

Le tempérament, qu'introduit l'alinéa suivant de cet article, ouvre une possibilité d'interprétation du contenu d'une loi, avec cette précision : « '***lorsque notamment cette dernière est attaquée en constitutionnalité... »,*** mais pas en procédure de contrôle *a priori* préventif, comme c'est le cas.

Article 64 de la loi déférée : La Cour constitutionnelle constate : ***« considérant que l'article 64 de la loi organique déférée dispose :*** **« le ministre de la Justice, Garde des Sceaux peut, en matière civile, sociale et administrative, prescrire au Procureur général de déférer à la chambre compétente de la Cour suprême les actes par lesquels les juges excèdent leurs pouvoirs... que ce recours exercé par le ministre de la Justice n'est pas ouvert en matière commerciale, ce qui est contraire au principe d'égalité des citoyens devant la loi consacré par les articles 1er et 8 de la Constitution ».**

La cour constitutionnelle, encore argue du principe d'égalité des citoyens devant la loi, pour reprocher à la loi organique examinée, de n'avoir pas ouvert au ministre de la Justice l'exercice des voies de recours devant la cour Suprême en matière commerciale oubliant qu'en cette matière C'est la Cour Commune de Justice et d'Arbitrage. (CCJA) dans le cadre de l'OHADA qui est compétente, sauf en ce qui concerne quelques matières résiduelles de droit maritime et de droit aérien. En effet la Cour Suprême ne peut statuer que sur que les matières commerciales qui ne sont pas régies par les Actes Uniformes. En ajoutant à cela la spécialité du droit commercial s'accommoderait mal d'une telle intervention, on comprendrait que la prudence devrait être observée sur cette question qui n'a pas fait l'objet d'étude approfondies de la part de la Cour Constitutionnelle

DANGEREUSE DÉRIVE JURIDIQUE

Article 65 de la loi déférée : Il est légitime de se demander dans quelle dérive juridique s'engage la Cour Constitutionnelle quand elle écrit : « *considérant que l'article 65 de la loi organique déférée dispose : « 'les décisions de la Cour suprême ne sont susceptibles d'aucun recours, si ce n'est pour rectification d'erreur matérielle ou dans les cas prévus aux deux précédents articles ; Que l'article 96 de la Constitution dispose en son alinéa*

***6 : «* la Cour constitutionnelle est juge de la violation des droits fondamentaux et des libertés commises par les pouvoirs publics, les agents de l'État et les citoyens. Elle peut être saisie par l'Institution nationale des droits humains »'** *et en son article*

7 : « l*a jurisprudence de la Cour constitutionnelle, en cette matière, a primauté sur celle des autres ordres juridictionnels » *qu'ainsi la Cour constitutionnelle est compétente pour se prononcer sur la conformité des décisions méconnaissant les droits fondamentaux et les libertés publiques garantis par la Constitution... qu'en soustrayant les décisions de la Cour suprême au contrôle de la conformité aux droits fondamentaux et aux libertés publiques que la constitution garantit, l'article 65 de la loi organique déférée est contraire à la Constitution ».

La Cour Constitutionnelle, en invoquant l'alinéa 6 de l'article 96 de la Constitution, pour s'ériger en une juridiction de recours contre les décisions en dernier ressort de la Cour Suprême, semble mal connaitre la loi organique L/2011/006/CNT du 11 mars 2011 qui régit ses attributions, son organisation et son fonctionnement. Il est dit à l'alinéa 4 de l'article 62 de cette loi « ***les décisions de la Cour constitutionnelle ne s'appliquent qu'aux normes juridiques ; elles ne s'appliquent guère aux actes judiciaires ni aux actes administratifs...*** »

Sous l'éclairage de cette disposition il est clair et indiscutable que les compétences de la cour constitutionnelle concernent seulement et exclusivement les normes juridiques. Les actes judiciaires et administratifs sont en dehors du champ des attributions qui lui sont dévolus par la loi organique L/2011/006/CNT du11 mars 2011.

En interprétant l'alinéa 7 de l'article 96 comme elle l'a fait, la Cour constitutionnelle s'engage dans une fausse interprétation, car cette disposition de la constitution, selon laquelle : « *'la jurisprudence de la Cour Constitutionnelle, en cette matière, a primauté sur celle des autres ordres juridictionnels »'* ne peut s'entendre comme faisant de la Cour Constitutionnel un nouvel ordre juridictionnel, au-dessus la

Cour Suprême, à travers un recours qui n'existe pas, constitutionnellement et légalement parlant.

Contrairement à cette opinion de la Cour constitutionnelle, la Constitution pose la règle de la prééminence de sa jurisprudence sur tous les ordres juridictionnels, signifiant que lorsqu'elle la cour constitutionnelle s'est antérieurement prononcée sur une matière de droits de l'homme, sa décision s'impose lors de l'examen ultérieur de tous cas semblables soumis aux juridictions, y compris la Cour Suprême.

Il s'agit de la jurisprudence résultant des matières qui sont attribuées à la Cour constitutionnelle, non pas celles qui pourraient résulter d'un utopique recours exercé devant elle contre un arrêt de la Cour suprême. Hypothèse absolument impossible au regard des articles 35 et 62 de la Loi organique du 10 mars 2011.

La Jurisprudence de la Cour Constitutionnelle, procédant à l'examen des matières relevant de sa compétence, lie pour l'avenir toutes les institutions. Dans ce cas, faut-il que cette jurisprudence soit véritablement normative et ne pas présenter la mine d'un rapport de Conseiller ou une conclusion d'avocat !

C'est dans ce cas de normativité seulement qu'il y a obligation de respect de sa jurisprudence par la Cour suprême, dont le fonctionnement est entièrement et absolument indépendant d'elle.

Heureusement, l'article 64 de la Loi organique L/2017/003/AN du 23 février 2017 promulguée par le décret D/2017/284/PRG/SGG du 31 octobre 2017, portant attribution et fonctionnement de la Cour suprême, a repris les termes de l'article précédemment querellé par l'Arrêt № 010 du 16 octobre 2015.

Doit-on déduire du fait que l'arrêt № 029 du 19 juillet 2017 n'a pas repris, à l'encontre de l'article 64 de la loi organique L/2017/003/AN du 23 février 2017, la critique d'inconstitutionnalité formulée contre l'article 65 de la loi censurée par l'arrêt № 010 du 16 octobre 2015 et qu'il y aurait revirement de jurisprudence de la Cour constitutionnelle ?

Article126 de la loi déferrée :

La Cour constitutionnelle reproche à cet article d'avoir disposé ainsi qu'il suit : ***« la présente loi organique, qui abroge toutes dispositions antérieures contraires sera enregistrée et publiée au Journal officiel de République et exécutée comme loi de l'État ».*** Elle considère que par sa formulation ***« cet article laisserait entendre que les dispositions antérieures conformes seraient applicables, y compris celles de la loi N° 008 du 23 décembre 1991 que la loi organique déférée est censée abroger, ce qui porte atteinte à l'objectif de valeur d'intelligibilité et d'accessibilité de la loi".***

Une fois votée, promulguée, publiée, la loi s'applique sans limite dans le temps. Elle a vocation de s'appliquer à perpétuité, mais dans la pratique, elle peut être abrogée un jour. Toutefois tant qu'elle n'est pas abrogée, elle demeure en vigueur. Le principe est qu'une loi ne cesse de s'appliquer que par son abrogation celle-ci a pour effet de l'anéantir pour l'avenir.

L'abrogation expresse, puisqu'il s'agit d'elle, d'une loi nouvelle intervient lorsqu'elle est figurée en toutes lettres dans la nouvelle loi qui énonce que « ***sont abrogées toutes les dispositions contraires à la présente loi*** ». Alors, il n'y a pas d'application simultanée possible des deux lois : la loi ancienne est considérée anéantie, car elle ne peut être maintenue. Mais, ce principe est à nuancer en fonction de la portée des textes contradictoires. À cet effet, il faut distinguer les lois générales (qui sont le droit commun) et les lois spéciales, contenant les exceptions, les solutions spéciales données à une situation particulière.

En prêtant attention à l'affirmation de la Cour, on pourrait être enclin à se demander si la Cour ignorerait que lorsqu'il y a contradictions entre deux lois, l'adoption d'une loi générale nouvelle n'entraîne pas en principe l'abrogation d'une loi spéciale plus ancienne. Cette loi spéciale subsiste comme une exception à la règle générale de la nouvelle, si le législateur n'a pas prévu autre chose. C'est l'application du principe : « ***les lois générales ne dérogent pas aux lois spéciales*** ».

specialia generalibus derogant (« *les lois spéciales dérogent aux lois générales* ». Les lois spéciales dérogent aux lois générales. Ce principe général de droit signifie que lorsque deux cadres juridiques peuvent s'appliquer à une situation, l'un spécifique et l'autre général, c'est le cadre spécifique qui doit être appliqué.

Au sujet de l'objectif de valeur d'intelligibilité et d'accessibilité de la loi, la Cour constitutionnelle ne peut ignorer que quand la loi est claire, il faut la suivre : la loi ne doit être interprétée que si son texte fait naître un doute par suite d'une imprécision ou d'une maladresse de rédaction.

Par contre, quand la loi est obscure, il est impératif et logique d'approfondir l'analyse de ses dispositions pour en pénétrer l'esprit, rechercher l'intention du législateur. Pour cet exercice, on peut recourir au préambule de la loi, à l'exposé des motifs, aux travaux préparatoires qui sont les différents rapports présentés par la commission des lois ou toute commission permanente ou ad hoc devant l'Assemblée nationale, contexte de la disposition à interpréter. En cas de doute, l'interprète inclinera vers l'interprétation la plus équitable.

On peut, cependant, admettre avec la Cour qu'en légistique[221], on pense parfois plus prudent de s'en tenir à une abrogation implicite, parce que l'abrogation expresse expose au risque d'oublier telle ou telle disposition que l'édiction de la nouvelle norme remet en cause. Ce risque n'étant, en aucune manière, une cause d'inconstitutionnalité, on peut en conclure que la formulation de cette disposition ne viole pas la Constitution, tout en reconnaissant que l'observation de la Cour est pertinente.

SECTION II : DU RECOURS ABUSIF A L'OBJECTIF DE VALEUR D'INTELLIGIBILITÉ ET D'ACCESSIBILITÉ DE LA LOI

Dans un très grand nombre d'Arrêts, la Cour constitutionnelle affectionne de seriner par le recours à la formule : ***« l'objectif de valeur constitutionnelle d'intelligibilité et d'accessibilité de la loi »*** n'est pas pertinent.

Il est à rappeler que l'objectif de valeur constitutionnelle d'accessibilité et d'intelligibilité de la loi est l'un des éléments sur

[221] En droit, la **légistique** est l'ensemble des méthodes et conventions de rédaction des textes normatifs

lesquels repose l'exigence de sécurité juridique[222] . En effet, l'objectif d'intelligibilité et d'accessibilité doit s'entendre plus directement du principe de clarté et de non-rétroactivité des lois faisant partie la sécurité juridique[223] .

L'objectif de valeur constitutionnelle d'accessibilité et d'intelligibilité de la loi répondant à l'exigence de sécurité juridique signifie que le juge constitutionnel, comme le juge administratif, doit s'assurer de l'accomplissement possible de l'objet de cette loi et de l'effectivité de l'exécution de ses prescriptions suivant les véritables sens, l'esprit et les fins desdites prescriptions.

L'accessibilité et l'intelligibilité de la loi concernent sa signification qui se détermine à l'aide d'indices proprement linguistiques : vocabulaire utilisé, règles de grammaire, structure syntaxique. Dans ces conditions, le juge constitutionnel, comme le juge administratif, doit effectuer son contrôle sur le postulat que le législateur s'exprime correctement, selon les règles ordinaires du langage ou de la communication.

L'intelligibilité s'attache à la formulation du texte, à la lumière de son contexte interne et externe et de sa cohérence interne et externe. En effet, la loi est censée refléter la pensée cohérente et logique du législateur respectant la suprématie de la Constitution

L'accessibilité de la loi se rattache à l'économie générale du texte, c'est-à-dire aux rapports entre la loi et les textes environnants, constitution, Accords et traités, lois. Elle se rattache également au principe d'unité du texte, selon lequel les dispositions de la loi forment un tout, dont l'unité se dégage à partir de plusieurs éléments du texte. Les divisions, les mots charnières, les renvois, l'uniformité du vocabulaire contribuent au renforcent de cette unité, dont la conséquence est que chaque disposition est consubstantiellement liée aux autres, se donnant réciproquement, les unes aux autres, un sens qui résulte de l'ensemble et qui leur donne effet.

Également, l'unité du texte se trouve dans ses divers éléments que sont : le préambule, les Livres, les Titres, les Chapitres, les Sections, les Paragraphes, les Articles.

Ce principe d'unité concerne la règle de l'emploi du même mot à plusieurs reprises dans le texte de loi qui fait présumer que le

---

[222] 5 Mathieu (B.), Verpeaux (M.), « Chronique de jurisprudence constitutionnelle n° 32 (1e partie) », L.P.A., 05/07/02, n° 133, p.7.

[223] 9 CEDH, Kruslin c/ France, 24 avril 1990, Série A, n°176-A, aff. 7/1989/167/223, GACEDH, n° 5, §27

législateur a voulu attribuer à ce mot dans toutes les dispositions la même signification et, *a contrario*, que l'emploi de mots différents fait présumer que le législateur a voulu leur donner des significations différentes.

La sécurité juridique, qui se déduit de l'unité de la loi, procède de l'harmonisation de la loi avec les textes destinés à obvier les conflits entre les lois, à veiller à l'uniformité du vocabulaire et à appliquer les *lois selon leur finalité.*

L'harmonisation entre les lois découle de deux règles contenues dans les principes généraux de droit ci-après :

1.*specialia generalibus derogant* posant la primauté de la règle particulière sur la règle générale à laquelle elle déroge ;

2.*posteriora prioribus derogant* posant la primauté de la règle nouvelle sur la règle précédente, signifiant que de deux volontés du législateur, c'est la dernière qui prévaut et s'applique.

On ne peut contester la prérogative du législateur d'écarter l'application de ces règles, à la condition toutefois qu'il le fasse explicitement, par l'usage des expressions : « *nonobstant toute disposition contraire* » ou « *malgré toute disposition contraire* » pour hiérarchiser diverses lois ou dispositions d'une même loi entre elles.

La lecture des arrêts de la Cour constitutionnelle faisant usage de l'objectif de valeur constitutionnelle d'accessibilité et d'intelligibilité de la loi montre que cette juridiction méconnait ces autres objectifs de valeur constitutionnelle :

- La confusion de l'objet de la loi avec l'intention du législateur ;
- La présomption du respect de la Constitution, signifiant que le législateur respecte le partage des compétences opéré par la Constitution ;

La maxime, selon laquelle le législateur ne parle pas pour ne rien dire et n'utilise pas de mots superflus, ni de mots répétitifs dans la rédaction des lois, et que l'utilisation dans la loi deux termes ou deux mots différents manifeste son intention d'exprimer deux sens différents ; sinon il aurait utilisé seulement l'un ou l'autre de ces termes ne semble préoccuper la Cour constitutionnelle, outre mesure.

En effet, la cour constitutionnelle statue en ces termes : « ***Considérant que l'article 36 de la loi déférée dispose : «* 'les chambres siègent à cinq magistrats au moins. Elles peuvent siéger en formation restreinte à trois magistrats... »** ***Considérant que l'article 36 n'est conforme à la constitution que sous réserve de***

remplacer la préposition « à » par « de » entre « restreinte » et « trois magistrats » pour rendre la loi intelligible et accessible. »

Qu'est-ce que cette censure grammaticale de la Cour constitutionnelle apporte-t-elle à l'intelligibilité et l'accessibilité à la loi ? En quoi, suivant son sens ordinaire et grammatical, le membre de phrase « **siéger en formation restreinte à trois magistrats »** altère-t-il l'harmonie de cette disposition avec l'esprit de la loi ou l'objet de la loi ou l'intention du législateur, quand il est précédé de **« 'les chambres siègent à cinq magistrats au moins »'**.

Grammaticalement, la Cour constitutionnelle confond une relation d'appartenance à une tournure verbale d'appartenance, puisque la préposition « de » s'emploie dans une relation d'appartenance entre un nom et nom, alors que la préposition « à » est utilisée dans une tournure verbale d'appartenance entre un verbe et un déterminant cardinal, dont le rôle est d'indiquer le nombre.

En s'engageant dans une censure grammaticale, la Cour constitutionnelle outrepasse ses compétences puisqu'elle ne peut méconnaitre la présomption universelle que le législateur connaît les règles de grammaire, de syntaxe, de lexicologie, de sémantique, et qu'il choisit correctement les mots employés dans la loi.

Le principe d'unité, comme il est développé plus loin, s'oppose à de telles interprétations qui mènent à l'absurde.

On peut lire au dernier paragraphe de la page7 de l'Arrêt № 029 susvisé, cette déclaration de la Cour constitutionnelle: «***Considérant que l'article 89 est muet sur la suite de la procédure de renvoi en cas de cassation par les chambres réunies ; que la Cour constitutionnelle dans son arrêt № 010 du 16 octobre 2015 a déjà décidé que «* 'ce mutisme qui constitue par ailleurs une insécurité juridique et judiciaire est de nature à porter atteinte à l'objectif à valeur constitutionnelle d'intelligibilité et d'accessibilité de la loi »' ; *qu'en outre ce silence viole le droit à un procès équitable prévu à l'article9 al.4 de la Constitution »*.**

Il est ostensible que la Cour méconnait le principe selon lequel « '*lorsqu'une disposition précise certains éléments tout en demeurant silencieuse sur d'autres, on peut déduire que l'intention du législateur était d'exclure les éléments qu'il n'a pas mentionnés. En effet, si le législateur avait voulu inclure ces autres éléments, il les aurait mentionnés. Le législateur est présumé ne pas faire d'erreurs et on ne peut supposer que l'omission provient d'un oubli. Si un article, par exemple, confère un pouvoir à une personne expressément nommée, il est improbable de croire que le fait que d'autres personnes ne se soient pas vu conférer le même pouvoir résulte d'une erreur. Aussi, si une disposition présente certaines restrictions dans une situation précise, on peut conclure que, pour d'autres situations, le législateur n'a pas voulu restreindre la portée de la disposition* »'[224] .

En droit français, l'**objectif de valeur constitutionnelle d'accessibilité et d'intelligibilité de la loi** découle des articles 4, 5, 6 et 16 de la Déclaration des droits de l'homme et du citoyen de 1789 Le Conseil constitutionnel français reconnait pour la première fois l'objectif de valeur constitutionnelle d'accessibilité et d'intelligibilité de la loi par la décision № 99-421DC du 16 décembre 1999. Le 16 décembre 1999, le Conseil constitutionnel a déclaré non conforme à la Constitution, pour un motif de procédure, l'article unique de la loi organique relative au Médiateur des enfants qui rendait celui-ci inéligible aux mandats de député et de sénateur.

Ce texte avait en effet été adopté par le Parlement, alors que se trouvait toujours en discussion la loi ordinaire définissant les compétences, les pouvoirs et l'organisation de l'autorité concernée et fixant la dénomination définitive de cette dernière.

Au cours de la même séance, le Conseil constitutionnel a rejeté le recours formé par plus de soixante députés contre la loi habilitant le Gouvernement à procéder, par voie d'ordonnances, à l'adoption de neuf codes (code rural, code de l'éducation, code de la santé publique, code de commerce, code de l'environnement, code de la justice administrative, code de la route, code de l'action sociale, code monétaire et financier).

La loi d'habilitation précise que cette codification se fera « à droit constant », c'est-à-dire « sans modification de l'ordre juridique » : par exemple, à la différence des textes législatifs ou réglementaires, qui créent, modifient ou abrogent des dispositions ayant des effets en **droit.**

Par cette décision, le Conseil a reconnu valeur constitutionnelle à l'objectif consistant à rendre la loi plus accessible et plus intelligible, de manière à en faciliter la connaissance par les citoyens.

---

[224] Lucie Lauzière* Août 2012

Le principe de l'objectif de valeur constitutionnelle d'accessibilité et d'intelligibilité de la loi pose la règle qu'une restriction aux droits garantis soit accessible au citoyen[225] , précise et prévisible, de sorte que le citoyen connaît la règle qui lui est appliquée.

Dans le système constitutionnel, ce principe de restriction est ainsi exprimé dans la Constitution : *« '**Article 24 :** La loi garantit à tous l'exercice des libertés et des droits fondamentaux. Elle détermine les conditions dans lesquelles ils s'exercent. Elle ne peut fixer de limites à ces libertés et à ces droits que celles qui sont indispensables au maintien de l'ordre public et de la démocratie »'.*

Dans l'analyse de l'objectif de valeur constitutionnelle, le principe de « 'l'*accessibilité et l'intelligibilité* », l'accessibilité peut se comprendre d'une manière physique, c'est-à-dire en ce qu'elle est la possibilité matérielle ou technique de consulter, d'accéder à la norme, exempte de tautologie dans l'énoncé de la règle, de la procédure ou des droits et libertés.

L'accessibilité peut s'entendre du caractère de ce qui peut être atteint, abordé, parce que disponible et compréhensible.

L'accès à la loi revêt plusieurs aspects, dont :

▪ accéder à la norme elle-même, ou accès au droit

▪.accéder aux tribunaux, garants du respect de la norme, ou accès à la justice et aux prestataires de services juridiques (Avocats, notaires...).

La mise en œuvre de cette accessibilité s'opère de diverses façons qui permettent l'application de cette exigence.

Sous un autre angle, tenant à l'accessibilité, et concernant la modification d'une loi en vigueur, il est dans les meilleures pratiques de placer immédiatement les modifications dans le texte originaire, plutôt que de faire des renvois entre le texte d'origine et celui qui vient le modifier.

Si, dans son sens littéral, la notion d'accessibilité de la loi peut sembler facile à identifier, il ne peut être de même pour celle d'intelligibilité de la loi ; entendu que l'intelligibilité apparait comme le caractère d'une chose explicite, aisément pénétrable ou déchiffrable par l'humanité moyenne.

---

[225] Lalande (D.), Le principe d'accessibilité et d'intelligibilité de la loi, Mémoire non publié, Paris, 2001, p. 28.

L'on peut emprunter au Professeur Marie-Anne Frison-Roche et au Conseiller William BARANES la définition qu'ils ont donnée à la notion d'intelligibilité : « *d'une façon générale, une chose est intelligible si son sens peut être perçu par l'activité intellectuelle humaine* »[226]

L'intelligibilité de la loi correspond à la nécessité de donner à chacun les moyens de comprendre les normes juridiques, parce que non seulement c'est important que la loi soit connue pour être appliquée, mais aussi parce que son exécution intéresse chacun.

Toutefois, réduire l'intelligibilité de la loi à sa compréhension par le destinataire, ouvrirait à celui-ci la facilité de contourner la loi, en prétendant l'ignorer. Or, nul ne peut être censé ignorer la loi.

Le critère d'intelligibilité de la loi réside dans le fait que la règle qu'elle énonce soit compréhensible pour le destinataire, plutôt que comprise par le destinataire. Il impose, aux concepteurs comme aux usagers de la loi, la recherche d'une certaine qualité de la loi pour exonérer le citoyen de son obligation de connaître la loi. Il traduit l'exigence d'une absence d'ambiguïté et d'un degré relatif de précision, qui fait dépendre le contrôle du respect de cet objectif des circonstances et caractéristiques inhérentes à la loi.

Il convient de souligner que le Conseil constitutionnel français, à la différence de la Cour constitutionnelle guinéenne a considéré qu'il ne lui appartenait pas de « *porter son contrôle sur des critiques d'ordre rédactionnel qui sont sans rapport avec des dispositions constitutionnelles* »[227] .

LES DÉBITEURS DES EXIGENCES DE QUALITÉ DE LA LOI

a. Le législateur

Indiscutablement, le premier débiteur de l'intelligibilité de la loi est le Pouvoir Législatif à qui la constitution a octroyé la prérogative de délibérer et de voter la loi, assortie de l'obligation de veiller à la compréhension, par les destinataires, de la règle qu'il édicte.

b. La Cour constitutionnelle et la Cour suprême.

Comme sentinelle de la frontière entre le domaine de la loi et le domaine du règlement, le juge constitutionnel est le garant du respect de l'objectif d'intelligibilité et d'accessibilité de la loi et, par cela, il

---

[226] Frison-Roche (M-A), Baranès (W.), « Le principe constitutionnel de l'accessibilité et de l'intelligibilité de la loi », D., 2000, n°23, p.363

[227] CC, 86-216 DC du 3 septembre 1986, Loi relative aux conditions d'entrée et de séjour des étrangers en France, rec. p. 135, § 19 et 20.

participe à la préservation de la qualité de la loi, en veillant à ce que les dispositions à caractère réglementaire, conformément à l'article 74 de la Constitution, n'aient pas leur place dans les textes législatifs.

Lorsqu'une norme est complexe, il appartient alors à la Cour constitutionnelle d'effectuer un contrôle, dit de proportionnalité, entre la complexité de la norme et les motifs qui justifient cette complexité.

Ce contrôle doit être conduit suivant une conception restrictive, pour éviter d'ouvrir le principe de l'objectif de valeur constitutionnelle d'accessibilité et d'intelligibilité de la loi à toutes réclamations ou toutes interprétations, comme c'est le cas dans la majorité des arrêts de la Cour constitutionnelle.

c. Garantir une accessibilité de la loi au citoyen

La garantie d'une accessibilité physique, en même temps que celle d'une accessibilité intellectuelle signifie que la norme doit être compréhensible, c'est-à-dire revêtir les exigences de clarté et de compréhensibilité préalablement dégagées par la Cour constitutionnelle. Or, la Cour Constitutionnelle, en dehors d'en faire un usage vague, inopportun et abusif, n'a pas dégagé, comme c'est le cas en France, les bases juridiques des objectifs à valeur constitutionnelle.

SECTION III : CONTRÔLE DE CONSTITUTIONNALITÉ DE LA LOI ORGANIQUE L/2017/003/AN DU 23 FÉVRIER 2017, (ARRÊT №AC 029 DU 19 JUILLET 2017)

Le **contrôle de constitutionnalité** est, il convient de le rappeler avec force, un contrôle juridictionnel exercé en vue de s'assurer que les normes de droit que sont les lois, les règlements et les traités d'un Etat, respectent la Constitution. Celle-ci, placée au sommet de la hiérarchie des normes, est, en effet, la norme de référence.

Le contrôle de constitutionnalité est une *« procédure ou ensemble de procédures ayant pour objet de garantir la suprématie de la Constitution en annulant, ou en paralysant l'application de tout acte [généralement une loi], qui lui serait contraire »*[228].

[228] Michel de Villiers Professeur émérite de l'Université de Nantes. Principales publications:Dictionnaire du droit constitutionnel, 6ème éd. en collaboration avec A. Le Divellec, Dalloz-Sirey ; Code constitutionnel, annoté et commenté en

En Guinée depuis 1991 l'existence d'une juridiction est la garante de la constitutionnalité des lois. C'était d'abord la Cour suprême sous l'empire de la Loi fondamentale de 1990, ensuite la *Cour constitutionnelle* créée par la Constitution de 2010, qui assure ce contrôle, tant par voie d'action que par voie d'exception.

La Cour Constitutionnelle est saisie par voie d'action et *a priori*, c'est à dire avant la promulgation de la loi, uniquement par le Président de la République, le Président de l'Assemblée nationale ou 1/10ème des députés. La saisine *a posteriori*, qui s'opère par voie d'exception, permet au citoyen, à l'occasion d'un procès, de faire contrôler la constitutionnalité de la loi.

La Cour Constitutionnelle exerce un contrôle de constitutionnalité de la loi, non pas uniquement par rapport à la Constitution, mais par rapport à un ensemble de principes appelé **« bloc de constitutionnalité »**.

A. DE L'INTERPRÉTATION FACTICE DE LA SÉPARATION DES POUVOIRS ET DE L'INDÉPENDANCE DU POUVOIR JUDICIAIRE

À la page 3 de l'Arrêt № 029 du 19 juilletn2017, on peut lire : ***« considérant qu'en incluant dans la composition de la Cour suprême, le Secrétaire général et les services administratifs, l'article 7 al. 3 de la loi organique heurte à la fois les articles 2 al.7 et 107 de la constitution qui consacrent respectivement le principe de la séparation des pouvoirs et l'indépendance du pouvoir judiciaire, du pouvoir exécutif et du pouvoir législatif ».***

Ici, on peut constater que pour une fois, la Cour essaie de dégager, sur la base de dispositions explicites de la Constitution deux objectifs à valeur constitutionnelle, à savoir la séparation des pouvoirs et l'indépendance consubstantielle du pouvoir judiciaire.

Mais quand elle poursuit ***« Considérant que l'article 10 dernier al. de la loi organique dispose : «*** **'le secrétaire général est choisi parmi les Conseillers et les Avocats généraux de la Cour suprême »' ;** ***cette disposition de la loi est conforme à la constitution***

---

collaboration avec T. Renoux, 3ème éd. LITEC 2005 ; Code électoral, annoté et commenté en collaboration avec J.Y. Vincent, 9ème éd. LITEC 2008

sous réserve qu'une fois nommé, le Secrétaire général ne siège pas au sein de la Cour »', la cour se place sur un terrain d'aberration.

Précédemment, la Cour affirme : « '***qu'en incluant dans la composition de la Cour suprême, le Secrétaire général et les services administratifs, l'article 7 al. 3 de la loi organique heurte à la fois les articles 2 al.7 et 107 de la constitution »*** et immédiatement après, elle déclare que l'article 10 dernier al.de la loi organique qui prévoit que **« 'le secrétaire général est choisi parmi les Conseillers et les Avocats généraux de la Cour suprême »'** est conforme à la constitution. Elle émet une réserve en ces termes : « '***qu'une fois nommé, le Secrétaire général ne siège pas au sein de la Cour »'***.

D'un côté, la Cour constitutionnelle admet que du moment que le Secrétaire général « '**est choisi parmi les Conseillers et les Avocats généraux de la Cour suprême »'** c'est à dire magistrats nommés *es qualité* « 'Conseiller ou Avocat »', la loi organique est conforme à la loi. De l'autre, elle dénie au Conseiller ou Avocat, qui cumule sa fonction de membre de la Cour avec celle de Secrétaire général, le droit de siéger au sein de la Cour.

Il y a là trois aberrations.

Dans la première, la Cour constitutionnelle refuse à un magistrat de la Cour suprême d'exercer les fonctions premières qui ont justifié sa qualité de membre de cette juridiction, sans indiquer l'incompatibilité qui devrait faire obstacle au cumul des fonctions de Conseiller ou d'Avocat général avec celui de Secrétaire général de la Cour suprême.

Dans la deuxième, la Cour constitutionnelle semble ignorer que la fonction de Secrétaire général est confiée à un membre de la Cour suprême, pour assister le Premier président dans ses diverses fonctions inséparables de chef de juridiction et de représentant du pouvoir judiciaire. L'inséparabilité des diverses fonctions du Premier président est consubstantielle à celle du Secrétaire général qui l'assiste.

Comment peut-on imaginer, à plus forte raison, trouver un champ d'application de la règle de séparation des pouvoirs dans fonctionnement de la Cour, en dehors de celle du Siège et du Parquet de la Cour ?

Peut-on parler de séparation de pouvoirs en ce qui concerne les interventions du Secrétaire général qui assume des missions d'assistance du Premier président.

Les services administratifs de la Cour suprême, dont l'inclusion est censurée par la Cour constitutionnelle, servent-ils un pouvoir constitutionnel quelconque au sein de la Cour suprême ou exercent-ils des tâches administratives spécifiques au fonctionnement autonome régulier de la Cour suprême, dans le sens de la garantie de la séparation des pouvoirs et de l'indépendance du pouvoir judiciaire ?

De là, l'aberration de l'évocation, par la Cour constitutionnelle, du principe de « ***séparation des pouvoirs*** » à la fonction de secrétaire général de la Cour suprême.

La troisième aberration est l'inclination tendancieuse de la Cour constitutionnelle à substituer sa volonté à celle du législateur, alors que sa mission est de plier ou soumettre la volonté du législateur à la constitution.

Enfin, une interrogation demeure, celle de savoir quels sont, au sein de la Cour suprême, les services qui relèvent du pouvoir exécutif ou du pouvoir judiciaire et dont la présence justifierait seulement la simple allusion à la séparation des pouvoirs, en dehors de la séparation entre siège et parquet ?

Le Secrétariat général, faut-il souligner, établit une sorte de passerelle entre le siège et le parquet dans la fourniture des services de caractère non juridictionnel, mais également des prestations de recherche, d'assistance technique et administrative indispensables au fonctionnement autonome de la Cour Suprême. Rien ne s'oppose que certaines de ces prestations soient confiées à des magistrats.

CHAPITRE XVIII

DE LA VIOLATION PAR LA COUR CONSTITUTIONNELLE DES ARTICLES 35, 56, 62 DE LA LOI ORGANIQUE L/2011/006/CNT DU 10 MARS 2011

(ARRÊT № AC09 DU 5 MAI 2016 ET ARRÊT № 20 DU 4 OCTOBRE 2016)

SECTION I : DE LA VIOLATION DE LA RÈGLE DE COMPÉTENCE DE LA COUR CONSTITUTIONNELLE

Au sujet de l'Arrêt № AC09 du 5 mai 2016, l'objet de la saisine de la Cour constitutionnelle se lit comme suit :

1. **Affaire : crise à la Haute Autorité de la Communication entre Mme Martine CONDE, Présidente de la HAC et M. Abdourahimi Bah et huit autres commissaires ;**
2. **Nature : Constitutionnelle**

À la page 8 de l'Arrêt № AC09 du 5 mai 2016, la Cour constitutionnelle statue : ***« Considérant qu'il résulte des éléments du dossier que Mme la présidente de la HAC, a par lettre 007/SP/HAC/2016 du 19 janvier 2016, demandé à Monsieur Joachim Baba MILLIMONO de suspendre ses activités au sein de la HAC en attendant une décision définitive sur les poursuites engagées contre ce dernier pour faux et usage de faux devant les juridictions compétentes »'.***

« Que cependant, le renvoi d'un Commissaire est de la compétence de la HAC siégeant en assemblée plénière en vertu des articles 19 et 21 de son règlement intérieur ; qu'ainsi la décision de suspension de Monsieur Joachim Baba MILLIMON par la présidente de la HAC viole les articles susvisés et l'article 13 de la loi organique L/2010/003/CNT et est donc contraire à la Constitution. »

Sur cette question, à la page 11, dans le dispositif de l'Arrêt, on peut lire : « ***Déclare nulle et de nul effet la suspension du Commissaire Joachim Baba MILLIMONO »***.

De ce qui précède, la Cour constitutionnelle a statué sur un contentieux qui ne relève pas de sa compétence matérielle, telle que celle-ci est délimitée par l'article 94 de la constitution, à savoir : **« les conflits d'attributions entre les organes constitutionnels ».**

Le contentieux tranché par la Cour constitutionnelle ne concerne pas un conflit d'attributions entre des organes constitutionnels, puisqu'il s'agit d'un conflit entre un chef d'institution et un membre de ladite institution. Or, les compétences de la Cour constitutionnelle définies par la Constitution sont délimitées par l'article 35 et précisées par les articles 56 et 62 de la Loi organique L/2011/006/CNT du 10 mars 2011.

En effet, fixant les limites des compétences de la Cour constitutionnelle, l'article 35 de la Loi organique L/2011/006/CNT du 10 mars 2011, dans le sillage de l'article 94 de la Constitution, dispose : « ***la cour constitutionnelle veille à la séparation et l'équilibre des pouvoirs afin que ni le Législatif, ni l'Exécutif, ni aucune institution constitutionnelle ne s'arrogent des prérogatives non conférées par la Constitution »'.***

Précisant la nature du litige relevant des attributions de la Cour constitutionnelle, l'article62 de la Loi organique L/2011/006/CNT du 10 mars 2011 en ses alinéa2 et 4 statue : « ***les décisions de la Cour constitutionnelle ne s'appliquent qu'aux normes juridiques ; elles ne s'appliquent guère aux actes judiciaires ni aux actes administratifs. La Cour constitutionnelle n'a pas compétence de donner des interprétations contraignantes des lois, elle procède à des interprétations contraignantes de la constitution ».***

Il se trouve justement que l'Arrêt de la Cour constitutionnelle déclare nulle et de nul effet une décision de la HAC, c'est-à-dire un acte administratif. Plus précisément, la Cour constitutionnelle a statué en recours pour excès de pouvoir tendant à l'annulation d'une décision administrative.

En effet, la Cour constitutionnelle constate « ***que cependant, le renvoi d'un Commissaire relève de la compétence de la HAC siégeant en assemblée plénière en vertu des articles 19 et 21 de son règlement intérieur ; qu'ainsi la suspension de Monsieur Joachim Baba MILLIMONO par la présidente de la HAC viole les articles susvisés et l'article 13 de la Loi L/2010/003/CNT et est donc contraire à la Constitution ».***

Cette démarche de la Cour constitutionnelle procède du contrôle de la légalité externe de la décision visant à établir l'incompétence de l'auteur de la décision, la Présidente de la HAC et le contrôle la légalité interne de la décision, dont le but est de démontrer la violation de la loi par l'usage d'un pouvoir qui n'a pas été attribué à la Présidente de la HAC.

L'effet de cet Arrêt de la Cour constitutionnelle est, dans le cadre de ce recours pour excès de pouvoir, d'annuler la décision administrative litigieuse, c'est-à-dire de la faire **disparaître rétroactivement de l'ordre juridique**.

Quelques observations fondamentales s'imposent.

Premièrement, dans le contentieux du recours pour excès de pouvoir, les parties au procès sont, d'une part, l'auteur de la saisine et, de l'autre, l'acte de suspension, qui est un acte administratif unilatéral. En partant de la règle de compétence posée par l'article 62 de la Loi organique L/2011/006/CNT du 10 mars 2011, relative à la Cour constitutionnelle, en son alinéa 2, selon lequel : « ***les décisions de la Cour constitutionnelle ne s'appliquent qu'aux normes juridiques ; elles ne s'appliquent guère aux actes judiciaires, ni aux actes administratifs*** **»,** on s'aperçoit que la Cour constitutionnelle a violé le principe de compétence matérielle (*rationae materiae*) liée à l'interprétation ou à la violation de la constitution.

Deuxièmement, la Cour constitutionnelle semble ignorer que la suspension de fonctions est une mesure disciplinaire conservatoire et provisoire, relevant du droit administratif, qui permet, dans l'attente d'un jugement pénal ou du prononcé d'une sanction disciplinaire à son encontre, d'écarter l'agent d'un service, s'il a commis une faute grave ou une infraction pénale de droit commun.

La suspension, en raison de son caractère temporairement limité et ne rompant pas le lien de l'agent avec son service, ne peut s'interpréter comme une violation des droits de l'homme. La suspension s'applique, que la faute soit :

- un manquement aux obligations professionnelles,
- ou une infraction pénale.

Le pouvoir de prononcer la suspension de fonctions, mesure administrative dépourvue de caractère disciplinaire, appartient à l'autorité dotée du pouvoir d'administration ou de gestion du personnel. Elle n'est, en conséquence, pas soumise à une procédure précise.

Le chef de l'administration prend seul la décision de suspension qui n'influe pas sur le choix de la sanction disciplinaire susceptible d'être prise ultérieurement à l'encontre de l'agent concerné par l'autorité investie de la juridiction disciplinaire.

Troisièmement, la Cour constitutionnelle vise les articles 19 et 21 du règlement intérieur de la HAC et l'article 13 de la loi organique L/2010/003/CNT du 22 juin 2010 relative à la HAC.

L'examen de ses dispositions, ayant servi de base légale à la motivation de son arrêt, révèle qu'elles ne contiennent même pas l'allusion à la mesure de suspension ou à la sanction disciplinaire.

En effet, l'article 19 du règlement intérieur dispose ***: « L'Assemblée plénière est l'instance de décision. Elle se réunit sur convocation de son Président(e), en principe au moins une fois par semaine ; celui -- — ci en fixe l'ordre du jour. La présence de sept commissaires au moins est requise. En cas d'empêchement du Président(e), la réunion se tient sous la présidence du commissaire présent le plus âgé »*** et l'article 21 du même texte, quant à lui, dispose : ***« Les projets de délibération, les documents y afférents sont établis par le secrétaire du collège sous la responsabilité du Président(e). En cas d'urgence ils sont transmis aux commissaires, vingt-quatre heures au moins avant la séance ».***

L'article 13 de la loi organique L/2010/003/CNT du 22 juin 2010 relative à la HAC est consacré aux diverses incompatibilités qui frappent les fonctions de membres de la Haute Autorité de la Communication (HAC).

Pour la motivation de son arrêt, la Cour constitutionnelle a pris pour base juridique des dispositions du Règlement intérieur et de la loi organique L/2010/003/CNT du 22 juin 2010 relative à la HAC qui ne sont pas pertinentes relativement à l'objet de sa saisine.

Dans les chapitres précédents, les enjeux de la motivation des décisions ont été exposés, en tant que garantie morale contre l'arbitraire du juge, qui permet d'expliquer la décision rendue et de justifier du respect d'un raisonnement rationnel et juridique.

En toute matière, l'obligation de motivation des décisions juridictionnelles répond à la triple finalité de :

- la confrontation de la règle de droit applicable avec les faits de l'espèce ;

- la garantie pour le justiciable que ses prétentions et ses moyens ont été sérieusement et équitablement examinés par le juge ;
- l'application pertinente des règles de droit, du respect des principes directeurs du procès et d'expliquer son arrêt.

Par voie de conséquence, les juges ne doivent pas statuer par des considérations générales ni se déterminer sur la seule allégation d'une partie ou sur des pièces qu'il n'analyse pas.

SECTION II : LA COUR CONSTITUTIONNELLE SUBSTITUE LE POUVOIR LEGISLATIF

Dans l'Arrêt AC 09 du 5 mai 2016, la Cour constitutionnelle mentionne :

1.« ***qu'il n'est pas possible pour les neuf Commissaires d'accepter le refus de la Présidente de rendre compte de sa gestion budgétaire Considérant que la transparence notamment financière est un objectif à valeur constitutionnelle et que la mise en place des organes de contrôle interne au sein des institutions répond à cet objectif ; qu'ainsi, le refus de la mise en place d'un organe interne de contrôle au sein de la HAC est contraire à la Constitution ». Ordonne la mise en place par l'Assemblée plénière des structures de gestion et de contrôle interne à la HAC »***

La Cour constitutionnelle prend position et rend un arrêt sur une matière qui ne relève pas des attributions qui lui sont conférées par la Constitution. Son arrêt est rendu en violation des dispositions de la loi organique **Loi organique L/2012/012/CNT** du 06 août 2012 relative aux lois de Finances, dont l'article 62 désigne les ordonnateurs en ces termes : « ***'les ordonnateurs du budget de l'État sont les ministres et les Hautes Autorités responsables des institutions constitutionnelles qui peuvent déléguer formellement ce pouvoir à des agents soumis à leur autorité hiérarchique directe ».***

Plus explicitement, cette loi donne de l'ordonnateur la définition suivante : « **Article 79 :** ***Est ordonnateur toute personne ayant qualité au nom de l'État de prescrire l'exécution des recettes et dépenses inscrites au budget de l'État. En matière de recettes, l'ordonnateur constate les droits de l'État, liquide et émet les titres de perception correspondants. En matière de dépenses, l'ordonnateur procède aux engagements, liquidations et***

ordonnancements. En matière de trésorerie et de financement, l'ordonnateur prend les décisions d'emprunt, d'émission de titre, de prêt, d'avance, de cession d'actifs et mouvement de fonds. En matière de patrimoine, l'ordonnateur émet les ordres de mouvement affectant les biens de l'État ».

Le Décret portant Règlement général sur la gestion budgétaire et la comptabilité publique (RGGBCP) fournit plus de précision sur les fonctions d'ordonnateur en ces termes : « '***Article 46 : Tout actif de l'État doit être affecté à un ordonnateur explicitement désigné qui peut être :***

•soit le ministre chargé des finances, s'agissant de l'ensemble du patrimoine financier et de ceux des actifs non financiers qui lui sont affectés,

•soit les ministres ou Hautes Autorités responsables des institutions constitutionnelles s'agissant des actifs non financiers qui leur sont affectés.

Les modalités de prise en charge, d'emploi, de conservation et de cession des actifs de l'Etat ainsi que les contrôles et sanctions auxquels sont soumis leurs affectataires sont déterminées par arrêté du ministre chargé des finances »

Quels sont le sens et l'opportunité de la décision qui « ***Ordonne la mise en place par l'Assemblée plénière des structures de gestion et de contrôle interne à la HAC......... »,*** quand :

❖ primo la loi organique prescrit en son article 93 que ***« 'L'ordonnateur est personnellement responsable des actes financiers et contrôles internes qui lui incombent dans l'exercice de ses fonctions. Il engage une responsabilité qui peut être disciplinaire, pénale ou civile, sans préjudice des amendes et sanctions qui peuvent lui être infligées par la Cour des comptes en raison de ses fautes de gestion dans les conditions définies par la loi organique sur la Cour des comptes »' ;***

❖ secundo, au sujet du contrôle interne, l'article 84 de la loi organique relative aux lois de finances déclare : « '***Le contrôleur financier exerce des contrôles a priori et a posteriori des opérations de dépenses budgétaires de l'État. Il tient la comptabilité budgétaire afin de suivre la consommation des crédits et de déterminer la disponibilité de crédits pour de nouveaux engagements de dépenses. Il contrôle le respect des plafonds d'emplois. Il évalue a posteriori les résultats et performances des actions engagées par les***

ordonnateurs au moyen de leurs crédits budgétaires et au regard de ses objectifs de politique publique »'.

En son article 68, le décret portant RGGBCP édicte les règles de contrôle qui s'exerce sur les fonctions d'ordonnateurs comme suit : ***les contrôles a priori exercés par les contrôleurs financiers portent sur les opérations budgétaires des ordonnateurs auprès desquels ils sont placés.***

Tous les actes des ordonnateurs à incidence financière, notamment ceux portant engagement de dépenses, sont soumis au visa préalable du contrôleur financier.

Les actes d'engagement sont examinés au regard de :

• la qualité de l'ordonnateur,

• l'imputation de la dépense au chapitre et à l'article pertinent de la nomenclature budgétaire,

• la disponibilité des crédits,

• l'application des dispositions d'ordre financier figurant dans les lois et règlements, de leur conformité avec les autorisations parlementaires

• des conséquences que les mesures proposées peuvent avoir sur l'équilibre et la soutenabilité du budget de l'État.

Tout engagement ne peut être présenté à la signature de l'ordonnateur qu'après avoir préalablement obtenu le visa du contrôleur financier. Les engagements non revêtus du visa du contrôleur financier sont nuls et de nul effet.

Il peut se faire communiquer par l'ordonnateur, pour information, tout document ou étude à caractère économique, financier, statistique ou comptable".

Il découle de cette disposition que la question de contrôle des opérations budgétaires relève du domaine règlementaire et le contentieux qui en découle est de la compétence du juge financier qu'est la Cour des Comptes, comme le spécifie l'article 69 de la loi organique relative aux lois des finances qui dispose : ***« Le contrôleur financier contrôle le respect par l'ordonnateur du plafond des emplois rémunérés par l'État autorisés pour le ministère auprès duquel il est placé. À cet effet, lui sont transmis par l'ordonnateur tous les projets d'actes juridiques ou de décision administrative, préalablement à leur signature, tendant au recrutement d'agents, quels qu'en soient le statut, le grade et les modalités. Le contrôleur***

financier est tenu de refuser d'approuver ces projets s'il apparaît que le ou les recrutements envisagés dépassent le nombre d'emplois disponibles à la date du recrutement. Pour assurer un décompte permanent des effectifs en place, l'ordonnateur informe régulièrement, par transmission de copies des actes et pièces pertinentes, le contrôleur financier des départs d'agent par mise à la retraite, fin de contrat, démission ou quelle qu'autre cause que ce soit ».

L'organe de contrôle, à l'image du comité de trésorerie installé au sein de la Cour constitutionnelle, est une violation de la Loi organique relative aux lois de finances et l'arrêt de la Cour constitutionnelle pourrait être interprétée comme une volonté de cette juridiction de s'attribuer les compétences que la constitution ne lui a pas attribuées et de substituer l'Assemblée nationale.

SECTION III : RÉSOLUTION JURIDICTIONNELLE DES CONFLITS ENTRE ORGANES CONSTITUTIONNELS

La constitution confie la régulation du fonctionnement et des activités des Pouvoirs Législatif et exécutif et des autres organes de l'État à la Cour constitutionnelle et précise à l'article 92 de la Constitution :« ***En cas de désaccord entre le Président de la République et l'Assemblée nationale avant la troisième année de législature, la Cour Constitutionnelle peut être saisie par le Président de la République ou par le Président de l'Assemblée nationale ou par un dixième des Députés. La décision de la Cour constitutionnelle s'impose au Président de République et à l'Assemblée nationale***. »'

Plus explicitement, le dernier alinéa de l'article 93 de la Constitution fait de la Cour constitutionnelle « ***l'organe régulateur du fonctionnement et des activités des Pouvoirs Législatif et Exécutif et des autres organes de l'État »***. Elle est chargée, par l'article 94, de statuer sur « ***les conflits d'attributions entre les organes constitutionnels*** ».

Le conflit, dont il est question, n'est pas, à proprement parler d'ordre contentieux, il a pour cause la réaffirmation de la constitutionnalité de la règle qui se rattache à l'exigence constitutionnelle de la séparation des pouvoirs édictée par l'article 2 de la Constitution.

L'article 56 de la loi organique L/2011/006/CNT du 10 mars 2011 déclare : ***« En cas de conflits entre des institutions constitutionnelles, la Cour Constitutionnelle est saisie par la plus diligente des institutions concernées »'.***

Il apparait donc que le système constitutionnel guinéen met en place un régime de résolution juridictionnelle des conflits entre organes constitutionnels relevant de la compétence de la Cour constitutionnelle.

Cette compétence de résolution juridictionnelle des conflits entre organes constitutionnels, dont la cour est directement et pleinement investie, conduit à la distinction de trois éléments :

- les organes susceptibles de prendre part à ces conflits (les « sujets »),
- les actes sur lesquels ils sont susceptibles de porter (les « objets »), et
- les règles régissant les procédures auxquelles elles peuvent donner lieu. [229]

1. **Les sujets des conflits entre organes constitutionnels**

Le contentieux interorganique suppose la capacité des sujets, c'est à dire l'aptitude légale d'agir en justice ou le droit de prendre part dans un contentieux.

Il découle des articles 92 et 93 de la Constitution et de l'article 56 de la loi organique L/2011/006/CNT du 10 mars 2011 que les sujets du conflit inter organes sont :

- le Président de la République ;
- Le Président de l'Assemblée nationale ;
- Les institutions d'appui à la démocratie et à la bonne gouvernance.

2. **De l'objet des conflits inter-organes**

Le conflit inter-organes trouve sa source dans un acte constitutionnel ou dans un fait constitutionnel, si bien qu'une simple omission peut théoriquement engendrer une situation conflictuelle entre institutions.

---

[229] Carpentier Élise. La résolution juridictionnelle des conflits entre organes constitutionnels. In: Revue internationale de droit comparé. Vol. 59 N°4,2007. pp. 805-832; doi : 10.3406/ridc.2007.19548 http://www.persee.fr/doc/ridc_0035-3337_2007_num_59_4_19548

La notion d'acte constitutionnel désigne tout acte pris par les sujets susvisés dans l'exercice de leurs attributions constitutionnelles spécifiques.

L'auteur de l'acte constitutionnel est nécessairement un organe constitutionnel, c'est-à-dire une entité à laquelle la Constitution a dévolu une attribution constitutionnelle lui permettant d'exercer une fonction, d'accomplir une mission au nom et pour le compte de l'État.

L'article 56 de la loi organique autorise d'affirmer que l'attribution constitutionnelle ne désigne pas nécessairement un pouvoir expressément conféré par la Constitution elle-même.

Dans un sens matériel, l'adjectif « '***constitutionnel*** »' s'entend de l'appellatif qui exprime l'attribut de nature constitutionnelle ; avec cette conséquence que toute attribution constitutionnelle ne fait pas nécessairement de son titulaire un organe constitutionnel. Il faut encore que cette attribution soit spécifique, autrement dit, qu'elle présente une certaine qualité débouchant sur l'exercice de la souveraineté.

La catégorisation des actes constitutionnels que l'on peut faire à la lumière de la législation inclut les Règlements de l'Assemblée nationale et des institutions constitutionnelles, les lois, quelles qu'elles soient, dès lors qu'elles sont entrées en vigueur après la Constitution, les décrets de promulgation, de dissolution, la décision de ratifier ou approuver un engagement international, la décision de reconnaître ou non à un parlementaire l'immunité de juridiction, la décision d'opposer le secret-défense, la décision d'engager la procédure de délégalisation, de même que celle d'engager la procédure de destitution du Président de la République, les résolutions de l'Assemblée nationale, etc.

L'acte ou le fait doit avoir nécessairement causé une perturbation dans les compétences du requérant, étant entendu que cette perturbation soit susceptible de résulter d'un débordement notoire ou persistant des compétences respectives par le défendeur ou d'un désaccord entre les organes, dont l'un est sorti de sa sphère d'attributions pour exercer ses pouvoirs de telle sorte à interférer dans les attributions du demandeur.

Le conflit entre organes constitutionnels appelle l'examen de sa configuration normative, c'est-à-dire l'analyse ou l'appréciation des normes invoquées par les parties au conflit et sur lesquelles le juge constitutionnel est susceptible de s'appuyer pour fonder et motiver sa décision.

L'objet du contentieux inter-organes repose sur la délicate question de la recevabilité de la requête soumettant à la Cour constitutionnelle les conflits tissés autour des lois (dits conflits *sub specie legis*)[230]

«.*Le critère objectif du contentieux de résolution des conflits entre organes constitutionnels est apparu empreint de peu de spécificité, mais non dépourvu de toute consistance : d'une part, un organe ne peut entreprendre la défense d'une de ses compétences par cette voie que si la norme qui l'établit peut être rapportée à la Constitution, et plus précisément à une attribution spécifique qui lui donne sa qualité d'organe constitutionnel ; d'autre part, surtout, il doit nécessairement pouvoir se prévaloir d'un intérêt à agir en justice* »[231].

Le fait que la constitution guinéenne charge la Cour constitutionnelle de statuer sur les conflits d'attributions entre les organes constitutionnels, permet d'induire que la condition objective du conflit entre organes constitutionnels s'entend de la possibilité abstraite d'une perturbation de la séparation ou de l'équilibre des pouvoirs dans les relations fonctionnelles des institutions constitutionnelles.

3. **La résolution juridictionnelle des conflits entre organes constitutionnels**

La résolution juridictionnelle des litiges entre organes tient à leur nature à la fois objective et subjective et à l'existence indéniable d'un véritable droit processuel qui s'y applique, avec la particularité que la saisine de la Cour, comme le veut l'article 56 de la loi organique, est ouverte à la partie la plus diligente, ce qui implique la décision préalable de la Cour sur la recevabilité de la demande.

Les actes constitutionnels se distinguent :

- selon que les destinataires sont des individus et peuvent donc être qualifiés d'actes constitutionnels individuels, dans la mesure où de tels actes portent sur les nominations aux emplois civils et militaires, dont les destinataires ne sont appelés à assumer aucune fonction constitutionnelle spécifique, mais qui sont susceptibles d'interférer directement dans les droits et intérêts subjectifs des personnes,
- selon que les destinataires sont des organes constitutionnels, ces actes peuvent être dénommés actes constitutionnels institutionnels,

---

[230] Sous le prétexte de ce qui doit être proposé comme la Loi. Fait avec l'intention d'améliorer ou de modifier autrement le courant.

[231] **Élise Carpentier** Revue internationale de droit comparé Année 2007 59-4 pp. 805-832

tels un décret de dissolution ou le dépôt d'un projet de loi, d'une résolution de l'Assemblée nationale créant une commission d'enquête, le refus de promulgation d'une loi, l'intervention d'une loi sur une matière relevant du domaine règlementaire, qui ne sont en principe pas de nature à porter directement atteinte aux droits et libertés des individus.

4. Le régime contentieux de l'acte constitutionnel institutionnel

En règle générale, seul le juge constitutionnel a compétence pour connaître des actes constitutionnels. Une exception à cette règle concerne les actes constitutionnels individuels.

S'agissant des actes constitutionnels institutionnels, en revanche, le principe n'admet aucune dérogation.

a) **De la distinction des actes de la puissance publique**

L'acte constitutionnel et l'acte administratif sont deux actes de la puissance publique. Ils se ressemblent, mais ils ne doivent toutefois pas être confondus. Les actes administratifs émanent des autorités administratives, à l'occasion de la mise en œuvre de prérogatives administratives et sont, dans tous les cas, pris dans l'exercice d'un pouvoir administratif, soumis à la loi.

Par contre, des actes constitutionnels sont accomplis dans l'exercice de prérogatives qui sont matériellement constitutionnelles.

Or, à l'évidence, si l'on admet que le juge administratif est le juge naturel de l'administration et de ses actes, il ne peut donc connaître des actes constitutionnels, en conséquence, il est logique qu'à l'égard de ces derniers, le juge constitutionnel a compétence exclusive, par cela que les actes pris par les organes constitutionnels dans l'exercice de leurs prérogatives constitutionnelles présentent une nature particulière, justifiant qu'ils soient soustraits à la compétence du juge administratif, pour ne relever que du seul juge constitutionnel.

La procédure de l'exception d'inconstitutionnalité, impose au juge ordinaire de systématiquement décliner sa compétence, dès qu'il est en face des actes constitutionnels, lesquels ne sont susceptibles de porter, en principe, aucune atteinte directe aux droits et libertés fondamentaux des individus.

Le fondement de l'exclusivité de compétence du juge constitutionnel est à relier aux exigences inhérentes à la séparation des pouvoirs et à la position spécifique de la Cour constitutionnelle dans l'architecture institutionnelle de la République de Guinée.

Dans l'examen des actes constitutionnels, ce qui est demandé au juge ne se limite pas au jugement d'un acte constitutionnel. Il s'étend à la résolution d'un conflit né entre des organes constitutionnels, opposant des sujets titulaires de fonctions constitutionnelles et portant sur l'interprétation ou l'application de la Constitution, étant entendu que le terme « Constitution » doit ici être compris dans son sens le plus strict, de la norme qui opère la séparation des pouvoirs, c'est-à-dire qui répartit les attributions de manière à établir un équilibre inaltérable entre les fonctions constitutionnelles relatives à l'exercice de la souveraineté.

Le contentieux inter-organique est engendré par un litige mettant en cause la séparation des pouvoirs, celle-ci entendue comme la répartition des attributions constitutionnelles entre les organes constitutionnels.

La séparation des pouvoirs, autrement dit l'organisation et la définition des modalités d'exercice de la souveraineté dans l'État est l'essence même de la Constitution, laquelle explique que celle-ci attribue une compétence systématique et exclusive à la Cour constitutionnelle pour connaître des conflits entre organes constitutionnels, bâtis autour des concepts d'acte et de conflit constitutionnels.

Dans cette perspective, le droit constitutionnel se conçoit comme la garantie de la liberté par l'organisation rationnelle de l'exercice du pouvoir.

Telle qu'elle est envisagée, la « conflictualité constitutionnelle » est caractérisée par sa dimension « atypique »,[232]par cela qu'elle porte sur l'interprétation et/ou l'application de la Constitution.

C'est pour éviter la spirale d'instabilité constitutionnelle que le constituant guinéen a décidé, en 2010, d'attribuer à la Cour constitutionnelle la fonction de régulation du fonctionnement des institutions et de l'activité des pouvoirs publics. La juridiction constitutionnelle guinéenne a exercé cette fonction dans toute sa plénitude. pour débloquer la paralysie du fonctionnement de certaines institutions : la HAC[233] et l'INIDH[234]

La Cour constitutionnelle, par ses fonctions de contrôle de constitutionnalité, contrôle de conformité et d'organe régulateur du

---

232 . Sur la définition de l'objet « conflits constitutionnels », on se reportera spécialement aux contributions de J. Hummel, « Les conflits constitutionnels. Définition(s) d'un objet d'étude », op cit. ; et D. Baranger, « Quand et pourquoi peut-on raisonner en terme de conflit constitutionnel ? »,

233 Haute Autorité de la Communication

234 Institution Nationale Indépendante des Droits Humains.

fonctionnement des institutions apparait comme un élément important de la chaîne normative, intervenant à un moment donné pour décider du sens d'un énoncé constitutionnel sans pour autant que cette décision fige définitivement le droit.

CHAPITRE XIX

CRISE A LA COUR CONSTITUTIONNELLE ET NON-RESPECT DE LA LOI PAR SES MEMBRES

RAPPEL SOMMAIRE DES FAITS

Le 5 mars 2018, conformément aux dispositions des articles 101 de la constitution le renouvellement du tiers des membres de l'institution se fait tous les trois ans. La constitution, en effet, précise : *« La durée du mandat des membres de la Cour Constitutionnelle est de neuf ans non renouvelable, sous réserve de l'alinéa 3 du présent article. Le Président de la Cour Constitutionnelle est élu par ses pairs pour une durée de neuf ans non renouvelable. Les membres de la Cour Constitutionnelle sont renouvelés par tiers tous les trois (3) ans sur tirage au sort »*.

L'article 4 de la loi organique L/2011/006/CNT, en date du 10 mars 2011, portant organisation et fonctionnement de la Cour constitutionnelle, reprenant *in extenso* cette disposition constitutionnelle, ajoute les précisions suivantes : *« ... conformément à l'alinéa précédent, il est pourvu au remplacement des membres de la Cour, vingt (20) jours au moins avant l'expiration de leurs fonctions »*

En application de ces textes, le président de la Cour constitutionnelle, Monsieur Kèlèfa SALL, a convoqué une session plénière pour procéder au tirage au sort.

Alors survient une crise au sein de la Cour constitutionnelle engendrée par l'interprétation des textes régissant cette juridiction. Deux positions s'affirment.

Pour l'une celle, du Président de la Cour, le président étant élu pour un mandat de neuf ans et son vice-président, élu pour deux ans, ne sont pas concernés par le tirage au sort.

Pour la seconde, le tirage s'applique à tous les membres, sans aucune exception. Pour se faire entendre, ils ont bloqué

Une atmosphère délétère s'installe, avec le blocage de l'accès à la salle de réunion, obligeant le président à délocaliser la séance dans son bureau. C'est dans ces circonstances que tirage a eu lieu en présence des présidents des autres institutions républicaines et quelques membres de la société civile.

Le tirage au sort a porté sur sept membres dont les noms ont été placés dans des boules et introduit une urne. Trois personnes différentes ont successivement sorti trois boules contenant les noms de Ahmed Tidiane KABA, Houssein Mohamed MOUNIR et Alya DIABY. Conséquences, ces membres doivent être remplacés par leur structure d'origine.

Alors commence une série d'interprétations apologétiques

Me Mounir publie dans le journal LYNX un argumentaire en faveur la décision en date du 05/03/2018 de l'Assemblée plénière de la Cour Constitutionnelle suggérant l'annulation du tirage au sort de 3 de ses membres effectués par le Président de la Cour et la validation de la destitution du Président de ses fonctions.

Ce document soulève quelques questions qui s'analysent dans les rubriques ci-après :

1. AUTONOMIE NORMATIVE OU RÉGLEMENTAIRE

L'acte administratif, comme tout acte juridique, revêt un caractère essentiel, toujours le même, celui d'être un mécanisme de volonté producteur d'effets de droit, effets qui se présentent à la fois comme conséquence et démonstration de ce caractère.

En effet, l'acte administratif tend à engendrer une véritable situation juridique subjective, c'est-à-dire à faire naître une obligation concrète à la charge de l'administration ou d'un administré.

Sous ce rapport, l'acte administratif apparait comme une manifestation unilatérale de volonté émanant de la puissance publique et ayant pour objet de créer une situation de droit subjectif dans un but de service public.

L'acte administratif réunit, en général, tous les éléments de l'acte juridique.

Le premier élément est la conformité de la déclaration ou de la manifestation de volonté au droit objectif, et parce que le droit objectif se confond quasiment avec la loi, on peut en déduire que la déclaration ou la manifestation unilatérale de volonté doit être conforme à la loi, avec cette précision que si, d'une part, il y a des choses que la puissance publique ne peut vouloir en raison de leur nature ; d'autre part, chaque organe ou agent de la puissance publique ne peut vouloir juridiquement que dans un certain domaine et, dans ce domaine, qu'un certain nombre d'effets de droit.

Cet élément de l'acte administratif forme sa compétence. Il s'ensuit que toute déclaration ou manifestation de volonté, formulée par un organe ou agent de la puissance publique, en dehors de sa compétence, est atteinte d'un vice de nullité.

Le second élément essentiel de tout acte juridique et, partant de tout acte administratif à caractère juridique, est le but. Dans la conception du droit moderne, l'élément but occupe une place primordiale. À cet égard, pour qu'un acte de volonté puisse produire un effet de droit, il faut toujours qu'il soit déterminé par un but ayant une valeur sociale conforme au droit objectif en vigueur. Qu'on admette ou non la possibilité pour la volonté d'effectuer un choix par elle-même, en toute liberté, il y a dans tout acte de volonté un motif déterminant.

Ce motif est précisément le but de l'acte juridique qui est un acte de volonté. L'acte administratif juridique a une valeur déterminée par son objet, mais aussi, et surtout par son but, qui ne peut être qu'un but de service public.

Si la volonté de l'organe ou de l'agent est déterminée par un but étranger au service public, il y a excès de pouvoir ; si elle est déterminée par un but de service public, mais par un but que l'agent n'a pas compétence pour poursuivre, il y a détournement de pouvoir.

De ce qui précède, il devient compréhensible et évident que l'autonomie normative ou réglementaire d'une juridiction s'entend, au sens large, de l'emprise dont celle-ci dispose sur la réglementation de son organisation et de son fonctionnement. Aux yeux du Doyen FAVOREU, une « *juridiction constitutionnelle doit pouvoir elle-même définir un minimum de règles de fonctionnement et de procédure. Certes, la Constitution et la loi établissent généralement les grandes lignes du système : mais les règles de procédure suivies par la juridiction constitutionnelle doivent avoir été assez largement élaborées par elle-même »*[235].

Cette exigence est conçue comme une garantie indispensable pour l'indépendance de la juridiction constitutionnelle. Pour la Cour constitutionnelle, l'autonomie normative répond à une habilitation posée par la Constitution ou par la loi organique relative à la Cour constitutionnelle.

En effet, la réglementation issue des textes constitutionnels[236] et organiques est singulièrement limitée et permet au Président de prendre les mesures régulatrices du fonctionnement de la Cour par ordonnance[237] .

En général, la maîtrise par la Cour constitutionnelle des règles de sa procédure se manifeste sous des formes diverses. Tout d'abord, l'article 14 de la loi organique L/2011/006/CNT du 10 mars 2011 prévoit que les modalités de son application pourront être déterminées par décret en Conseil des ministres, sur la proposition de la Cour constitutionnelle.

De façon plus significative, la Cour constitutionnelle dispose d'un pouvoir d'initiative mentionné aux articles 14, 38, 87 et 88 de la loi organique L/2011/006/CNT.

Ces dispositions consacrent l'intervention obligatoire, au titre d'une fonction de proposition pour, respectivement, l'élaboration du décret définissant les obligations imposées aux membres de la Cour, du décret déterminant l'organisation et le fonctionnement de l'administration de la Cour et du décret portant modalité d'application de la loi organique.

Ce pouvoir d'initiative constitue la manifestation d'une prérogative normative qui est loin d'être négligeable. En effet, il implique que le ou les décrets[238] peuvent être édictés ou modifiés à l'initiative de la Cour constitutionnelle. Son rôle est donc plus important que la simple faculté informelle qu'il possède pour proposer des réformes au Président de la République.

La maîtrise des règles de procédure par la Cour constitutionnelle atteint un palier supplémentaire, grâce à l'obligation posée par

---

[235] L. FAVOREU, op. cit., pp. 254-255

[236] Constitution, article 106

[237] Loi L /2011/006/CNT du 10 mars 2011, article 87, al.1

[238] la loi organique L/2011/006/CNT, articles 14, 87 et 88

l'article 95, alinéa 1er, de la Constitution de lui soumettre toute loi organique avant sa promulgation.

Dans la mesure où, en dehors de ses règles de fonctionnement internes, seule une loi organique peut, en vertu de l'article 106 de la Constitution, déterminer « *l'organisation et le fonctionnement de la Cour constitutionnelle, la procédure qui est suivie devant lui et notamment les délais ouverts pour le saisir de contestations* », la Cour est en mesure d'exercer un contrôle systématique sur les modifications éventuelles de ces aspects.

Ainsi que le soulignait le Doyen FAVOREU, cette délimitation de la possibilité de mutation des pouvoirs du juge constitutionnel est proche d'« *un droit de veto quant à l'adoption de la réglementation le concernant* »[239]. De cette manière, l'exigence d'autonomie propre de la Cour constitutionnelle est satisfaite.

Elle est en mesure de contrôler en permanence les lois qui s'intercalent entre la constitution et ses règles d'application. Du moment où, le contrôle obligatoire valant pour toute loi organique, il lui est possible de veiller aux respects de ses prérogatives lorsqu'une loi organique, autre que celle qui lui est spécifiquement relative, intervient pour réglementer indirectement sa procédure.

Mais cette possibilité a été limitée par la loi organique L/2011/006/CNT du 10 mars 2011.

2. POUVOIR RÉGLEMENTAIRE DE LA COUR

Malgré la limitation que lui impose la loi du 10 mars 2011, la Cour constitutionnelle dispose, toutefois, du pouvoir d'édicter des règles de fonctionnement par le biais de l'initiative d'élaboration de décrets prévus par les articles 14, 38, 87 et 88, qui lui permet de jouir, à ce titre, d'un véritable pouvoir réglementaire.

La Cour a pris sur elle de se retirer à Coyah pour concevoir un Règlement intérieur dont ne parle ni la Constitution, ni la loi organique.

Il faut alors regretter l'inexistence d'un texte conforme à la Constitution et à la loi 006/CNT du 10 mars 2011 qui définit les obligations imposées aux membres de la Cour, détermine les

---

[239] L. FAVOREU, « La Cour constitutionnelle régulateur de l'activité normative des pouvoirs publics », RDP, 1967, pp. 5 et s., p. 72.

modalités d'application de la loi organique, l'organisation et le fonctionnement de l'administration de la Cour.

3. DE L'INEXISTENCE DU RÈGLEMENT INTÉRIEUR

Me Mounir allègue : « ***La Constitution et la loi organique comportent des dispositions concernant la composition de la Cour, la durée du mandat de ses membres et leur mode de renouvellement, la durée du mandat électif du Président et du Vice-Président de la Cour. Aux termes de ces deux textes, la Cour Constitutionnelle comprend 9 membres dont la durée du mandat est de 9 ans non renouvelable, les membres de la Cour sont renouvelés par tiers tous les 3 ans par tirage au sort, le Président de la Cour est élu par ses pairs pour une durée de 9 ans non renouvelable, le Président de la Cour est assisté d'un Vice-Président élu par ses pairs pour un mandat de 2 ans non renouvelable.***

Le Règlement intérieur, quant à lui, organise la procédure et les modalités du renouvellement par tirage au sort du tiers des membres de la Cour. Il prévoit notamment en son article 10 que les 9 membres de la Cour sont concernés par le tirage au sort ».

Cette allégation pose l'ostensible contradiction entre la Constitution et la Loi organique N° 006 du 10 mars 2011, d'une part, et le règlement intérieur, d'autre part.

Le règlement intérieur, selon ce document : « .... ***Prévoit notamment en son article 10 que les 9 membres de la Cour sont concernés par le tirage au sort".***

L'alinéa 2 de l'article 101 de la Constitution, qui dispose : ***« 'Le Président de la Cour Constitutionnelle est élu par ses pairs pour une durée de neuf ans non renouvelable »'*** est repris *in extenso* par l'alinéa 2 de l'article 4 et l'article 7 de la loi organique L/2011/006/CNT du 10 mars 2011 portant organisation et fonctionnement de la Cour constitutionnelle.

Pour rappel, le règlement intérieur est un ensemble de dispositions prises par les Institutions, auxquelles la Constitution donne compétence pour émettre des normes d'application de la Constitution ou de la Loi organique relatives aux obligations et droits de ses membres, aux modalités d'application des règles de fonctionnement, notamment celles relatives à la gestion ou l'administration des ressources humaines ou financières.

À ce sujet, dans la déclaration en date du11 mars 2018, de l'Association Guinéenne de Droit constitutionnel écrit, citation : « ***L'ADGC relève que le Règlement intérieur est un texte qui précise et complète la Constitution et la Loi organique.*** »

L'AGDC poursuit : « ***A cet effet, le Règlement intérieur de la Cour constitutionnelle a été régulièrement élaboré et adopté par l'ensemble des neuf Conseillers de la Cour constitutionnelle le 23 décembre 2015 à Coyah ». Il est appliqué depuis. Ledit Règlement intérieur n'est soumis à aucun contrôle de Conformité, car l'article 94 cite expressément les Institutions constitutionnelles dont les règlements intérieurs sont soumis au contrôle de conformité de la Cour. C'est dire que la Cour a la compétence de sa compétence…*** « '

La définition ci-dessus que l'ADGC a donnée du règlement intérieur « ***texte qui précise et complète la Constitution et la Loi organique*** » et l'affirmation de sa validité juridique ou sa régularité, à travers l'usage de « ***régulièrement élaboré et adopté*** » appelle des interrogations permettant d'approfondir la réflexion sur cette crise.

En commençant par cette définition : « … ***texte qui précise et complète la Constitution et la Loi organique…*** », la question est de savoir comment ce règlement précise-t-il ou complète-t-il la Constitution ou la loi, quand l'ADGC reconnait que « '***l'article 94 cite expressément les Institutions constitutionnelles, dont les règlements intérieurs…*** »

La Cour Constitutionnelle ne figure pas dans cette énumération. Est-ce parce que comme l'affirme l'AGDC « ***la Cour a la compétence de sa compétence*** » ?

Il faut noter que s'agissant de l'Assemblée nationale, l'article 67 de la Constitution détermine les matières renvoyées au règlement intérieur, l'article 9 de la loi organique L/2011/008/CNT du 14 juillet 2011 prévoit le règlement intérieur de l'INIDH, celui de la HAC est prévu par l'article 9 de la loi organique L/2010/003/CNT du 22 juin

2010, celui de la Cour des comptes par l'article 94 de la loi organique L/2013/046/CNT du 18 janvier 2013, etc.

En revenant à la Cour constitutionnelle, elle ne figure pas, à l'évidence dans l'énumération faite par l'article 94 de la Constitution des organes constitutionnels pouvant se doter de règlement intérieur. Or, pour qu'un règlement intérieur soit le « ***texte qui précise et complète la Constitution et la Loi organique »,*** il faut que la Constitution ou la loi donne compétence aux institutions pour émettre les normes de leur application relative aux obligations et droits de ses membres, aux modalités d'application des règles de fonctionnement. Tel n'est le cas de la Cour constitutionnelle.

Concernant précisément le « ***'texte qui précise et complète la Constitution et la Loi organique »',*** régissant la Cour constitutionnelle, trois dispositions de la loi organique L/2011/008/CNT sont significatives :

A. **Article 14 : Un décret pris en Conseil des ministres, sur proposition de la Cour constitutionnelle, définit les obligations imposées aux membres de la Cour, afin de garantir l'indépendance et la dignité de leurs fonctions.**

Ces fonctions doivent notamment comprendre l'interdiction pour les membres de la cour constitutionnelle, pendant la durée de leurs fonctions, de prendre une position publique sur les questions ayant fait ou susceptibles de faire l'objet de décisions de la part de la Cour ou de consulter sur les mêmes questions.

B. **Article 87 : l'organisation et le fonctionnement de l'administration de la Cour constitutionnelle sont régis par un Décret complété par une ordonnance du Président de la Cour constitutionnelle portant organisation du service administratif de la Cour.**

C. **Article 88 : les modalités d'application de la présente loi organique pourront être déterminées par Décret pris en conseil des ministres, sur proposition de la Cour constitutionnelle.**

Il faut souligner que tous les éléments que doit contenir un règlement sont renvoyés à un ou des décrets.

Il est incontestable que parmi les fonctions de la Cour figure le contrôle de conformité des règlements intérieurs. En élaborant un règlement intérieur, dont elle est juge, la Cour serait dans le scénario de « '*juge et Partie* »'. Scénario que la Loi organique a évité.

De ce qui précède et en vertu des dispositions susvisées de la Loi organique L/2011/006/CNT du 10 mars relative à la Cour constitutionnelle, contrairement à la belle clause de style de l'AGDC « '***la Cour a la compétence de sa compétence* »**, en matière de règlement intérieur, la Cour n'a pas »' ***la compétence de sa compétence".***

Par l'usage de « ***régulièrement élaboré et adopté* »**, l'AGDC voulait — elle faire admettre la « '**régularité »**' du règlement intérieur de la Cour constitutionnelle adoptée 23 décembre 2015 à COYAH, étant admis que la régularité est, selon le Centre Nationale de ressources textuelles et lexicales : ***« Qualité de ce qui est conforme à la loi, à la règle***. [http://www.cnrtl.fr / définition/régularité] ou selon LAOUSSE : **Caractère de ce qui est conforme aux règles, aux normes établies »** [www.larousse.fr/dictionnaire…]

En ce qui concerne donc la Cour constitutionnelle, aucune disposition de la Constitution ni de la loi organique ne renvoie les modalités de leur application à un Règlement intérieur. Donc au regard des alinéas 6 et 7 de l'article 2 de la Constitution, le texte adopté à COYAH est nul et de nul effet. En, effet, selon ces dispositions : ***« 'La souveraineté s'exerce conformément à la présente Constitution qui est la Loi suprême de l'État. Toute loi, tout texte réglementaire et acte administratif contraires à ses dispositions sont nuls et de nul effet »'.***

Par contre, comme on le voit plus haut, la Loi organique L/2011/CNT/006/CNT du 10 mars 2011, en ses articles 14 et 87 donne plutôt compétence au Président de la République de prendre un décret portant définition des obligations imposées aux membres, organisations et fonctionnements de la Cour Constitutionnelle.

Ce décret est complété par une Ordonnance du Président de la Cour constitutionnelle.

L'article 88 de la même loi organique veut que les modalités de son application soient déterminées par Décret pris en conseil des ministres.

Les décrets sont proposés par la Cour constitutionnelle. Or, au lieu de procéder comme l'a prévu ladite loi organique, les membres de la Cour constitutionnelle ont recouru à la méthode de Procuste, à l'effet d'ajuster la loi à leurs désidératas, en élaborant un Règlement intérieur, qu'aucune disposition constitutionnelle ne prévoit, en lieu et place de décrets à proposer au Président de la République.

Le règlement intérieur dont les dispositions sont invoquées par Me Mounir n'a pas d'existence légale, puisque ni la Constitution ni la loi organique qui régit la Cour constitutionnelle ne renvoient à un règlement intérieur l'organisation et le fonctionnement de la Cour constitutionnelle.

Le tirage au sort et sa procédure relèvent de l'organisation et le fonctionnement de la Cour constitutionnelle. Un ou des décrets auraient dû être proposés au Président de la République à cet effet.

En s'abstenant de faire ce que prescrit la loi, à savoir proposer les décrets prévus aux articles 14, 87 et 88 de la loi organique et en élaborant un règlement intérieur, à la manière procustéenne, les membres de la Cour ont violé la loi, puisqu'ils sont censés ne pas ignorer la loi qui les régit ; dès lors ils se placent en face d'un aspect de la maxime latine : *Nemo creditur propriam turpitudinem allegans* (Nul ne peut réclamer justice si **le** dommage qu'il subit est **le** produit de ses actions menées illicitement ou illégalement).

En conclusion, le Règlement intérieur concocté à COYAH est nul et de nul effet parce qu'illégal à tous égards, tant en ce qui concerne ses auteurs, qu'en ce qu'il n'est prévu ni par la Constitution, ni par la loi.

4. TIRAGE AU SORT, DESTITUTION

Le document de Me Mounir expose : « '***Le même jour, les 8 autres conseillers, y compris le Vice-Président, se sont réunis en Assemblée plénière et ont voté à l'unanimité :***

— l'annulation du tirage au sort effectué par le Président ;

— la destitution du Président de ses fonctions ;

— de fixer ultérieurement la date à laquelle il sera procédé au renouvellement du tiers des membres de la Cour.

Cette décision a été notifiée le même jour au Président de la République. Cette situation a instantanément donné lieu à des débats passionnés. Malheureusement, plutôt que de faire l'objet de discussions juridiques avec des arguments charpentés, le débat a tourné en combat de personnes »'.

a. La question ici est de savoir sur quelle matière statuait cette Assemblée ? Est-elle de nature contentieuse ou non contentieuse, ou disciplinaire ? Quels sont les textes servant de base juridique à l'objet en examen, puisque l'article 11 de la loi organique ne prévoit, pour motifs de destitution, que le parjure ou la survenance d'une condamnation pour crime ou délit ? Comment l'audience a-t-elle été organisée ? En matière disciplinaire, la personne en jugement est entendue et l'opportunité de se défendre lui est donnée, a-t-il été procédé ainsi, quand on reproche au Président d'avoir procédé au tirage au sort en l'absence d'autres membres.

En tout état de cause, le document qui a servi de support à la décision était un communiqué. Un communiqué est-il juridiquement le document pertinent de support d'une décision de la Cour constitutionnelle, quand le journal officiel est le moyen de publication des actes de cette juridiction.

b. L'article 101 de la Constitution ayant disposé :''' ***la durée du mandat des membres de la Cour Constitutionnelle est de neufs ans non renouvelables, sous réserve de l'alinéa 3 du présent article.***

Le Président de la Cour Constitutionnelle est élu par ses pairs pour une durée de neuf ans non renouvelables. Les membres de la Cour Constitutionnelle sont renouvelés par tiers tous les trois (3) ans sur tirage au sort'', il est logique d'en tirer les conséquences juridiques suivantes :

La première est que quatre dispositions soustraient le Président du tirage au sort :

- l'alinéa 2 de l'article 101 de la Constitution ;
- l'alinéa 2 de l'article 3 de la loi L/2011/006/ CNT ;
- l'article 7 de la même loi organique ;
- l'article 10 de la même loi organique.

La deuxième est que l'alinéa 3 de cet article, repris *in extenso* par l'alinéa 3 de l'article 4 de la Loi, n'a pas indiqué à qui incombe l'organisation du tirage, ni la procédure à suivre. L'alinéa 4 de l'article 4 de la loi organique prévoit que le renouvellement s'opère 20 jours avant l'expiration des trois années. Ce délai est impératif.

Il est logique et légitime d'en inférer que le Président de la Cour constitutionnelle est l'organisateur discrétionnaire de ce renouvellement, puisque s'il n'est pas empêché, la loi lui attribue compétence de convocation de la réunion de la Cour constitutionnelle.

La troisième, en ce qui concerne le tirage au sort, aucune disposition constitutionnelle ou législative ne prévoit le critère ou les conditions d'annulation du tirage, quoiqu'il faut admettre que la soustraction du Vice-président a été une erreur d'interprétation des textes.

La position prise par Professeur Salifou SYLLA, en ces termes, est édifiante :

« J'ai appris qu'ils ont destitué Kèlèfa SALL. Je ne vois pas en vertu de quel droit ils l'ont destitué. Parce que, ce que je sais de la Constitution, c'est que le président de la Cour Constitutionnelle est élu pour 9 ans, non renouvelables. Je ne sais pas sur quel texte ils se sont basés pour le destituer. Est-ce que c'est la loi organique ? Est-ce que c'est le règlement intérieur ? Je dois dire que je n'ai pas ces deux textes à ma disposition. Mais, je crois que le texte de base, c'est la Constitution et que rien ne doit être fait par les textes inférieurs qui ne soit conformes à la Constitution »,

« Qu'ils puissent contester la manière dont le tirage au sort a été fait, c'est possible, c'est leur droit. Mais, ce tirage au sort est une obligation, parce qu'il est dit qu'au bout de trois ans, il y a trois qui doivent être tirés au sort et qu'ils doivent quitter. Tous les conseillers, à l'exception du président de la Cour Constitutionnelle, désigné pour 9 ans non renouvelables, qui est garant de la continuité de l'institution, on ne devrait pas le toucher »[240]

---

[240] http://www.le224.com/cour-constitutionnelle-ils-veulent-degager-kelefa-sall-puisquil-est-contre-un-3eme-mandat/

En conclusion, le Règlement intérieur n'ayant pas d'existence légale, les 8 membres eux-mêmes ayant violé la loi, les observations faites plus haut suffisent à donner substance au maintien du tirage au sort.

Accepter le contraire serait donner le lit à une répétition conflictuelle des tirages au sort ultérieur.

Les décisions de la Cour sont sans recours. C'est la constitution qui le dit et la loi organique assortit cette règle d'une condition[241].

SECTION IV : DE LA NULLITE DE L'ARRET N° 001 DU 12 SEPTEMBRE 2018

PORTANT EMPECHEMENT DU PRESIDENT DE LA COUR

La crise cyclique, qui mine la Cour constitutionnelle, prend une nouvelle tournure avec la volonté des Conseillers de destituer le Président Kèlèfa SALL par arrêt n° 001 du 12 septembre 2018, suite à une motion de défiance adoptée par huit conseillers, le 05 septembre 2018.

Cette volonté soulève une question majeure comportant trois aspects principaux :

- les conseillers peuvent-ils, en formation juridictionnelle, destituer le Président de la Cour (question de compétence) ?
- . suivant quelle procédure (question de forme) ?
- pour quels motifs (question de fond) ?
- .sur la saisine de qui ?

Sur le premier aspect de la question, les articles 5, 6 et 11 de la loi organique de 2011 sur la Cour constitutionnelle permettent une réponse affirmative : les conseillers peuvent destituer ou révoquer le Président de la Cour, qui est d'abord un membre de la Cour, avant d'en être élu Président, mais à la condition de respecter la procédure légale.

Sur le second aspect de la question, celui de la procédure de destitution, les dispositions des articles 5, 6 et 11 de la loi

[241] Article 62, alinéa 2 : «.Ces décisions ne s'appliquent qu'aux normes juridiques ; elles ne s'appliquent guère aux actes judiciaires, ni aux actes administratifs.... »

organique de 2011 sur la Cour constitutionnelle fournissent une réponse, qui ne souffre pas d'équivocité. Il faut que le membre de la Cour, y compris le Président, ait commis le parjure (articles 12 à 15 de la loi anti-corruption L/2017/041/AN du 04 juillet 2017) ou un crime ou un délit, pour lequel il aura été jugé et condamné par la Cour suprême dont il est justiciable (article 5, alinéa 3).

Une analyse du sens et de la qualification des trois concepts ci-dessous, concepts qui pourraient servir de base à l'intelligibilité du raisonnement qui forme la trame du commentaire de cet arrêt.

Empêchement, Révocation et destitution

L'empêchement est l'obstacle à la réalisation d'un acte volontaire ; selon l'article 40 de la Constitution comme c'est l'incapacité physique ou mentale dûment constatée par un collège de médecins spécialistes.

En droit procédural c'est la situation dans laquelle se trouve un magistrat de n'être pas en mesure d'accomplir les tâches de son emploi, en particulier, de ne pouvoir siéger pour accomplir sa fonction juridictionnelle.

Concernant les membres de la Cour constitutionnelle, l'empêchement est, selon l'article 17 de la loi organique relative à la Cour constitutionnelle, l'inaptitude à exercer leurs fonctions résultant de l'incapacité mentale ou physique dûment constatée par une équipe de médecins assermentés.

Les termes *'' révocation''* et *'' destitution''* employés dans les articles 5 et 11 de la loi organique, à la lumière du troisième alinéa de l'article 11, selon lequel *'' la décision de destitution est prise à la majorité de sept (7) membres''* sont synonymes, dans l'esprit du législateur.

En effet, la formule de l'article 11 est la suivante *''ne peuvent révoqués ou destitués''*.

Il serait alors aventureux de concevoir que le terme ''*révocation*'' s'appliquerait à la qualité de membre, pendant que le terme ''*destitution*'' concernerait la fonction de Président de la Cour. Une telle analyse ne reposerait sur aucune pertinence juridique.

DE L'INSUFFISANCE DE MOTIFS

C'est au cours d'une séance plénière de la Cour Constitutionnelle, que sept de ses membres ont statué et rendu l'Arrêt 001, dont le dispositif se lit comme suit :

''*Constate et déclare l'état d'empêchement de Monsieur Kèlèfa SALL d'exercer la Fonction de Président de la Cour Constitutionnelle ;*

Ordonne que le Vice-Président assure l'intérim de Président de la Cour Constitutionnelle ;

Ordonne sa notification au Président de la République et au Président de l'Assemblée nationale............'' fin de citation.

L'Arrêt 001, en date du 12 septembre 2018, la Cour constitutionnelle, qui constate et déclare l'état d'empêchement de Monsieur Kèlèfa SALL d'exercer la fonction de Président de la Cour constitutionnelle, désigne le Vice-président pour assurer l'intérim de Président de la Cour constitutionnelle et ordonne l'organisation de l'élection du Président de la Cour constitutionnelle dans un délai de 15 jours.

Cet Arrêt de la Cour constitutionnelle prend pour base juridique les articles 93, 99, et 101 de la Constitution et les articles 10, 35 et 37 de la Loi organique L/2011/006/CNT du 10 mars 2011 portant organisation et fonctionnement de la Cour constitutionnelle. La Cour y invoque « **la Motion de défiance** » qu'elle avait auparavant votée contre Monsieur Kèlèfa SALL tendant à lui retirer sa confiance et à justifier l'empêchement définitif de ce dernier. La Cour, dans ledit Arrêt, argue de sa fonction régulatrice, sur le fondement du principe du parallélisme des formes pour donner assise à son pouvoir de procéder ainsi qu'elle l'a décidé.

La décision d'organiser l'élection du nouveau Président de la Cour constitutionnelle dans les 15 jours est prise en vertu de l'article 10 de la Loi organique L/2011/006/CNT du 10 mars 2011. Or, cette élection intervient seulement avant l'expiration des fonctions du Président en exercice **ou après la constatation de l'empêchement de ce dernier.**

Par sa nature, l'empêchement, en droit constitutionnel, est une situation éphémère ou durable, qui rend impossible, temporairement ou définitivement, l'exercice d'un mandat ou d'une fonction.

La Cour allègue du principe de **parallélisme des formes** selon lequel un acte (administratif ou législatif), pris selon une certaine procédure, ne peut être modifié ou abrogé que suivant la même procédure. Or, dans le cas d'espèce, la validité d'un acte administratif ou législatif n'est pas en cause. Encore qu'il n'incombe pas à la Cour constitutionnelle, mais plutôt à la Cour Suprême de juger de la validité (Légalité) des actes administratifs.

En l'espèce, il convient de constater que les huit conseillers signataires de l'arrêt ont projeté de destituer Monsieur Kèlèfa SALL de sa fonction de Président de la Cour constitutionnel et non pas de sa qualité de membre de ladite Cour. Or, aucune disposition spécifique de la Constitution et de la loi organique sur la Cour constitutionnelle ne prévoit la destitution, la révocation, le remplacement ou l'empêchement du Président de la Cour constitutionnelle en raison d'une motion de défiance formulée par les membres de ladite Cour.

En effet, les notions de « *défiance* », ou « *motion de défiance* » ou encore « *retrait de confiance* », à connotation politique, précisément parlementaire, ne figurent ni dans le Titre IV de la Constitution, ni nulle part dans la Loi organique L/2011/006/CNT du 10 mars 2011. Au contraire, ne figurent dans les articles 6, 10, 11, 12, 15 et 17 de la loi organique que les notions de : révocation, destitution, empêchement définitif ou remplacement des membres de la Cour.

A cet égard, l'article 11 de la loi organique prévoit que les membres de la Cour constitutionnelle, sous réserve de l'alinéa 2 de l'article 12, ne peuvent être révoqués ou destitués que pour les seuls motifs de parjure ou de condamnation pour crime et délit.

En outre, aux termes des articles 10 et 17 de la loi organique, l'empêchement définitif du Président de la Cour constitutionnelle suppose une incapacité mentale ou physique, dûment constatée par une équipe de médecins assermentés.

Cette incapacité mentale ou physique du Président en exercice n'a pas été évoquée dans le fameux Arrêt 001, *a fortiori*, établie par la Cour. Il en résulte une **absence manifeste de base légale de l'Arrêt,** en ce qu'il s'agit de constater et prononcer l'état d'empêchement de Monsieur Kèlèfa SALL d'exercer les fonctions de Président de la Cour constitutionnelle.

De même, aux termes des articles 101 et 102 de la Constitution, il faut se souvenir que le Président de la Cour constitutionnelle est élu pour une durée de neuf ans non-renouvelable et que les membres de la Cour sont inamovibles pendant la durée de leur mandat.

A ce sujet, l'article 10 de la loi organique, dont se prévaut la Cour, précise bien : « *… après la constatation de l'empêchement définitif de ce dernier* » [entendu le Président de la Cour constitutionnelle]. Cette constatation est faite, selon l'article 17 la Loi organique L/2011/006/CNT du 10 mars 2011, pour « …… *une incapacité mentale ou physique dûment constatée par une équipe de médecins assermentés* ».

Cet Arrêt de la Cour est subséquent à la motion de défiance du 05 septembre 2018 à l'encontre de Monsieur Kèlèfa SALL, ''*l'empêchant d'exercer la fonction de Président de la Cour*''.

Motivant sa décision, la Cour dans son 1er ***Considérant*** réfère à l'article 93, alinéa 4 de la Constitution qui érige la Cour constitutionnelle en organe régulateur du fonctionnement et des activités des Pouvoirs législatifs, exécutifs et des autres organes de l'État.

Au **2ème** ***Considérant***, elle invoque l'article 37, al.2 de la loi organique L/2011/006/CNT du 10 Mars 2011, relative à la Cour constitutionnelle qui fixe la règle de collégialité et le quorum de 5 conseillers pour la validité des décisions de la juridiction.

Le **3ème** ***Considérant*** cite l'article 10 de la même loi organique qui fixe le délai de 15 jours pour l'élection du nouveau Président de la Cour, entendu que le précédent n'est plus en fonction, pour les causes que cette loi a énumérées

Le **4ème** ***Considérant*** est le rappel de l'effet de chose jugée et l'effet ***erga omnes*** que l'article 99 de la Constitution a attaché aux décisions de la Cour Constitutionnelle.

1. INSUFFISANCE OU ABSENCE DE MOTIVATION

On voit que nulle part, la Cour n'a exposé, dans ses motifs, les faits et les dispositions pertinentes de la loi applicable à ces faits, qui peuvent aboutir à la grave décision qu'elle a prise. Or, dit un adage prétorien : ''***donnes les faits, je te donne le droit***''

L'absence ou l'insuffisance de motivation d'une décision juridictionnelle constitue une des impérities constitutives de l'insuffisance professionnelle que l'article 35 du Statut des magistrats a considérée comme une faute professionnelle, car comme le dit **le célèbre poète, Jean de la Fontaine : « d'un magistrat ignorant, on salue la robe »**

Or, Juger signifie prononcer une décision au sujet d'un litige, régler un différend, prendre une décision qui engage autrui, individu ou groupe d'individus ou encore des pouvoirs publics. Acte collectif dans son essence, comme l'a souligné la Cour dans son 2ème considérant, juger ne concerne pas une ou des personnes, mais des situations, pas tant les justiciables que la nature des relations qui les lient. L'acte de juger a, par conséquent, un caractère moins individualisé que son apparence le laisse préjuger. La cour semble ignorer ce principe qui gouverne l'office du Juge, même constitutionnel.

Rendre la justice, prendre une décision en qualité de juge implique que le jugement doit être conforme à la méthode juridique qui consiste à donner à la décision, à travers l'exigence de motivation, une forme juridique d'intelligibilité et de crédibilité.

Mais le caractère juste de la décision juridictionnelle ne réside pas dans le seul fait qu'elle soit juridiquement fondée. Elle doit être inspirée et adaptée aux situations auxquelles elle s'adresse, à savoir les besoins réels de la société.

Il est bien connu que des questions de gestion de sous, ayant entrainé la création illégale d'un comité de trésorerie, est la source de la crise cyclique qui gangrène le fonctionnement de la Cour.

Le critère de la viabilité de la décision induit la question des rapports entre acte de juger et déontologie, en prenant en compte les éléments de la justice procédurale, les paramètres éthiques qui président à l'activité quotidienne du juge.

Motiver la décision est, pour tout juge, fonder sa décision sur les faits de la cause clairement exposés et fondés sur des éléments pertinents de droit ; car il appartient au juge d'analyser, même de façon sommaire, la cause et l'objet de l'affaire dont il est saisi.

La Cour, comme juge, a manqué à ce devoir de caractère impératif.

2. DE LA MECONNAISSANCE DES SEULS MOTIFS DE REVOCATION OU DE DESTITUTION

Les 4 ***Considérants*** de la Cour constitutionnelle se limitent à l'exposé des dispositions, qui fondent sa compétence, sans donner aucune clarté sur la gravité des faits motivant sa décision. Leur lecture laisse transparaître une certaine précipitation et une passion possessive qui affectent sa décision.

Par ailleurs, les dispositions de l'article 11 de la loi organique L/2011/006/CNT relative à la Cour sont restrictives et sans équivoque, lorsqu'elles indiquent, citation : ''***les membres de la Cour constitutionnelle, sous réserve de l'alinéa 2 de l'article 12 ci-dessous, ne peuvent être révoquées ou destituées que pour les seuls motifs de parjure ou de condamnation pour crime ou délit''.*** Fin de citation.

La procédure de saisine sur cette matière particulière est réglée par les articles 85 et 86 de la loi L/2011/006/CNT relative à la Cour constitutionnelle. Cette procédure a été méconnue. La Cour s'est arrogée les prérogatives gouvernementales et celle de la session conjointe de la Cour suprême et de la Cour Constitutionnelle de l'article 86.

3. DE L'INCOMPETENCE DE LA COUR

En toutes matières, la compétence d'une juridiction spécialisée, y compris la Cour constitutionnelle, est strictement encadrée et délimitée par la Constitution et par une loi organique ou ordinaire, qui ne lui confère qu'une **compétence d'attribution.** Autrement dit, la Cour constitutionnelle n'est compétente que dans les matières et selon les procédures qui lui ont été consacrées par le Titre VI de la Constitution et par la Loi organique L/2011/006/CNT du 10 mars 2011 portant organisation et fonctionnement de la Cour constitutionnelle.

En tant que juge d'attribution, la Cour ne dispose pas d'une compétence générale ayant pour effet de destituer ou révoquer son Président, en raison des motifs autres que ceux énumérés par la Constitution et la loi organique. Elle ne saurait donc s'arroger le pouvoir de se prononcer sur des cas autres que ceux qui sont limitativement énoncés par ces textes.

Les obligations et situations des membres de la Cour constitutionnelle, dont le manquement ou le comportement peut entrainer un empêchement à l'exercice de leurs fonctions sont restrictivement énumérées par les deux textes qui régissent le fonctionnement de la Cour constitutionnelle.

Par ailleurs, au regard de ses missions spécifiques, la Cour constitutionnelle est conçue, dès l'origine comme l'organe de régulation des institutions constitutionnelles. Ainsi, aux termes des dispositions des articles 92, 93 et 94 de la Constitution et 35 de la Loi organique L/2011/006/CNT du 10 mars 2011, la Cour constitutionnelle est l'organe régulateur du fonctionnement et des activités des Pouvoirs législatif et exécutif, ainsi que des autres organes de l'État.

Le dernier alinéa de l'article 1er de la L/2011/006/CNT dispose que la Cour Constitutionnelle « ***est l'organe régulateur du fonctionnement et des activités des Pouvoirs législatifs et exécutifs et des autres organes de l'État''.***

L'article 18 précise : ***la Cour constitutionnelle statue sur : « .... Les conflits d'attribution entre les organes constitutionnels... ».*** Plus précisément encore, l'article 35 de la même loi, définissant la fonction régulatrice de la Cour constitutionnelle, dispose clairement : « ***la Cour constitutionnelle veille à la séparation et l'équilibre des pouvoirs, afin que ni l'Exécutif, ni le Législatif, ni aucune institution ne s'arrogent des prérogatives non conférées par la Constitution. En cas de désaccord, tel celui prévu à l'article 92 de la Constitution entre l'Exécutif et l'Assemblée Nationale, survenu avant la troisième année de législature, la Cour Constitutionnelle tranche le litige »***

La compétence de la Cour constitutionnelle, en ce qui concerne sa fonction régulatrice, se limite aux seuls conflits de compétence entre institutions constitutionnelles et non aux conflits internes à ces institutions ; y compris elle-même. En effet, l'article 56 de la même loi relative à la Cour constitutionnelle déclare : « ***En cas de conflit de compétence entre des institutions constitutionnelles, la Cour constitutionnelle est saisie par la plus diligente des institutions concernées »***

4. DE L'AUTOSAISINE DE LA COUR

L'Arrêt 001 du 12 Septembre 2018 de la Cour constitutionnelle pourrait-il être considéré avoir été rendu dans le cadre de la mission de régulation du fonctionnement des activités des institutions constitutionnelles ?

Pourrait-on, à cet égard, lui faire grief d'une auto-saisine par les sept conseillers signataires de l'arrêt ?

On peut lire dans le Chapitre II du Titre 1er de la loi L/2011/006/CNT du 10 mars 2011, consacré aux compétences, que dans l'énumération de celles-ci faite par l'article 18, il est écrit : « ***la Cour Constitutionnelle statue sur les conflits d'attributions entre les organes constitutionnels».***

Dans la section VI de ce chapitre, traitant de la fonction régulatrice, l'article 35 dispose : « ***la Cour Constitutionnelle veille à la séparation et l'équilibre des pouvoirs, afin que ni l'Exécutif, ni le Législatif, ni aucune institution ne s'arrogent des prérogatives non conférées par la Constitution.''***

Le premier alinéa de cet article 35 s'inscrit dans la logique de l'article 18 cité plus haut, qui indique bien que l'objet ou la matière de la fonction régulatrice de la Cour constitutionnelle se limite aux

« ***conflits d'attributions entre les organes constitutionnels*** » et ne peut s'étendre aux conflits internes à ces organes.

L'alinéa 2 de l'article 35 confirme cela quand il déclare : « ***en cas de désaccords, tel qu'il est prévu à l'article 92 de la Constitution entre l'Exécutif et l'Assemblée nationale, survenu avant la troisième de législature, le Cour constitutionnelle tranche le litige »***.

La Loi L/2011/006/CNT, dans le Titre II relatif au fonctionnement de la Cour Constitutionnelle, en son chapitre II relatif à la saisine et à l'article 56 dispose : ***« en cas de conflit de compétence entre des institutions constitutionnelles, la Cour constitutionnelle est saisie par la plus diligentes des institutions concernés »***.

Comme on peut l'inférer de ce qui précède, non seulement le champ de la compétence d'attribution de la Cour est limité aux conflits de compétence, mais la Cour ne peut s'autosaisir, ni doit étendre ses compétences aux conflits internes, ceux-ci relevant du droit administratif échappant à compétence.

Aucune des matières, exhaustivement énumérées par l'article 18, relevant de la compétence de la Cour, ne peut faire l'objet d'auto-saisine.

Dès lors, on peut faire grief à la Cour de vouloir exercer « *la compétence de sa compétence''*.

Cet arrêt n'est ni plus, n'est moins qu'un cas de destitution ou de révocation, puisqu'il s'agit de mettre fin au mandat de Kèlèfa SALL, sous l'euphémisme ''***empêchement''***.

Cet empêchement ne devrait résulter que de la commission soit de la transgression de parjure prévue aux articles 12 à 15 de la loi L/2017/014/AN du 04 juillet 2017 relative à la répression de la corruption, soit de la condamnation pour crime ou délit. Or, l'article 85 dispose : ''***conformément aux dispositions de l'article 102 de la Constitution, les membres … Ne peuvent être poursuivis ou arrêtés sans l'autorisation de la Cour constitutionnelle et du Bureau de la Cour suprême siégeant en session conjointe, sauf cas de flagrant de délit.''***.

Cet article 85 élimine toute possibilité d'auto-saisine de la Cour constitutionnelle, puisque l'article86 de la loi même indique la formalité préalable suivante :''***dans les cas prévus à l'article précédent, sur la décision du Gouvernement, le Ministre de la Justice saisit immédiatement le Président de la Cour***

constitutionnelle ainsi que le Président de la Cour suprême et au plus tard dans les quarante-huit heures''.

De ce qui précède, toute décision de révocation ou de destitution d'un membre de la Cour est subordonnée à la commission d'un crime ou d'un délit ou du parjure, sanctionné par une condamnation. Les articles 85 et 86 susmentionnés indiquent la procédure et les délais à observer à cette fin, ce que n'a pas fait la Cour.

Quels sont les actes ou faits constitutifs de parjure ou de crime ou délit, dont Kèlèfa SALL se serait rendu coupable, et qui répondent aux critères du principe général de droit ''***nullum crimen, nulla poena, sine lege''?***

La cour ne le dit pas dans son Arrêt.

La loi L/2017/003/AN du 23 Février 2017 dispose : « ***Article 158 : Lorsqu'un crime ou délit est commis par un membre de la Cour Constitutionnelle, de la Cour Suprême, de la Cour des Comptes ou un Magistrat de la Cour d'Appel, celui-ci est poursuivi conformément aux dispositions des articles 102 alinéa 3 et 115 alinéa 2 de la Constitution.***

En cas de poursuite, les fonctions de poursuite et d'instruction sont exercées par le Procureur Général près la Cour Suprême et par le Président de la Chambre Pénale de la Cour Suprême ou par un autre Président de Chambre.

En matière criminelle, la chambre pénale prononce la mise en accusation et renvoie l'affaire devant les chambres Réunies.

Les coauteurs et les complices sont déférés devant la même juridiction. Les décisions rendues tant en matière criminelle qu'en matière correctionnelle ne peuvent faire l'objet d'aucun recours ».

5. DE LA MOTION DE DEFIANCE ET DU FLOU DE SON DISPOSITIF

Puisque la Cour n'a pas invoqué l'article 11 susvisé, on pourrait supposer que l'empêchement est articulé contre Kèlèfa SALL pour les motifs de l'article 16 de la loi organique L/2011/006/CNT. Mais, rien ne peut, dans cet Arrêt, corroborer une telle supposition. Il y a seulement ''***Motion de défiance''*** comme cause et objet de l'Arrêt. Mais là aussi, la motion n'apparait pas dans les ''***Considérants''*** dudit Arrêt et n'est pas prévue par la Constitution et les lois.

Cet arrêt viole manifestement la loi, en ce qu'elle a méconnu les restrictions posées par l'article 11 susvisé.

La Cour ne s'arrête pas en si bon chemin, elle défonce la digue restrictive, en ne respectant pas les formalités de la procédure fixée par les articles 85 et 86 de la loi organique L/2011/006/CNT.

Par ailleurs, l'Arrêt de la Cour entretient un flou malicieusement tendancieux, préjudiciable à l'image de la République. D'abord, la parle d'empêchement. Ce concept, qui est le fondement de sa décision, figure dans l'article 17 la loi, avec indication de la procédure y afférente, prévoyant une équipe de médecins assermentés. Ensuite, elle parle d'élection dans les quinze jours, sans se prononcer explicitement sur le nouveau statut de Kèlèfa SALL au sein de la Cour.

En est-il exclu ? S'il faut admettre le concept d'empêchement, faut-il comprendre que Kélèfa SALL demeure membre de la Cour ? Quelle disposition légale prévoit une telle solution ?

La loi ne dit rien sur la déchéance du Président de la Cour, ni sur les conséquences qui s'y attachent. La Cour, dans son arrêt, n'explicite pas ce qu'elle entend par empêchement et quelle en serait la durée et l'effet de droit logique.

A l'évidence, la Cour s'offre la compétence que ni la constitution, ni la loi organique ne lui ont attribuée, même tacitement.

Est-ce le résultat d'une insuffisance professionnelle de ses membres dont seulement trois ont une certaine expérience du fonctionnement d'une juridiction de cette envergure ?

1. DES EFFETS OBLIGATOIRES DES DECISIONS DE LA COUR CONSTITUTIONNELLES.

Il est un principe universel, repris dans de nombreux textes de lois guinéens que la décision d'une juridiction sur le fond doit toujours être prononcée en audience publique et doit contenir des motifs et un dispositif, les motifs constituant la base de la décision.

Un second principe de droit procédural exige que la minute de la décision d'une juridiction, quelle qu'elle soit, doit être datée, avoir été signée par le président ou les magistrats qui l'ont rendue et le greffier ; entendu que la minute est déposée au greffe de cette Juridiction et mentionnée sur le registre spécialement tenu au greffe à cet effet.

L'article 118 du code procédure civile, économique et administrative dispose que :*« **Le jugement a la force probante d'un acte authentique, sous réserve des dispositions de l'article 120** »*.

Cet article précise : « ***L'omission ou l'inexactitude d'une mention destinée à établir la régularité du jugement ne peut entraîner la nullité de celui-ci s'il est établi par les pièces de la procédure, par le registre d'audience ou par tout autre moyen que les prescriptions légales ont été, en fait, observées***.

L'article 119 de ce code, quant à lui, indique que : « ***Ce qui est prescrit par les articles 110, 115, 116, 117 et 118 doit être observé à peine de nullité***. ».

Tous ces principes généraux, que la Cour constitutionnelle n'est pas censée ignorer, sont fixés dans le Code civil guinéen et sont repris par l'article 62 de la Loi L/2017/003/AN du 23 Février 2017.

La cour constitutionnelle a siégé en cette audience particulière, sans l'assistance du greffier de la Cour Constitutionnelle. Or, il est bien connu que le greffier, par son assistance constante aux juges, dans tous les actes de leurs juridictions, **est** le garant de l'authentification de toute procédure juridictionnelle, sous peine de nullité.

Ce principe général de procédure est méconnu par la Cour.

Si l'article 62 de la Loi 006 relative à la Constitutionnelle dispose : « ***les décisions de la Cour Constitutionnelle ont effet obligatoire et exécutoire à l'égard de toutes les personnes morales physiques et de tous les organes de l'État. Elles produisent leur effet dès leur publication »,*** c'est bien à la condition que la décision soit conforme, en tous points et à tous égards, à la Constitution et aux lois, dont le respect lui incombe, conformément au serment des membres de la Cour constitutionnelle et au principe fondamental de l'article 109 de la Constitution : ***« les magistrats ne sont soumis dans l'exercice de leurs fonctions qu'à l'autorité de la loi »***.

Le même article 62 de la loi relative à la Cour constitutionnelle, en son alinéa 2, crée et délimite le champ de cet ''***effet obligatoire et exécutoire'',*** en disposant : ***« Ces décisions ne s'appliquent qu'aux normes juridiques ; elles ne s'appliquent guère aux actes judiciaires, ni aux actes administratifs. »***

En faisant grief au Président Kèlèfa SALL d'accomplir d'une gestion opaque des deniers de sa juridiction et en prononçant l'empêchement de celui-ci, la Cour sort du champ d'exercice de sa compétence d'attribution.

Sous un autre angle, la décision de la Cour porte sur l'empêchement de son Président. Or, l'empêchement n'est pas une norme juridique, elle est un acte subjectif, individuel, qui devrait résulter de la procédure des article 85 et 86 de la loi L/2011/006/CNT relative à la Cour Constitutionnelle. Celle-ci a agi en violation de sa compétence d'attribution fixée par le dernier alinéa de l'article 2 et par les articles 18, 36 et 56 la loi organique L/2011/006/CNT.

2. DE LA DATE DE L'ELECTION DU NOUVEAU PRESIDENT

L'Arrêt 001 ordonne l'organisation de l'élection du Président de la Cour constitutionnelle dans un délai de quinze [15] jours et en fixe la date au 27 Septembre 2018.

Cette date ne peut être le 27 septembre 2018. D'abord, parce que selon l'article 62 mentionné plus haut, les décisions de la Cour Constitutionnelle « ***produisent leur effet dès leur publication.*** », avec cette précision de l'alinéa 3 de du même article 62 : « ***les décisions de la Cour Constitutionnelle sont publiées au Journal officiel*** **»**. Or, cet arrêt 001 n'est pas encore publié au Journal officiel.

Ensuite, parce que si les délais sont francs, la date ne peut tomber sur le 27 septembre.

La présence dans la composition de la Cour constitutionnelle de conseillers ne répondant pas aux critères de l'article 100 de la Constitution et de l'article 2 de la loi organique L/2011/006/CNT, est une autre source de préoccupation.

3. AUTRE CAUSE FONDAMENTALE DE NULLITÉ DE L'ARRET

La première cause de nullité est le numéro de l'Arrêt. En effet, le numéro spécial du Journal Officiel d'Août 2018 publie neuf arrêts dont le premier, daté du 04 juin 2018, porte la référence N°AC 10 et le dernier, daté du 24 Juillet 2018, porte la référence N°AC 19. Deux conséquences peuvent être tirées : d'une part le numéro 001 est faux, d'autre part, le greffier n'a pas siégé à cette audience, puisque c'est lui qui tient le registre des numéros des Arrêts.

Tous les juristes sont unanimes sur ce point que l'audience d'une juridiction, tenue sans l'assistance du greffier est nulle à tous égards et l'acte qui en résulte est de nul effet.

EN GUISE DE CONCLUSION PARTIELLE

On peut conclure qu'en plus de la création du comité de trésorerie, la Cour constitutionnelle a étendu l'éventail des violations de la loi à ce qui constitue l'une de ses plus importantes missions définies à l'article 35 de la loi organique relative à la Cour constitutionnelle, à savoir : veiller ***''à la séparation et l'équilibre des pouvoirs, afin que l'Exécutif, ni le Législatif, ni aucune institution constitutionnelle ne s'arrogent des prérogatives non conférées par la Constitution.''***

La preuve est faite que cette Cour Constitutionnelle a une inclination irrésistible à s'arroger ***''des prérogatives non conférées par la Constitution''*** ; c'est ainsi qu'elle a pris la décision de faire supprimer, dans la loi organique relative à la Cour suprême, l'exigence de prestation de serment des membres de la Cour suprême.

De la même façon, elle a fait une retraite à Coyah pour se donner un règlement intérieur qui ne relève pas de sa compétence. Elle continue à accepter en son sein des membres qui ne répondent pas aux critères d'éligibilité comme Conseiller de la Cour constitutionnelle, critères fixés par l'article 2 de la loi relative à la Cour constitutionnelle, lequel est une reprise *in extenso* de l'article 100 de la Constitution.

A cet égard, il convient de rappeler que si, conformément à l'article 62, alinéa 4 de la loi L/2011/006/CNT *''la Cour constitutionnelle n'a pas compétence de donner des interprétions contraignantes des lois, elle procède à des interprétations contraignantes de la Constitution''*, elle aurait dû donner son avis sur les élections de Conseillers, membres de la Cour ; élections ayant violé la Constitution guinéenne ; entendu que l'article de la loi organique L/2011/006/CNT fixe la triple condition d'âge, de nombre d'années d'expérience et de bonne moralité.

Son avis consultatif sur toutes ces questions, notamment en ce qui concerne sa fonction de régulateur du fonctionnement et des activités des institutions constitutionnelles, aurait dû produire une jurisprudence qui fasse honneur à la République quant à la suprématie de la Constitution, quant à l'exercice des fonctions des institutions constitutionnelles et des organes de l'État, ainsi qu'à la primauté de la loi dans l'exercice des fonctions juridictionnelles, dont principalement celles de la Cour constitutionnelle.

La lettre de Me Daye Kaba en réponse à celle du Vice-président de la Cour Constitutionnelle demandant l'expédition de l'arrêt numéro RI/001 du 12 septembre 2018 consacrant « l'état d'empêchement de Monsieur Kèlèfa SALL d'exercer la fonction de président de la Cour Constitutionnelle », vient confirmer la nullité de cette décision de la Cour.

La solution pour une sortie de crise, honorable et juridiquement valable, présente deux alternatives :

- La déclaration d'inexistence de l'Arrêt RI/001 par la Cour constitutionnelle. Cette déclaration aura pour objet et effet, en raison de la gravité des irrégularités entachant ladite décision, de reconnaître qu'elle n'a aucune existence juridique ;
- La rétraction pure et simple de l'Arrêt par la Cour.

CHAPITRE XX

DU MINISTÈRE PUBLIC PRÈS LA COUR CONSTITUTIONNELLE

Dans la structure actuelle de la Cour Constitutionnelle, fixée par la loi organique L/2011/006/CNT du 10 mars 2011, à laquelle l'article 106 de la Constitution a renvoyé l'organisation et le fonctionnement de cette juridiction, le Ministère public n'apparaît pas comme faisant partie de sa composante organique.

Cependant, l'article 47 de la loi organique L/2011/006/CNT du 10 mars 2011 portant organisation et fonctionnement de la Cour Constitutionnelle dispose : ***« les audiences de la Cour Constitutionnelle statuant en matière constitutionnelle ne sont pas publiques. Les parties ne peuvent demander à y être entendues.***

La Cour Constitutionnelle entend le rapport de son rapporteur, les conclusions du ministère public et statue par une décision… »

La disposition de la loi organique susvisée indique explicitement que « ***la Cour Constitutionnelle statuant en matière constitutionnelle*** » doit entendre le Ministère public en ses « ***conclusions »***.

Alors se pose la question de savoir qui ou quel organe est ou doit être investi des missions de ministère public près la Cour Constitutionnelle.

S'agissant de toutes les hautes juridictions nationales, la constitution a laissé à la loi organique le soin de fixer l'organisation et le fonctionnement de chacune d'elles.

Il faut relever que le législateur de 2011 semble avoir oublié, dans la loi relative à la Cour Constitutionnelle, la détermination des règles d'organisation et de fonctionnement du ministère public.

Il s'est contenté d'y faire une allusion suffisamment explicite, qui aura un effet pondéral sur la validité des décisions de la Cour

Constitutionnelle statuant en matière constitutionnelle, celle-ci étant franche, aux termes de l'article 26, de la procédure contradictoire.

De la lecture combinée des articles 93 et 94 de la Constitution, l'on peut admettre que la notion de matière constitutionnelle, figurant dans les articles 93 à 97 de la Constitution et 47 de la loi organique susvisée, rassemble les règles juridiques intéressant les institutions, le système de norme, les rapports entre normes, les libertés et droits fondamentaux énoncés dans les articles 5 à 26 de la Constitution.

Or, le Ministère public se définit comme, à la fois, fonction d'application de la loi et fonction de garantie de l'intérêt public. Pour Francisque **GOYET** et M. Rolland[242], le ministère public est une institution destinée à assurer la défense de l'intérêt général et de l'ordre public, en veillant à ce que la loi et le droit soient observés et correctement appliqués.

D'autres situations, se fondant sur les travaux de Michèle Laure Rassat[243], considèrent que le ministère public n'est pas le représentant du pouvoir exécutif, mais celui de la Nation auprès des juridictions.

Le ministère public apparaît, sous cet éclairage, comme l'organe institué auprès des organes juridictionnels et considéré comme un appareil de liaison entre le pouvoir exécutif et les juridictions, dont la mission consiste à promouvoir l'action de justice pour défendre la légalité, les droits des citoyens et l'intérêt public protégé par la loi.

L'accomplissement de ces missions du Ministère public près les hautes juridictions s'opère, dans le système guinéen, de trois manières.

La première consiste à instituer un parquet général près la juridiction, c'est le cas de la Cour suprême et de la Cour des Comptes.

La deuxième consiste à confier l'exercice des fonctions et missions du ministère public au parquet général près la Cour suprême. Comme c'est le cas de la Haute Cour de Justice.

La troisième est la désignation, soit annuelle, soit circonstancielle ou ponctuelle de Commissaire du Gouvernement pour présenter les points de vue du Pouvoir exécutif sur les questions dont la Cour est saisie.

Cette dernière solution ne peut valoir pour la Cour constitutionnelle, puisqu'elle est placée hors le Pouvoir judiciaire et parce qu'elle est définie par la constitution comme *« l'organe*

---

[242] *Le Ministère Public en matière civile et en matière répressive. Sirey. 1953.*

[243] *Le ministère public entre son passé et son avenir*, Paris, Librairie Générale de Droit et de Jurisprudence, 1967

régulateur du fonctionnement et des activités des Pouvoirs Législatif et exécutif et des autres organes de l'État ».

C'est donc la troisième solution qui devrait lui être appliquée, c'est-à-dire la désignation annuelle d'un commissaire général près la Cour Constitutionnelle.

La première solution est celle choisie par certains pays. En effet la loi organique n° 13/026 du 15 octobre 2013, portant organisation et fonctionnement de la Cour Constitutionnelle de la République Démocratique du Congo adopte cette solution, en ces termes, citation :

« CHAPITRE XVI: DU PARQUET GÉNÉRAL

Article 12

Il est institué un Parquet général près la Cour Constitutionnelle.

Le Parquet général exerce les attributions qui lui sont dévolues par la présente Loi organique.

Il est placé sous l'autorité du Procureur Général près la Cour Constitutionnelle.

Article 13

Le Procureur général est assisté d'un ou de plusieurs Premiers Avocats généraux et d'un ou de plusieurs Avocats généraux.

Ils sont nommés, conformément au statut des magistrats, par le Président de la République, pour un mandat de trois ans renouvelable une seule fois, parmi les magistrats de l'ordre judiciaire ou administratif ayant au moins quinze ans d'expérience, sur proposition du Conseil Supérieur de la Magistrature.

Ils sont soumis au statut des membres de la Cour.

Article 14

Le Procureur général fixe l'organisation intérieure du Parquet.

En matière pénale, il recherche et constate les infractions relevant de la compétence de la Cour, soutient l'accusation et requiert les peines.

Dans les autres matières de la compétence de la Cour, il émet des avis motivés.

Il assiste à toutes les audiences de la Cour. Il peut y présenter des observations. Il ne prend pas part au délibéré.

Article 15

Le Procureur général autorise la levée des pièces des dossiers instruits par le Parquet général.

Article 16

Avant leur entrée en fonction, les membres du Parquet général prêtent le serment ci-après, dans les conditions déterminées à l'article 10 de la présente Loi organique :

« Je jure de respecter la Constitution et les Lois de la République Démocratique du Congo et de remplir loyalement et fidèlement, avec honneur et dignité, les fonctions qui me sont confiées ».

De ce qui précède, il serait, à la fois, pertinent et opportun, qu'un projet de loi organique complétant la loi organique L/2011/006/CNT susvisée soit élaboré dans le but d'instituer un Parquet général près la Cour Constitutionnelle, en vue d'assumer les missions et fonctions du ministère public décrites plus haut.

La pertinence de ce projet résulte de ce que l'article 47 de la loi organique L/2011/006/CNT, comme pour assouplir la règle de l'article 46 qui dispose : « '*la procédure devant la Cour Constitutionnelle n'est pas contradictoire »,* a prévu qu'en matière constitutionnelle soient entendus « son rapporteur, les conclusions du ministère public ».

Cette mesure permet que la Cour Constitutionnelle « *statue par une décision »,* qui s'éclaire de la lumière jaillissant de la diversité de points de vue, dont la convergence ou la divergence, la concordance ou la contradiction contribueront à fournir à la délibération de la Cour des raisonnements et un argumentaire destiné à appuyer l'impartialité et l'objectivité des Juges constitutionnels.

L'institution du ministère public, qu'il soit animé par un Procureur général ou par un Commissaire général du gouvernement, placerait le fonctionnement de la Cour dans la logique organique fort pertinente et impérative de l'article 47 de la loi organique L/2011/006/CNT du 10 mars 2011.

CONCLUSION

La souveraineté fondamentale que possède chaque nation doit être protégée, car, comme l'affirmait le pape Jean Paul II « *un peuple sans souveraineté est non seulement un peuple privé de liberté, mais un peuple menacé dans son existence* ».

Cette fonction de protection de la souveraineté est celle que la constitution a attribuée à la Cour constitutionnelle pour garantir et accélérer l'édification de l'État de droit et consolider la démocratie et la bonne gouvernance, dont la séparation des pouvoirs est l'augure évident.

Quand cette institution juridictionnelle, dont on désigne les membres sous le vocable de « '*neuf sages* » offre le spectacle affligeant d'un collège de personnes qui ne lient pas la loi qui régit l'institution qu'ils animent, la République est en panne.

Le manque de rigueur dans le choix des personnes à élire est à l'origine des maux qui gangrènent le fonctionnement de la Cour constitutionnelle. Le mode de cooptation adopté par le conseil supérieur de la Magistrature, en violation de la règle légale de procéder par l'élection par l'universalité des magistrats, a biaisé le mode de composition de la Cour.

Un membre de la Cour a été désigné, alors qu'il ne répondait pas au critère d'âge et d'ancienneté de l'article 2 de la Loi organique relative à Constitutionnelle.

Le principe « '*dura lex, sed lex* »' (la loi est dure, mais c'est la loi) doit prévaloir au moment du choix de ceux qui doivent animer les institutions de la nation.

Le Lecteur aura, sans doute, compris que l'objectif de cet ouvrage est de livrer des éléments bruts de réflexion, accompagnés de commentaires susceptibles de lancer la discussion sur le fonctionnement de notre Cour constitutionnelle à laquelle notre système constitutionnel a dévolu le pouvoir de prendre des décisions qui sont sans recours.

C'est le constat du débordement intempestif de la Cour constitutionnelle du cadre de ses attributions qui a inspiré cet ouvrage, dont chaque élément peut évidemment être discuté, contesté ou critiqué, dans l'espoir que leur expression n'est pas stérilisante et qu'elle pourrait provoquer une discussion féconde qui témoignera de la volonté commune de préserver, en l'enrichissant, notre patrimoine constitutionnel.

TABLE DES MATIÈRES

Structures éditoriales du groupe L'Harmattan

L'Harmattan Italie
Via degli Artisti, 15
10124 Torino
harmattan.italia@gmail.com

L'Harmattan Hongrie
Kossuth l. u. 14-16.
1053 Budapest
harmattan@harmattan.hu

L'Harmattan Sénégal
10 VDN en face Mermoz
BP 45034 Dakar-Fann
senharmattan@gmail.com

L'Harmattan Cameroun
TSINGA/FECAFOOT
BP 11486 Yaoundé
inkoukam@gmail.com

L'Harmattan Burkina Faso
Achille Somé – tengnule@hotmail.fr

L'Harmattan Guinée
Almamya, rue KA 028 OKB Agency
BP 3470 Conakry
harmattanguinee@yahoo.fr

L'Harmattan RDC
185, avenue Nyangwe
Commune de Lingwala – Kinshasa
matangilamusadila@yahoo.fr

L'Harmattan Congo
67, boulevard Denis-Sassou-N'Guesso
BP 2874 Brazzaville
harmattan.congo@yahoo.fr

L'Harmattan Mali
ACI 2000 - Immeuble Mgr Jean Marie Cisse
Bureau 10
BP 145 Bamako-Mali
mali@harmattan.fr

L'Harmattan Togo
Djidjole – Lomé
Maison Amela
face EPP BATOME
ddamela@aol.com

L'Harmattan Côte d'Ivoire
Résidence Karl – Cité des Arts
Abidjan-Cocody
03 BP 1588 Abidjan
espace_harmattan.ci@hotmail.fr

Nos librairies en France

Librairie internationale
16, rue des Écoles
75005 Paris
librairie.internationale@harmattan.fr
01 40 46 79 11
www.librairieharmattan.com

Librairie des savoirs
21, rue des Écoles
75005 Paris
librairie.sh@harmattan.fr
01 46 34 13 71
www.librairieharmattansh.com

Librairie Le Lucernaire
53, rue Notre-Dame-des-Champs
75006 Paris
librairie@lucernaire.fr
01 42 22 67 13

www.ingramcontent.com/pod-product-compliance
Lightning Source LLC
LaVergne TN
LVHW011501061026
849535LV00004BA/1168